山东耕地质量评价与应用丛书

博兴耕地

刘永志 王天远 主编

山东大学出版社

图书在版编目(CIP)数据

博兴耕地/刘永志,王天远主编.—济南:山东大学出版社,
2013.5

ISBN 978-7-5607-4788-0

Ⅰ.①博…　Ⅱ.①刘…　②王…　Ⅲ.①耕地资源—资
源评价—博兴县　Ⅳ.①F323.211

中国版本图书馆 CIP 数据核字(2013)第 104207 号

责任策划:赵　岩
责任编辑:李　港
封面设计:张　荔

出版发行:山东大学出版社
　　社　　址　山东省济南市山大南路 20 号
　　邮　　编　250100
　　电　　话　市场部(0531)88364466
经　　销:山东省新华书店
印　　刷:山东鸿杰印务集团有限公司
规　　格:787 毫米×1092 毫米　1/16
　　　　13 印张　12 插页　313 千字
版　　次:2013 年 5 月第 1 版
印　　次:2013 年 5 月第 1 次印刷
定　　价:30.00 元

《博兴耕地》编委会

总 顾 问　刘春国　刘方太　魏方亮　冯黎明　张新生
　　　　　高新平　李树贤
主　　任　王秀江
副 主 任　韩　浩
委　　员　李成海　王振华　韩学斌　鲍汝钺　周长健
　　　　　陈晓明　郝丕相　刘金涛　高东民　张志佳
　　　　　高升荣　张义功　张立峰　王立德　刘德安
主　　编　刘永志　王天远
副 主 编　宋任祥　周志强　宋立君　崔海珍　宫　涛
编　　委　李春花　李树林　闫拥军　宗　娜　谢　卫
　　　　　崔凤燕　刘　珊　马文辉　刘　霞　崔淑玲
　　　　　刘德安　刘　坤　霍永强　王振华　王绪芬
　　　　　韩学斌　金宗亭　刘泉民　刘郁文　于光利
　　　　　赵光明　郑志明　张汝文　魏　芳　李　君
　　　　　李　红　岳美红　卞相玲　刘炳强
审　　稿　高瑞杰　李　涛
制　　图　崔海珍　刘永志
数据统计　宋立君　崔海珍　刘　珊　刘永志
技术支持单位
　　　　　山东省土壤肥料工作总站
　　　　　山东农业大学资源与环境学院
　　　　　山东省土壤肥料研究所
　　　　　滨州市土壤肥料工作站
　　　　　山东天地亚太国土遥感有限公司
有关资料提供
　　　　　基础图件提供:博兴县国土资源局　郝丕相
　　　　　气象数据提供:博兴县气象局　　　刘德安
　　　　　水利数据提供:博兴县水务局　　　刘金涛
　　　　　农机装备数据提供:博兴县农机局　王立德

参加博兴县耕地地力评价的工作人员

县土壤样品采集人员名单

刘永志(组长)　宋任祥(副组长)　宋立君(副组长)　王天远(副组长)　李树林(副组长)
李春花　宫　涛　周志强　崔海珍　闫拥军　宗　娜　王乃萍　谢　卫　刘　珊
马文辉　崔凤燕　王兆祥　张汝文　刘炳强　鲍洪涛　王洪生　张　晖　郑智辉
郝　亮　舒　龙　郑志涛　王守华　曹学兵

各镇(街道办事处)土样采集人员名单

曹王镇:常兆永　贾　中　张建国　孙明习　王秀霞
兴福镇:魏世锋　李小涛　刘鲁兵　王　玲　王前防
店子镇:刘茂亮　戴荣盛　马崇禄　郑晋清　卞士伟
湖滨镇:李云峰　孙庆利　王　涛　张华强
吕艺镇:李巨川　李洪君
博兴镇(原):李孟国　张光峰　李乐业　逯奎生
博昌街道办事处:张建明　李乐业
城东街道办事处:王志刚　李玉泉　张光峰　逯奎生
锦秋街道办事处:王建文　高相琴　陈耀杰
庞家镇:姜广玉　郑玉山　祁建军　王丽花　庞艳美
纯化镇:孙玉德　刘尊强　许志坚　李新龙　王玉友
陈户镇:王建新　常洪涛
乔庄镇:刘兴东

土样化验人员名单

宋立君(组长)　王乃萍(技术顾问)　宗　娜　谢　卫　崔凤燕　李春花　崔海珍
张　红　李　莉　魏登媛　刘永志　宋任祥　李树林　王天远　宫　涛　周志强
闫拥军　刘　霞　崔淑玲　苏　丽　杨帅才

田间试验示范人员名单

宫　涛(组长)　袁连卿　孙庆兴　张汝文　周志强　马文辉

技术培训人员名单

刘永志(组长)　宋任祥(副组长)　宫　涛(副组长)　李成海　周志强　王天远　李树林
闫拥军　宋立君　李春花　崔海珍　宗娜　王乃萍　谢卫　崔凤燕　马文辉

档案整理人员名单

王天远(组长)　刘永志　宋任祥　宫　涛　李树林　闫拥军　宋立君　李春花
宗　娜　王乃萍　谢　卫　崔凤燕　马文辉　李　莉　刘俊英　许惠芹　卞相玲
岳美红　付　静　盖蕾蕾　董玉真　张冬玲　李英林　宋　岭　张光彩　孙菲菲
金建华　张　华　董　培　魏登媛　原　华　高立青　张　红　鲍洪涛　郑智辉
张　晖　曹学兵　郝　亮

数据库建设人员名单

崔海珍(组长)　刘　珊　刘　霞　付　静　盖蕾蕾　宋　岭　孙菲菲　张　华　董　培

前 言

耕地是农业生产的基础和最基本的生产资料。搞好耕地地力调查与评价，摸清土壤肥力状况，可为农业生产、合理改良利用耕地、调整种植结构、因地制宜地发展现代农业提供可靠依据。耕地地力评价是了解全县耕地地力现状的手段，应用好评价成果，促进现代农业生产、保障国家粮食安全是开展地力评价工作的目的。博兴县在1959年进行了第一次土壤普查工作，后于1981年10月至1982年8开展了第二次土壤普查工作。自第二次土壤普查以来，没有再进行全县范围的土壤普查工作。二十多年前开展的第二次土壤普查工作正值改革开放初期，改革开放后，我国农业生产力得到了极大释放，农业生产水平得到了极大提高，耕作制度、耕作方式、施肥品种、作物生产能力、农业基础设施、水利条件等因素发生了较大变化，耕地与现代农业生产的高产、稳产、可持续发展要求出现新的矛盾。所以，第二次土壤普查数据已不能正确反映当前的土壤养分现状和用来指导农业生产，原有的调查内容也已远远不能满足当前农业生产的需要。开展耕地地力调查与质量评价工作是践行"三个代表"重要思想、贯彻落实科学发展观、维护农民切身利益的具体体现，是保障国家粮食安全、促进粮食稳定增产、保证农民持续增收、促使生态环境不断改善的重大举措，对摸清和改善当前土壤养分状况、实现农业可持续发展具有十分重要的意义。

本次耕地地力调查与质量评价充分应用了第二次土壤普查的成果资料、土地利用详查资料，对蔬菜地的分布、类型进行了野外补充调查，调查了粮田、棉田、蔬菜地的生产管理情况，采集了土样、灌溉水样、植株样，分析了养分、土壤物理状况等项目，对耕地（包括蔬菜地）的肥力进行了评价，建立了耕地质量空间数据库和属性数据库，建立了耕地质量管理信息系统，绘制了耕地地力等级、土壤养分（有机质、全氮、有效磷、速效钾、有效态中微量元素）等数字化成果图，提出了主要粮食作物和经济作物的平衡施肥模式。

目　录

第一章　自然与农业生产概况

第一节　地理位置与行政区划

博兴县隶属山东省滨州市，位于滨州市南部，地处鲁北平原黄河三角洲腹地，位于东经 118°04′～118°22′、北纬 36°58′～37°27′。西邻淄博市高青县，南邻淄博市桓台县和临淄区，东与东营市广饶县相接，北与东营市东营区、滨州市滨城区相连，隔黄河与东营市利津县及滨州市滨城区相望，县境南北长 45.8km，东西宽 29.5km，总面积为 900.7km^2。

博兴县现辖 9 个镇，3 个街道办事处(包括 1 个省级经济开发区)，448 个行政村，土地总面积为 90070hm^2，其中耕地面积为 44733.3hm^2，占土地总面积的 49.67%。2008 年末，全县总人口为 483568 人，其中农村人口为 406153 人，占全县总人口数的 84%。农村劳动力人口为 230512 人，占农村人口的 56.8%。

自 1982 年以来，博兴县行政区划发生多次变迁。1986 年，博兴县辖博兴、兴福、曹王、陈户 4 镇，湖滨、寨郝、店子、闫坊、纯化、庞家、蔡寨、乔庄 8 乡，有 50 个管理区，442 个自然村，446 个村民委员会。1994 年，经山东省人民政府批准，博兴县撤销寨郝乡、湖滨乡、庞家乡、闫坊乡、店子乡，设立寨郝镇、湖滨镇、庞家镇、闫坊镇、店子镇，撤乡设镇后，其行政区域和人民政府驻地不变。1996 年，全县辖博兴、兴福、曹王、陈户、湖滨、寨郝、店子、庞家、闫坊 9 镇及纯化、蔡寨、乔庄 3 乡，共 47 个管理区，446 个行政村。2000 年，全县辖 10 镇 2 乡，448 个行政村。2001 年，博兴县将原有的 10 个镇、2 个乡调整合并为 9 个镇、1 个乡，共调减 2 个乡镇，调减比例为 16.7%，调整后，陈户、博兴、曹王、兴福、店子、闫坊、庞家、纯化 8 个镇的辖区和人口数量不变，寨郝镇与湖滨镇合并，定名为湖滨镇，蔡寨乡与乔庄乡合并，定名为乔庄乡。2002 年 5 月，经山东省人民政府批准，撤销乔庄乡，设立乔庄镇，至此，博兴县行政区划将不再有建制乡，成为滨州市第一个无乡建制的县区。2002 年，全县辖 10 镇，50 个管区，448 个行政村，14.16 万户，总人口为 47.08 万人，其中农业人口为 39.78 万人，非农业人口为 7.3 万人。2004 年，经山东省人民政府批准，博兴县闫坊镇更名为吕艺镇。2007 年 6 月 11 日，经省政府批准，博兴县撤销博兴镇，以博兴镇的行政区域和陈户镇、湖滨镇的部分行政区域，设立城东街道办事处、锦秋街道办事处和博昌街道办事处。博兴镇东张铁路以东和陈户镇南部 10 个村划为城东街道办事处，博兴镇东张铁路以西、博城五路以北划为博昌街道办事处，博城五路以南、东张铁路以西湖滨镇 18 个村和博兴镇部分划为锦秋街道办事处。

本次耕地地力评价工作行政区划依据的是 2002 年博兴县区划。

第二节　自然条件

博兴县属暖温带大陆性季风气候区，四季分明，雨热同季。全年降水时间集中，气温变幅大，蒸发量高，时有旱情发生，季节变换时间长。常年（1981～2008 年）平均气温为 13.4℃，最高气温出现在 7 月，最低气温出现在 1 月，年降水量为 557.3mm，日照时数为 2470.4h，平均相对湿度为 64%，年平均蒸发量为 1686.6mm。

一、气候特征

（一）春季（3～5 月）

前期寒冷，后期回暖迅速，季平均气温为 13.9℃，降水少，光照足，蒸发量大，风速大，气候干燥。入春后，冷气团势力仍占优势。4 月上旬，清明前后，暖气团势力加强，逐步压倒冷气团，南风、东风渐多，春雨逐日增多，季降水量为 86.9mm。季日照时数为 706.7h，为四季之首，占全年日照总时数的 28.6%，蒸发量为 567.4mm，仅次于夏季。风速平均为 2.6m/s，高于全年风速平均值，4 月为全年大风次数的高峰月。由于春季气温回升快，空气湿度小，风力大，降雨少，蒸发量高，给春季农业生产带来了不利影响。

（二）夏季（6～8 月）

温度高，湿度大，降水集中，雨热同季是本季的最大气候特征。季平均气温为 26℃，为全年之首，季降雨量为 356.9mm，约占全年总量的一半，7 月雨量最大，并集中在中下旬，且有暴雨出现。这时正值作物生长的旺盛季节，对作物生长极为有利。但由于雨量过于集中，而且常有暴雨出现，在排水不畅的低洼地区易形成涝灾。季日照时数为 667.5h，仅次于春季。季蒸发量为 630.9mm，经常在 6～7 月出现局部干旱。

（三）秋季（9～11 月）

气温下降迅速，雨量明显减少，秋高气爽为本季主要气候特征，季日照时数为 590.8h，全季平均气温为 14.2℃，比夏季降低近一半，多有早霜出现，季降雨量为 94.7mm，仅为夏季的 1/4，易形成秋季干旱，不利于晚秋作物的生长和小麦的适时播种。季蒸发量为 343.5mm，仍偏大，占全年的 20%以上。

（四）冬季（12 月～翌年 2 月）

气温低，雨雪稀少，寒冷干燥是本季主要的气候特征。1 月为全年的最冷月，全季平均气温为－0.5℃。季降水（雨、雪）量仅为 18.8mm，不足春季的 1/4。季日照时数为 505.4h，稍次于秋季，季相对湿度为 61%，比春季大，季蒸发量为 144.8mm。

简言之，博兴县的气候特征是春季干旱、多风少雨，夏季炎热、雨量集中，秋季雨少、秋高气爽，冬季地冻干寒、多北风。

二、日照

光是绿色植物生存的基本条件之一。作物在生长季节中，如光照不足，就会削弱光合作用，影响作物的产量和质量。1981～2008年，全县年平均日照为2470.4h，月平均日照为205.9h，年内以5月最高，是262.6h，平均日照时数为8.5h。4～9月日照时数均在230h以上，有利于农作物的生长。

三、气温

气温特点是冬季寒冷，夏季炎热，年变幅大。据1981～2008年气象资料统计，全年平均气温为13.4℃，全年以1月最低，平均为－2.3℃，以7月最高，平均为27℃。极端最高气温为41.5℃(2005年6月23日)，极端最低气温为－19℃(1985年12月8日)。1月、2月、12月3个月平均气温在0℃以下，其余各月均在0℃以上，最高气温在6～9月，平均在20℃以上。

县境内历年(1981～2008年)平均不低于0℃的积温为4796.8℃，日平均气温不低于5℃的积温为4657.4℃，不低于10℃的积温为4324.1℃，有利于动植物生长繁殖，不低于15℃的积温为3735.6℃，日平均气温不低于20℃的积温为2762.9℃，能够满足小麦、玉米一年两作对温度的需要。

早霜冻开始于10月上旬至11月下旬，平均初霜日：黑霜为10月24日，白霜为10月27日；平均终霜日：白霜为4月3日，黑霜为4月15日。晚霜冻一般出现在4月中旬(黑霜)，初霜至终霜天数为159天，年平均无霜期为206天。早霜冻对棉花及晚秋作物不利，晚霜冻对小麦及春苗的正常生长有危害。

四、地温

据1981～2008年气象资料统计，年平均地温为15.2℃。5cm地温稳定通过14℃的指标是棉花等农作物的播期指标，一般在4月13日。月平均地温在1月最低，为－2.5℃。7月为全年地温最高月份，平均地温为30℃。9～10月为秋播期间，5cm深处平均地温由22℃左右下降到15℃左右，每候下降1℃多。春、夏季地温随气温逐步上升，秋、冬季相反，逐月下降。县境内各地地温有差异，以褐土、砂姜黑土为主的南部(小清河为界)地区，春季回升快而早，秋季降温慢；以盐土和潮土为主的北部地区，春季地温回升慢而晚，秋季下降早而快。同地层、同温度升降相差7天左右。春、秋季地温变化对春、秋播种影响较大，特别是4月、9月、10月3个月的地温变化决定棉花、小麦的播种时间(见表1-1)。

表1-1　1981～2008年4～11月平均地温

月　份	4	5	6	7	8	9	10	11
5cm	15.9℃	22.1℃	26.8℃	28.4℃	27.4℃	22.6℃	15.3℃	7℃
10cm	15.2℃	21.1℃	25.8℃	27.6℃	26.9℃	22.4℃	15.7℃	7.7℃

境内地表冻结时间一般在12月下旬，解冻时间一般在2月中旬，地表下封冻厚度多年平均在28～34cm。冻土厚度常年为40cm左右，冻土最深为44cm(1984年)，冻土始期为12月上旬至1月上旬，于1月下旬至3月下旬结束。

五、降水

据1981～2008年气象资料统计，境内年平均降水量为557.3mm，但由于地理位置的原因和干湿分明的气候特点，降水的时空变化甚大，变率较高，其规律为夏季雨多而集中，冬春雨雪稀少，降水多集中在7月、8月。

月降水量很不相同，7月最大，平均为154.1mm，8月次之，平均为120mm，两个月的降水之和为274.1mm，占全年降水量的一半左右。1月和12月最少，平均值分别为5mm和6.1mm。1月到7月降水量呈逐增趋势，1月到5月增加较慢，6月以后骤增，7月达到全年最高峰；7月以后又逐渐减少，前期减少幅度大，后期减少较慢，1月达到全年最低值。年平均降水日数为67.9天，7月最多，为12天，1月最少，为2.3天。

冬季降水一般为降雪，初雪日平均为12月3日，终雪日平均为3月14日，初雪日至终雪日平均为101天。降雪多在1～2月，其次是12月和3月，最大积雪深度为30cm，出现在1985年12月7日。

冰雹是一个局限性的灾害天气。冰雹一般从4月中旬至10月上旬出现。5月中旬至7月上旬最为集中，且强度、危害也大，全年概率最高的月份是6月。本县80%以上的地区会受到冰雹威胁。冰雹的危害机遇在全县可分为5～10年一遇和10年以上一遇两种区域。其分布为：5～10年一遇的有3个带状区域，呈东西走向。从乔庄蔡寨起向东至纯化的北部；从庞家南部向东经陈户中部到纯化、吕艺的交界处；从湖滨起向东到店子镇店子、东郑和湖滨到曹王的大部地区，呈“人”字形。其他地区属10年以上一遇的区域。

六、蒸发

县境年均蒸发量为1686.6mm。月平均蒸发量以冬季为最小，尤其是1月、12月，分别为39.7mm、41mm，2月随着气温升高，蒸发量不断增大，达到64.1mm。春季受日照、气温、风的影响，蒸发量急剧上升，3月为130.1mm，4月为199mm，5月上升至238.3mm。夏季6月蒸发量最大，平均蒸发量为254.6mm，7月开始逐月递减，至秋季10月，平均蒸发量又降至119.7mm，接近初春3月时的水平。

七、风向与风速

据1981～2008年气象资料统计，历年平均风速为2.1m/s，最高是4月，风速为2.7m/s，最低是8月、9月，风速是1.7m/s，大风多出现在春季和初夏，风能造成作物倒伏、落粒，果树落花、落果，严重时能破坏房屋、树林。干热风多发生在5月中旬至6月上旬。乔庄、纯化交界处的砂土地带一年一遇，中部和南部3～5年一遇，其他1～3年一遇。干热风造成小麦逼熟，千粒重下降，影响产量。

表1-2是1981～2008年各月主要气象数据对照表。

表 1-2　　1981～2008 年各月主要气象数据对照表

月　份	1	2	3	4	5	6	7	8	9	10	11	12
日照时数(h)	170.5	171.5	204	240.1	262.6	237.9	208.6	221	214.3	204.4	172.1	163.4
平均气温(℃)	−2.3	0.8	6.8	14.7	20.3	25.1	27	25.8	21.2	14.8	6.7	−0.1
月均降水量(mm)	5	7.7	11.2	27.1	48.6	82.8	154.1	120	49.5	29.2	16	6.1
蒸发量(mm)	39.7	64.1	130.1	199	238.3	254.6	203.1	173.2	152.2	119.7	71.6	41
相对湿度(%)	62	57	55	54	60	62	76	79	71	66	64	64
平均风速(m/s)	2	2.3	2.6	2.7	2.5	2.2	1.9	1.7	1.7	1.9	2.1	2.1

八、灌溉条件

(一)河流及水系概况

博兴县北临黄河，境内河流主要有小清河和支脉河两大水系。小清河流经博兴县中部，县境内长 28.69km，流域面积为 317.91km^2，主要支流有预备河、兴福河、分洪河等，预备河县内长度为 20.9km，流域面积为 208.9km^2，兴福河县内长度为 15km，流域面积为 131km^2，分洪河县内长度为 12.5km，流域面积为 23.1km^2；支脉河流经博兴县中部，县境内长为 27.9km，流域面积为 972.6km^2，主要支流有北支新河、三号支沟、打渔张河、工农河等，北支新河县内长度为 25.34km，流域面积为 328.6km^2，三号支沟县内长度为 23.5km，流域面积为 93.07km^2，打渔张河县内长度为 19.3km，流域面积为 175.05km^2，工农河县内长度为 22.5km，流域面积为 60.03km^2(见表 1-3)。

(二)潜水、水化学特征

土壤水分是植物生活的基本条件，也是土壤肥力的一个重要因素，对植物养分的溶解和吸收、土壤中的生物活动以及土壤的气热状况与物理性状都有很大影响。

土壤水分可分为六种类型：吸湿水、膜状水、毛管悬着水、毛管上升水、重力水、地下水。

当土壤深处有不透水层时，重力水就会在上面聚积形成地下水，地下水又称为“支持重力水”。地下水是重要的水利资源。随着我国经济的快速发展，地下水的开发利用在工农业生产及生活中起着越来越重要的作用，尤其是北方干旱地区，在开展兴修水利、改良盐碱地等工作中，合理利用地下水更为重要。地下水的水位及矿化度的高低，对土壤的生产性能和类型有着重要影响。地下水水位过高时，土壤发生沼泽化；过低时，抗旱能力差。地下水矿化度过高，土壤将发生盐渍化，所以这种含盐地下水不宜用于灌溉。

地下水根据其形成位置，按水文地质学的概念可以分为土壤水、潜水、层间水三类。潜水是重力水渗入土壤遇到不易透水的土层聚积起来的水。若是季节性的临时积水层，

表 1-3 博兴县主要河道基本情况表

序号	河道名称	县内流域面积（km^2）	县内长度（km）	设计流量（m^3/s）		设计水位（m）		设计断面情况								
								主槽				滩地		堤防		
				防洪	除涝	防洪	除涝	河底宽（m）	高程（m）	边坡	比降	宽度（m）	高程（m）	顶宽（m）	边坡	高程
1	小清河	317.91	28.69	600～800	300～450	9.137	6.934	40	0.98	1∶2.5	1/15000	11～14	左 6.9 右 6.1	左 12 右 8		10.887
2	支脉河	972.6	27.9	193～474	99.1～252.5	7.57	5.91	21	2.01	1∶3	1/10838	5～40	7	11	1∶2.5	9.07
3	北支新河	328.6	25.34	252～343	131～182	8.83	7.28	22	3.08	1∶3	1/9494	11～62	7.8	7	1∶3	10.33
4	预备河	208.9	20.9	160	115	8.5	6.5	32	5.5/1.3	1∶2	1/8000	40	7		1∶3	9.5
5	三号支沟	93.07	23.5		42		6.48	25/34	4.52/2.4	1∶2.5	1/10000		(7.68～8.03)/6.8			(9.8～9.5)/8
6	打渔张河	175.05	19.3		74		5.1	6/27	6.6/2.8	1∶2.5	1/8000					10～9.5
7	胜利河	200	23		16		6.9	8	4.87	1∶2.5	1/10000	10	7.5			8.5
8	兴福河	131	15		54.7		6.8	2/4	3.5	1∶3	平					10
9	分洪河	23.1	12.5					5	3	1∶2	平					
10	渔沟子	26.8	11		22.4			4	3.3	1∶2	平					
11	小河子	58	26		27		4.75	6/19	3.91	1∶2	1/1000	2	6.5			7.5
12	蒲洼沟	40	14					10	3.08	1∶2	1/8000					
13	工农河西段	26.93	14.5		35.4		4.29	6	4.2/2.47	1∶3	1/8000		6.5			10.5
14	工农河东段	33.1	8					8/10	2.58/1.09				6.1			
15	张洛沟	86.65	13					8/20	5.42/4.39	1∶2.5	1/10000					
16	团结河		4.06					7	3	1∶3	平					
17	溢洪河			500		8.5		38	1.63	1∶3	1/12000	700	6.1			

称为“上层滞水”，它与常年地下水不同。若是较长时期的积水层，便成为潜水(地下水)。潜水距离地表较近，与大气层的联系也很密切，它的补给来源主要是大气降水和河水、湖水的侧渗。潜水面离地表的深度叫“地下水位”，由于受多种因素的影响，它变化频繁。这种水具有一定的自由水面，可沿不透水层的表面做横向流动。如果不透水层呈洼凹状，地下水就停滞不流动，成为停滞重力水。

潜水在不同地形条件下的分布状况不完全相同。在平原与低阶地地区主要分布在第四纪松散河流沉积体中，河流沉积物多成不同质地层次，一般潜水层多由粗砂质、砾质组成，其下为不透水的黏土层，含水丰富，水位的季节性变化较大。在山前平原地势较缓的冲积扇地带，地下水蕴藏丰富，水质良好，地下水位不太深，是重要的农业井灌区。潜水是影响潮土、盐土土壤性状的主要条件之一，对土壤的形成、演变起着重要作用，也是农业灌溉用水的来源之一。

1.全县潜水、矿化度的一般情况

根据调查，全县平均潜水埋深6.9m，变幅为0.5～35m。小清河以南的曹王、兴福、湖滨、店子五镇潜水埋深均大于7m，最深为35m。小清河以北的乔庄、纯化、吕艺、庞家、陈户、博昌、城东等潜水埋深均低于5m。地下潜水平均矿化度为2g/L，变幅一般为0.01～13g/L。小清河以南地区矿化度为0～5g，小清河以北地区矿化度平均为0.5～5g/L。

2.潜水埋深的分布情况及面积

(1)潜水埋深0～2m，总面积为$0.33\times10^4hm^2$，占全县总面积的3.64%，主要分布在城东街道办事处的贤城村、顾家村、相公堂村附近和堤上洼一带及庞家镇的太平村周围。

(2)潜水埋深2～3m，总面积为$3.9\times10^4hm^2$，占全县总面积的43.68%，主要分布在小清河、分水河两岸至吕艺镇龙河村，原陈户镇高官庄，庞家镇赵家村，博昌办事处伏田村、伏邵村、苗集一带，纯化镇的周刘至原陈户镇的官阎村、吕艺镇的寨马村一带，原乔庄乡落车里向西至梁楼村、前刘村一带，其他镇有零星分布。

(3)潜水埋深3～5m，总面积为$2.65\times10^4hm^2$，占全县总面积的29.57%，主要分布在吕艺镇的王浩村、刘官村、寨王村一带，原陈户镇的陈户村周围，庞家镇的三号支沟以北，原乔庄乡的梁楼村向南至原陈户镇的王孙村、赤官村一带，纯化镇的北支新河向北经杨家至原乔庄乡北半部和县城周围。

(4)潜水埋深5～7m，总面积为$0.31\times10^4hm^2$，占全县总面积的3.49%，主要分布在店子镇北营村、大刘村、辛张村，湖滨镇的柳童村和锦秋街道办事处的院庄村一带。

(5)潜水埋深7～15m，总面积为$0.21\times10^4hm^2$，占全县总面积的2.3%，主要分布在店子镇梨园村以北和辛朱村附近，湖滨镇前东门村、后东门村及鲁祝村一带。

(6)潜水埋深15～30m，总面积为$0.31\times10^4hm^2$，占全县总面积的3.42%，主要分布在店子镇利城村周围，向西至耿郭村到湖滨镇的七甲村、曹王镇的东鲁村及西孙村一带。

(7)潜水埋深30m以上的面积为$1.25\times10^4hm^2$，占全县总面积的13.9%，分布在店子镇般若寺、兴福镇城外李村及曹王镇的东孙村以南。

全县潜水埋深分布情况如图1-1所示。

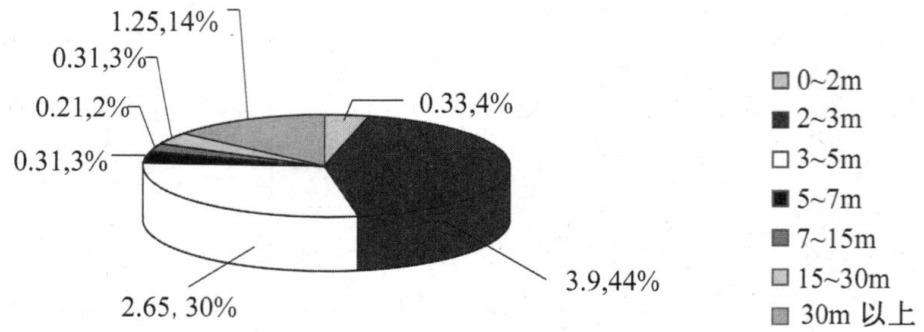

图 1-1 全县潜水埋深分布情况($\times10^4hm^2$)

3.潜水埋深变化情况

由 1977～1980 年和 2006～2008 年的定位定时观察结果可知,全县各土类、土属之间的潜水埋深是不同的,而且已发生了很大变化。

小清河以南的曹王、兴福、店子、湖滨等镇是褐土或砂姜黑土。以褐土为例,水位观察点在兴福镇兴福村。1977～1980 年四年的年平均水位是 5.2m,最高水位是 1977 年的年平均水位 4.4m;最低水位是 1980 年的年平均水位 6.91m。潜水矿化度为 0.5～2g/L,多为淡水和弱矿化水区,有利于发展井灌。但是随着井灌的发展和地下水的补源不足,地下水逐年下降,平均水位由 1977 年的 4.4m 下降到 2008 年的 30m。

小清河以北为黄泛平原,多为潮土或盐土。以引黄灌区的原陈户镇官闫观察点为例,1977～1980 年四年的平均水位为 0.98m。水位高主要是灌排不合理所致,盐分随水上升到地表面,造成盐碱威胁。1980 年以后,随着农业综合开发等农田水利工程的建设,完善了农田排灌体系,疏通了排水工程,降低了地下水位。

4.矿化度分布及面积

(1)淡水区(<0.5g/L)、弱矿度化水区(0.5～2g/L):面积为 $8.39\times10^4hm^2$,占全县总面积的 93.4%,主要分布在小清河以南的兴福、曹王、店子、湖滨等镇。锦秋街道办事处除湾头村以东、铁路以西 $100hm^2$ 左右为中矿化水区外,其余大部分为弱矿化水区,吕艺镇的许李村、营李村至原乔庄乡的王旺庄村一线向西至高青县界、北至黄河、南至小清河的大部分地区多为弱矿化水区,只有小部分中矿化水区分布。

(2)中矿化度水区(2～5g/L):面积为 $0.47\times10^4hm^2$,占全县总面积的 5.4%,主要分布在吕艺镇龙河村以北,支脉河以南;城东街道办事处贤城村周围;向北至李家以东,向西至河东周围;锦秋街道办事处南隅村、城东街道办事处北八里村至庞家镇大宁村一带,庞家镇祁家村以南向西至李刘、范王周围;原陈户镇蔡家村东北部至赤官、阎田附近,河西、董家周围至城东街道崇德村以北、高官村以南。庞家镇李家村以北,原乔庄乡王寨村、梁楼村周围;吕艺镇的营李村以北向西至刘官村,王浩村、高阜村一带;纯化镇驻地向西至原陈户镇的闫陈村以北;纯化镇的三教堂村向西北至原乔庄乡府驻地、大庄村、西小村周围,一直延伸到苍上村和东三新村。

(3)强矿化度水区(5～10g/L):面积为 $0.04\times10^4hm^2$,占全县总面积的 0.4%,主要分布在庞家镇西高村南部、吕艺镇贺家村周围、原乔庄乡刘王村周围及肖庄村以南地区。

(4)盐水区(10～30g/L)：面积为 $0.073\times10^4hm^2$，占全县总面积的0.8%，主要分布于原乔庄乡魏庄村以南至纯化镇交界处。

全县潜水矿化度情况如图1-2所示。

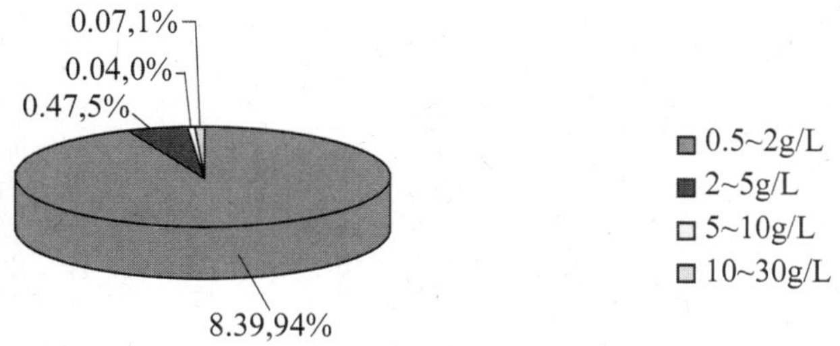

图1-2　全县潜水矿化度情况($\times10^4hm^2$)

5.潜水与土壤类型的关系

潜水埋深及矿化度状况与土壤类型有直接关系。全县的潜水埋深从褐土、潮土、盐土依次上升，而矿化度则从盐土、潮土、褐土依次降低。潜水埋深及矿化度直接影响着土壤的变化，以盐土为例，原乔庄乡西崔村、东崔村、刘王村一带第二次土壤普查时潜水埋深为1.6～2.8m，潜水矿化度为10～30g/L，土壤属重度盐渍化土壤，主要原因是灌溉不合理，地势不平，地表径流强烈，排水不畅，潜水上升，带来大量盐分，春秋两季干燥少雨，地面蒸发量大，使盐分残存在地表，形成盐化。1996年全县帮扶原乔庄乡期间，在驻村单位的帮助下，开展农业综合开发，进行方田化改造，健全了排灌设施等农田基础设施，使该区域在春季引黄河水灌溉，尾水由排碱沟排除，解决了旱不能浇、涝不能排的问题，潜水水位下降0.5m，盐渍化程度已降至轻度。因此，在次生盐渍化程度较重的地区搞好引黄灌溉工程的同时，注意灌排配套，降低地下水位，可有效防止土壤盐渍化的加重；相反，如不注意农田基础建设，造成引黄灌溉排水不畅，使潜水上升，盐分积存，造成土壤次生盐渍化加重。

6.地下水的化学组成

全县地下潜水的离子组成中，阴离子有重碳酸根、硫酸根和氯离子，阳离子有钙、镁、钾、钠等离子。地下潜水中各离子的组成随着矿化度的变化而异。矿化度增高时，氯离子的比重上升很快，而重碳酸根、硫酸根的比重随之下降，氯硫比(Cl^-/SO_4^{2-})也随着矿化度的增高而急剧增高。当矿化度为0.851～1.966g/L时，重碳酸根和硫酸根离子仍占一定的比重(30%左右)，称为"钙镁质重碳酸水"。随着矿化度的增高，氯离子取代了重碳酸根和硫酸根离子，而占绝对优势。当矿化度增加到10g/L时，氯离子已占到81.59%，而重碳酸根和硫酸根离子分别降到12.5%和5.86%，Cl^-/SO_4^{2-}由1左右上升到13.92，钾钠离子占53.45%，称为"钠质氯化物水"。所以，地下潜水矿化度的升高主要是氯化物增加的结果。从地下水含有大量氯离子的情况看，博兴县北部仍有退海之地的特点，地下潜水氯离子多，影响人、畜饮用及农作物灌溉，对农业生产影响严重。

九、地形、地貌

博兴县北依黄河，南接太沂山区冲积平原的尾部，县域境内的小清河处在黄泛平原和太沂山区山前冲积平原的交界处，因此，地形形成南高、北微斜、中间洼、自西向东倾斜的特点。南高：南部的曹王镇王海村，地面高程为19m，向北至小清河南岸地面高程为6m，地面坡降为1/1250。北微斜：北部黄河以南地面高程在10m左右，向南至小清河北岸地面高程为7m，地面坡降为1/6000。中间洼：小清河沿岸地面高程为6～7m。西部地面高程一般在8～9m，东部地面高程为6m左右，自西向东地面坡降为1/10000。

因黄河、小清河多次决口、泛滥，及成土母质的差异，加以风蚀和人为生产活动的影响，使全县的地貌较为复杂。

（一）南部山前缓平地

面积为17356hm^2，占全县总面积的19.27%，主要分布在湖滨镇的鲁王村、寨郝村、寨卢村及店子镇的耿郭村、辛朱村、梨园村一线的南边，主要包括曹王镇、兴福镇和湖滨镇的南部、店子镇的南半部。地面高程在8m以上，最高为19m，潜水埋深为7～30m（1982年为3～5m），矿化度在0.5g/L以下，土层深厚，土壤较肥沃，多为褐土或砂姜黑土。表层质地多为中壤，个别地方出现重壤。该区域自1982年第二次土壤普查以来，随着周边工业经济的快速发展和农业生产水平的提高，地下水采集过量，加之地表水源补充供给短缺，分洪河、兴福河相继断流，渔沟子等一大批人工引水补源工程去功能化严重，工农业生产严重依赖地下水，使该区域已演变成典型的地下水漏斗区，地下潜水埋深正以每年30～50cm的速度下降，如不采取大的引水补源工程，将对农业生产构成严重威胁。

（二）小清河沿岸河间浅平洼地

面积为14051hm^2，占全县总面积的15.6%，主要分布在小清河、预备河之间及其沿岸地带，湖滨镇的鲁王村、寨郝村、寨卢村及店子镇的耿郭村、辛朱村、梨园村一线以北，锦秋街道办事处湾头村、湖滨镇寨卞村以北小清河以南，向东沿吕艺镇龙河新村、龙河村、郭八村、店子村一线以南，包括锦秋街道办事处南部、湖滨镇西部、北部、店子镇北部，吕艺镇南部的龙河、高家村一带，地面高程为6～7m，潜水埋深为2～7m，矿化度为0.5～2g/L，是黄泛平原和山前冲积平原的交接洼地，地势低洼易涝，汛期潜水流出不畅，经常形成涝灾。由于成土母质及潜水对土壤的影响，土壤类型多为褐土、潮土，褐土以潮褐土为主，主要分布在该区域的南缘沿预备河一线的狭长地带，潮土以潮土土属的滨海潮土为主，主要分布在沿小清河沿岸及以南、预备河以北及吕艺镇南部的龙河、高家村一带南部，部分为砂姜黑土（店子镇辛张村以南、辛朱村以西、耿郭村周围、湖滨镇寨卢村东及店子镇大刘村东、梨园村西）。表层质地潮土、砂姜黑土多为重壤，褐土多为中壤、轻壤，适合种植小麦、玉米、大豆、棉花等多种作物。该区域土壤表层质地黏重，农事耕作比较困难，“干时一把刀、湿时一团糟”，作物播种后坷垃咬苗严重，前期不易拿苗，作物苗期生长较弱，应注意增施有机肥或以砂改黏，同时采用地膜覆盖能取得高产。

（三）东北部黄河决口扇形地

面积为1675hm^2，占全县总面积的1.86%，主要分布在原乔庄乡东部、黄河大堤以南、落车李闸以东的总干渠以北，包括原乔庄乡的新于村、南贾王村、北贾王村、宁家村北。潜水埋深为2～3m，由于黄河侧渗及灌溉的影响，矿化度变幅较大，为1～17g/L，地面高程为9～10m。因受微地貌的影响，局部地区排水不畅，易受涝灾。土壤以潮土土类盐化潮土土属为主，部分为滨海潮盐土(肖庄村东南、北贾王东及西崔村、东崔村、刘王村一带小片区域)，地表质地多为砂壤、轻壤，点片出现中壤、重壤，适合种植棉花、花生、地瓜、大豆等。该区域土壤质地以砂壤为主，漏水、漏肥，土壤盐化程度以轻度、中度为主，地温提升快，易出苗，受土壤盐渍化影响，缺苗较重，土壤改良以增施有机肥提高土壤保水保肥性能、完善田间灌排体系改盐为主。

(四)缓平坡地

面积为57014hm^2，占全县总面积的62.94%，主要分布在黄河大堤以南，乔庄乡三岔村、西小村、落车李闸以西，落车李闸以东总干渠以南；自小清河博昌桥向东至引黄济青向北沿吕艺镇龙河新村、龙河一村、郭八村、店子村一线以北。根据其地面坡降又可分为三类。

(1)沿黄缓平(高)坡地：面积为16996hm^2，占全县总面积的18.87%，主要分布在乔庄乡黄河大堤以南，乔庄乡三岔村、西小村、落车李闸以西，落车李闸以东总干渠以南；博昌街道办事处沿三号支沟至永和村、庞家镇绳耿村、陈户镇尹楼村、王孟村、王李村、北相村、纯化镇止河村、常家村一线以北。由北向南地面坡降为1/3000，潜水埋深为1～3m，矿化度为0.5～16g/L，地面高程为8～11m。土壤以潮土为主，部分分布有盐土，潮土以滨海盐化潮土和滨海潮土为主，土壤质地以轻壤和中壤为主，砂壤和重壤有零星分布，重壤主要分布在庞家镇杨桥村南、陈户镇张来村东南、王孙村东北、相李村东北，砂壤主要分布在庞家镇通滨村、赤张村、范庙村。

(2)中部缓平(平)坡地：面积为31254hm^2，占全县总面积的34.7%，主要分布在胶济铁路淄东支线博兴至东营沿线两侧，博昌街道办事处沿三号支沟至永和村、庞家镇绳耿村、陈户镇尹楼村、王孟村、王李村、北相村、纯化镇止河村、常家村一线以南，沿小清河至博昌桥向北沿支脉河向东至吕艺镇崔庙村向北至高阜村、纯化镇三里村、杨家村一线以北，包括博昌街道办事处、城东街道办事处、吕艺镇西部、纯化镇大部及陈户镇。潜水埋深为1～3m，矿化度为0.5～6g/L，地面高程为7～8m，自北向南地面坡降为1/7000。土壤以潮土为主，潮土以滨海潮土和滨海盐化潮土为主，滨海潮土主要分布在西部，滨海盐化潮土主要分布在东北部的纯化镇周刘村、河里村、焦家村一带。表层质地多数为重壤、中壤，其次为轻壤。

(3)东部缓平(洼)坡地：面积为8764hm^2，占全县总面积的9.73%，主要分布在沿博昌桥向北沿支脉河向东至吕艺镇崔庙村向北至高阜村、纯化镇三里村、杨家村一线以南，自小清河博昌桥向东至引黄济青向北沿吕艺镇龙河新村、龙河一村、郭八村、店子村一线以北，主要在支脉河南岸，吕艺镇以东，纯化镇王文村以南。潜水埋深为1～3m，矿化度为0.5～9g/L，地面高程为6～7m，自北向南坡降为1/9000。土壤以潮土为主，潮土以滨海潮土为主，个别地方有盐化潮土，表层质地多为重壤，间有少数轻壤。地势低洼，易受涝灾。适宜种植作物为小麦、玉米、棉花、大豆。表层土壤质地以重壤为主，较难出苗，应增施有机肥或以砂改黏。

全县地貌分布情况如图1-3所示。

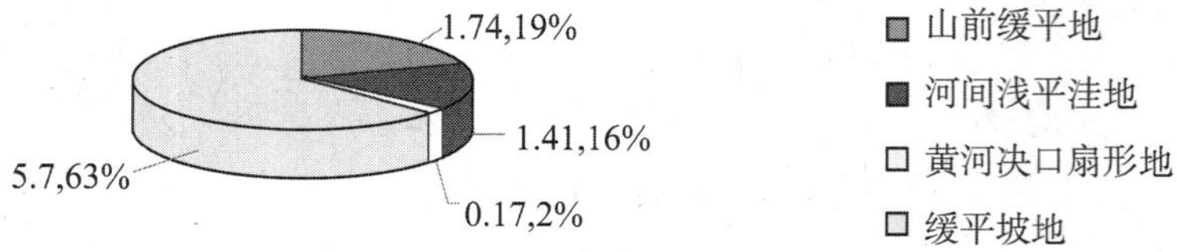

图 1-3　全县地貌分布情况（$\times 10^4 hm^2$）

十、植被

博兴县境内属温带大陆性季风气候，四季分明，雨热同季，故植被应为温带落叶阔叶林带，但由于92%以上的黄泛平原因自然植被尚未形成时，人类生产活动即已开始，故目前博兴县植被多为人工栽培植被。

（一）农业植被

农业植被主要有小麦、玉米、棉花、水稻、高粱、大豆、谷子、绿豆、花生等粮棉油料作物；大白菜、芹菜、大蒜、番茄、西瓜、辣椒等蔬菜作物。

（二）森林植被

森林植被主要为阔叶林，分布广泛，全县各镇（街道办事处）均有分布，主要树种有杨树、刺槐、榆树、柳树、梧桐树、臭椿，主要经济树种有苹果、白梨、洋梨、桃、枣、杏、葡萄等。

（三）灌草丛

灌木多为柽柳。草本以黄须菜、二色血补草、马绊草、芦苇为主，此外，还伴生有茵陈蒿、滨藜、灰绿碱蓬等。

（四）杂草

全县田间杂草种类繁多：生长在褐土上的主要有狗尾草、香草、茅草、热草、田旋花、蒺藜、麦蒿、苍耳、曲曲菜、青青菜、荠菜、麦家公、葎草等；生长在砂姜黑土上的有燕子尾、狗尾草、香草、蔓子草、田旋花、青青菜、蒺藜等；生长在潮土上的有芦草、茅草、白草、狗尾草、蔓子草、骨节草、热草、青青菜、曲曲菜、苦买菜、灰菜、蒲公英、马齿苋、小酸模、田旋花、野生地、燕子尾、野麦亭、野菊花、羊角棵、茶棵子、麦蒿、苍耳、蒺藜、车前子等；生长在盐碱地上的主要有小芦草、小热草、苦买菜、茶棵子、马绊草、羊角菜、黄须菜、碱蓬、灰菜、茅草等。

（五）盐生植被

盐生植被主要是生长在盐碱撂荒地上的杂草，主要有黄须菜、碱蓬、茶棵子、马绊草、小芦草、茅草等。

（六）水生植被

水生植被主要分布在坑塘、河沟、湖泊等积水的地方，主要有苇草、蒲子、莲藕、三棱草、水稗子、水蓬花、水葫芦、浮萍等。

第三节　农村经济与农业生产

一、农村经济情况

博兴县现辖9个镇、3个街道办事处(含1个省级经济开发区)，共448个行政村。改革开放以来，全县国民经济保持平稳较快增长，2008年全县实现生产总值155.84亿元，按可比价格计算，比上年增长13.2%。其中第一产业增加值为13.16亿元；第二产业增加值为93.29亿元，增长10.9%；第三产业增加值为49.39亿元，增长23%。三个产业结构比为8.4∶59.9∶31.7，与2007年相比，第一产业降低了1.1个百分点，第二产业降低了1.6个百分点，第三产业提高了2.7个百分点，呈现出第一、第二产业平稳发展，第三产业强势快速发展的态势，产业结构更趋合理。农、林、牧、渔业总产值(现价)为25.13亿元，增长9.4%，其中农业产值为15.15亿元，增长9.3%，林业产值为0.2亿元，牧业产值为6.99亿元，渔业产值为2.47亿元，农、林、牧、渔服务业为0.33亿元。

2008年末，全县总人口为483568人，其中乡村人口为406153人，占全县总人口数的84%。乡村劳动力人口为233563人，占乡村人口的57.5%。乡村从业人员数为218917人，其中劳动年龄内人员和男性分别为200787人、114909人。农、林、牧、渔业从业人员为120648人，占乡村劳动力的51.66%，工业从业人员为32838人，建筑业从业人员为25803人，交通运输业从业人员为10858人，信息传输、计算机服务和软件业从业人员为1047人，批发零售贸易从业人员为6881人，住宿和餐饮业从业人员为3513人，其他从业人员为17329人。实现了村村通公路，自来水受益村、通电话的村、通有线电视的村均达到100%。全县乡村从业人员分布情况如图1-4所示。

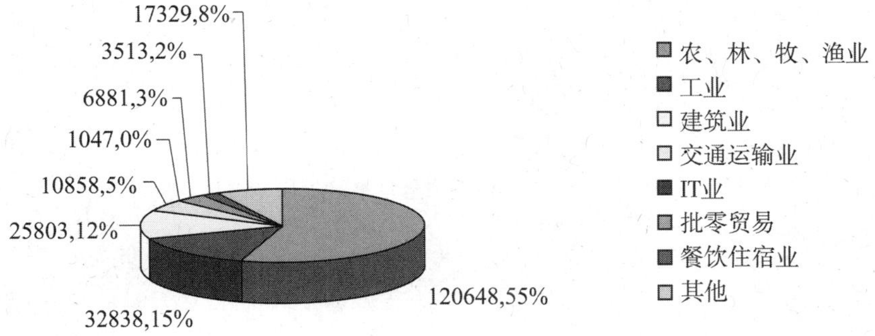

图1-4　全县乡村从业人员分布情况

二、农业生产情况

2008年，全县农业机械总动力为1.171×10^{6}kW；农村用电量为1.4413×10^{8}kW·h；化肥施用量为22587吨(折纯量)，与上年持平；农药使用量为1751吨；地膜使用量为939吨；有效灌溉面积达42060hm^{2}。

2008年，全县农作物总播种面积为76308.9hm^2，其中粮食作物播种面积为59325hm^2（夏粮播种面积为29749hm^2，秋粮播种面积为29576hm^2），棉花播种面积为12815.6hm^2，菜田面积为3956.3hm^2。全县粮食总产量为43.05万吨，其中夏粮总产量为20.41万吨，秋粮总产量为22.64万吨，棉花总产量为1.44万吨，蔬菜总产量为31.14万吨，水果总产量为0.76万吨（见图1-5和图1-6）。

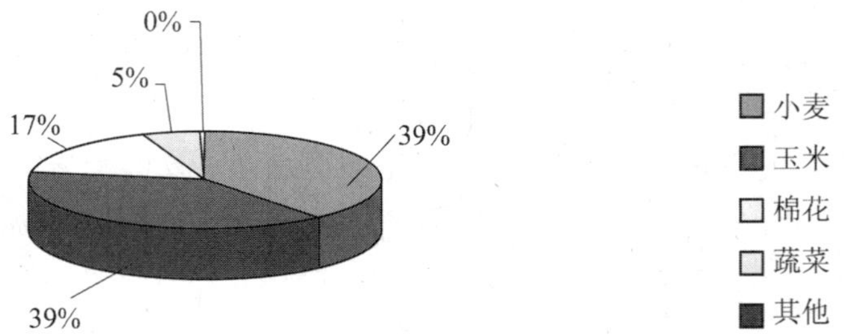

图1-5 2008年全县农作物播种面积分布

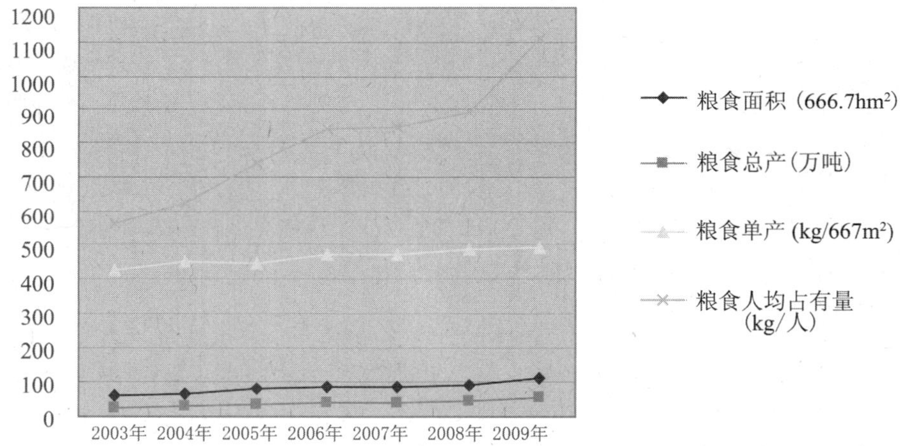

图1-6 2003～2009年全县粮食生产情况图

2008年，全县大牲畜存栏量为7.68万头，其中牛为7.63万头，驴为0.03万头，骡子为0.02万头。猪存栏量为23万头，羊为7.8万只（绵羊为3.39万只）。能繁殖的母畜中，牛约为3.33万头，驴约为0.01万头。出栏肉用牛4.41万头，出栏肉用猪32.1万头，出栏肉用羊12.46万只。禽存栏量为472万只，其中鸡为268.76万只，鸭为202.69万只，鹅为0.55万只。家禽出栏量为2898万只，其中鸡为776.32万只，鸭为2120.39万只，鹅为1.29万只。兔存栏量为3.69万只，兔出栏量为7.93万只。2008年末，肉类总产量为82932.31吨，其中猪肉为25689.9吨，牛肉为7056.3吨，羊肉为1869.81吨，禽肉为48033.25吨，兔肉为237.95吨。牛、羊奶产量为7666.66吨，绵羊毛产量为17吨，禽蛋产量为12034.74吨。

第四节　农业基础设施

一、农田水利建设

(一)水资源

水资源包括地表水和地下水两部分。

地表水主要来源于天然降水和入境客水。天然降水表现为自产地表径流,分布有南高北低的趋势,即曹王、兴福等镇高于乔庄、陈户等镇。入境客水(含河道内自产径流)主要是指小清河、支脉河、北支新河、预备河等内河系统接受上游客水量,和黄河过境径流量中可引出利用的部分。

全县地表水资源量为 $5.838\times10^7\,m^3$,地下水资源量为 $5.816\times10^7\,m^3$,扣除地表水与地下水重复计算量 $0.929\times10^4\,m^3$,近十年平均水资源总量为 $1.07\times10^8\,m^3$,平水年、偏枯年和枯水年水资源总量分别为 $0.93\times10^8\,m^3$、$0.6\times10^8\,m^3$ 和 $0.39\times10^8\,m^3$。全县水资源可利用总量为 $2.33\times10^8\,m^3$,平水年、偏枯年和枯水年分别为 $2.21\times10^8\,m^3$、$1.97\times10^8\,m^3$ 和 $1.97\times10^8\,m^3$。

博兴县水资源总量及可利用量情况表如图 1-7 和表 1-4 所示。

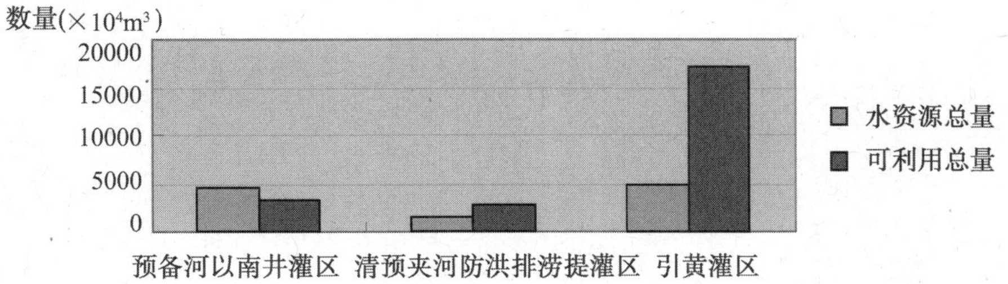

图 1-7　博兴县水资源及利用情况图

表 1-4 博兴县水资源总量及可利用量情况表

分区	水平年	来水保证率（%）	水资源量（×10⁴m³）				水资源可利用量（×10⁴m³）					
			地表水	地下水	重复计算量	水资源总量	地表水	地下水	重复计算量	引黄配额	其他	水资源可利用总量
预备河以南井灌区	多年平均		1392	2875		4267	460	2587		300		3347
	平水年	50	1141	2722		3863	414	2449		300		3163
	偏枯年	75	626	2132		2758	345	1918		300		2563
	枯水年	90	318	1522		1840	299	1369		300		1968
清预夹河防洪排涝提灌区	多年平均		640	1185	337	1488	2060	1066	269			2857
	平水年	50	538	1123	308	1353	1854	1010	246			2618
	偏枯年	75	288	878	235	931	1590	790	199			2181
	枯水年	90	146	626	188	584	1378	563	169			1772
引黄灌区	多年平均		3806	1756	592	4970	6808	1580	473	9200		17115
	平水年	50	3006	1662	550	4118	6127	1495	440	9200		16382
	偏枯年	75	1561	1303	491	2373	5061	1172	392	9200		15041
	枯水年	90	641	929	303	1267	4386	836	242	9200		14180
全县	多年平均		5838	5816	929	10725	9328	5233	742	9500		23319
	平水年	50	4685	5507	858	9334	8395	4954	686	9500		22163
	偏枯年	75	2475	4313	726	6062	6996	3880	591	9500		19785
	枯水年	90	1105	3077	491	3691	6063	2768	411	9500		17920

注：水资源可利用量已计入过境客水。

（二）水资源开发利用状况

全县各行各业年总用水量为 $2.16\times10^8 m^3$，其中农业灌溉用水量为 $1.63\times10^8 m^3$，占总用水量的 75.4%。博兴县水资源利用现状如表 1-5 所示。

表 1-5　　博兴县水资源利用现状表

分　区	合　计（$\times10^4 m^3$）	生　活（$\times10^4 m^3$）	工　业（$\times10^4 m^3$）	农　业（$\times10^4 m^3$）		生态与环境（$\times10^4 m^3$）
				灌　溉	其　他	
预备河以南井灌区	5167	191	624	4248	104	
清预夹河防洪排涝提灌区	1399	67	51	905	152	224
引黄灌区	14994	502	365	11168	2946	13
合计	21560	760	1040	16321	3202	237

（三）灌溉工程

截至 2008 年底，全县灌溉面积为 $50700hm^2$，其中综合节水灌溉面积为 $18600hm^2$。全县共有防渗渠道 211.25km，控制面积为 $9650hm^2$，低压管线 1058.5km，控制面积为 $8420hm^2$。全县不同灌溉方式的面积及比例如图 1-8 所示。

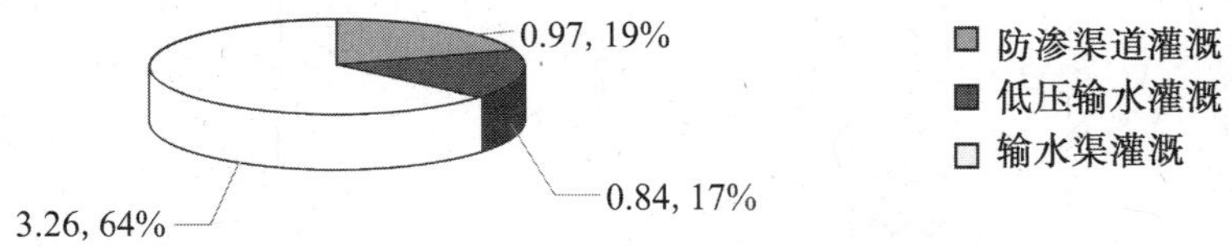

图 1-8　全县不同灌溉方式的面积（$\times10^4 hm^2$）及比例图

博兴县的灌溉工程体系根据水源不同分为引黄灌区、引河灌区及井灌区三大部分。

1. 引黄灌区

引黄灌溉工程是博兴县灌溉工程的主体，引黄灌区主要为小清河以北的区域。根据取水口不同，引黄灌区又分为打渔张引黄灌区和道旭引黄灌区。

打渔张引黄灌区始建于 1956 年，原设计引水能力为 $120m^3/s$，灌区范围涉及博兴、广饶、东营等县（区），控制面积为 $341300hm^2$。随着时间的推移、行政区划的变迁和麻湾等灌区的建成，打渔张引黄灌区的灌溉面积逐步减少，现仅以博兴县的灌溉为主。打渔张引黄灌区现在的设计灌溉面积为 $44000hm^2$，实灌面积为 $40000hm^2$。多年平均引水量为 $1.73\times10^8 m^3$。一干、二干、三干、总干、三合干形成了打渔张引黄灌区的骨干渠系。

自 2003 年以来，博兴县坚持科学发展观，紧紧抓住国家加大灌区节水改造投入的机遇，大力实施打渔张引黄灌区续建配套与节水改造工程建设，积极筹措工程建设配套资金，加强项目"四制"管理，高标准、高质量地完成了灌区续建配套与节水改造建设任务。2005 年，打渔张引黄灌区续建配套与节水改造工程正式被列入国家投资计划，打渔张引黄灌区续建配套与节水改造工程全面启动。截至 2008 年底，共计完成二干渠、十三条渠和三合干渠衬砌 20.3km，配套建筑物 35 座，累计完成土石方 $2\times10^6m^3$，砌石及混凝土 $1.7\times10^4m^3$，完成投资 4765 万元。经过连续三年的建设，打渔张引黄灌区的工程面貌发生了很大的变化，干渠衬砌率提高到 44%。

道旭引黄灌区原建于 1969 年，1990 年实施了恢复改建工程。博兴县境内设计控制灌溉面积为 $6666.7hm^2$，引黄闸设计引水能力为 $15m^3/s$。灌区恢复改建以来，多年平均引水量为 $1.243\times10^7m^3$。

2. 引河灌区

博兴县的引河灌区主要集中于小清河与预备河之间的区域，灌溉面积为 $5000hm^2$，主要取水方式为小型扬水站分散式取水，多年平均引提水量为 $1.5\times10^7m^3$。

3. 井灌区

博兴县的井灌区主要分布于预备河以南，设计灌溉面积为 $12530hm^2$，其中有效灌溉面积为 $11330hm^2$，占灌区内耕地面积的 94.4%。井灌区内小型农田水利工程主要为机电井及部分小型灌溉泵站、小型引水闸、小型排涝涵闸等。截至 2008 年底，井灌区内拥有配套机电井 7900 眼，机电井完好的有 7460 眼，工程设施配套完好率达 94.4%；小型灌溉泵站 20 座，工程设施配套完好的有 16 座，完好率达 80%；小型引水闸 19 座，工程设施配套完好的有 12 座，完好率达 63%；小型排涝涵闸 20 座，工程设施配套完好的有 13 座，完好率达 65%。

全县灌区的面积及比例如图 1-9 所示。

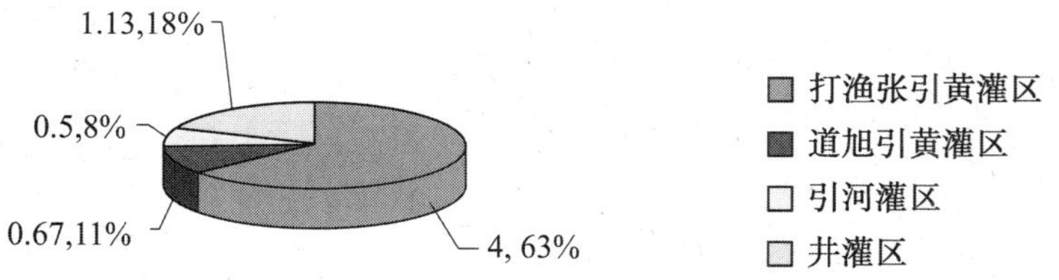

图 1-9　全县灌区面积（$\times10^4hm^2$）及比例图

（四）防洪除涝工程

博兴县的防洪除涝体系分属小清河、支脉河两大流域。支脉河的支流自南向北主要有三号支沟、北支新河、工农河、打渔张河、张洛沟、小河子 6 条支流；预备河及其主要支流向阳沟、兴福河、团结河、分洪河、鱼沟子、耿郭沟、会战沟是小清河的支流；溢洪河为小清河的分洪道。胜利河纵贯南北，沟通两大水系，使其组成互相联系的有机整体。

经过"九五"、"十五"连续十几年的奋斗，博兴县的防洪除涝工程面貌已经发生了根本变化，小清河、支脉河、北支新河作为省重点工程项目，在省指挥部的统一部署下进行了系统治理，防洪、除涝标准分别达到了二十年一遇和五年一遇的标准。三号支沟、工农河、打渔张河及其他骨干河道历经疏挖治理，防洪除涝能力也得到了较大提高。

（五）蓄水工程

自 20 世纪 80 年代起，博兴县陆续在县内的骨干河道上兴建了 14 座拦河闸，利用现有的防洪除涝河道拦蓄地表径流与灌溉尾水，冬蓄春用，丰蓄枯用，对于缓解因降水时空分布不均而造成的春灌水源紧张、抗旱保丰发挥了巨大作用。经过近二十年的建设，博兴县在防洪除涝工程的基础上已建成了一个有无互补、互相调剂协调的平原河网蓄水体系。

在兴建河道蓄水工程的同时，经过几年的研究论证，博兴县于 1997 年开工建设了打渔张渠首水库。该水库位于县境北部，打渔张第十三沉沙条渠南缘，以打渔张第十四沉沙条渠为基础建成，设计库容为 $1.34\times10^7m^3$，该水库于 1997 年 11 月竣工蓄水。目前，该水库不仅为周边村镇的农业灌溉提供水源，同时，该水库还成为县第二水源工程的水源水库。

1998 年 11 月，胜利油田与博兴县共同兴建的纯化水库动工，该水库位于博兴县东北隅（博兴县与东营市交界处），水库设计库容为 $3.341\times10^7m^3$，年设计调蓄水量为 $4.8\times10^7m^3$，水库已于 2000 年 12 月竣工蓄水。

在建设平原水库和河网蓄水工程的同时，博兴县政府还颁布了若干优惠政策，鼓励群众兴建小型蓄水工程。几年来，全县共建成小型蓄水坑塘 101 座，蓄水总能力达到 $5.05\times10^6m^3$。

截至 2008 年，博兴县境内蓄水工程总计有蓄水拦河闸 14 座、水库 2 座、蓄水坑塘 101 座，总蓄水能力为 $5.186\times10^7m^3$。

二、农业生产机械

农业机械是农业生产的重要工具，是提高农业生产力的重要因素之一，是实现农业科学技术的载体。经济的发展、科技的进步、政府部门的重视和支持，进一步推动了全县农业机械化的快速发展。截至 2008 年底，全县农用拖拉机达到 12047 台，221643kW；农用运输车 33486 台，728969kW；农业工程机械 263 台，12212kW，其中推土机 75 台，3711kW，挖掘机 113 台，4623kW，装载机 72 台，3877kW；自走式联合收获机 1400 台，27096kW；机动植保机械 2460 台，4217kW；农用柴油机 1085796kW；农用电动机 844929kW；农用排灌机械 21118 台；农用拖拉机田间作业配套机械 37588 台，农机具配套比为 1∶2.56（见图 1-10）。

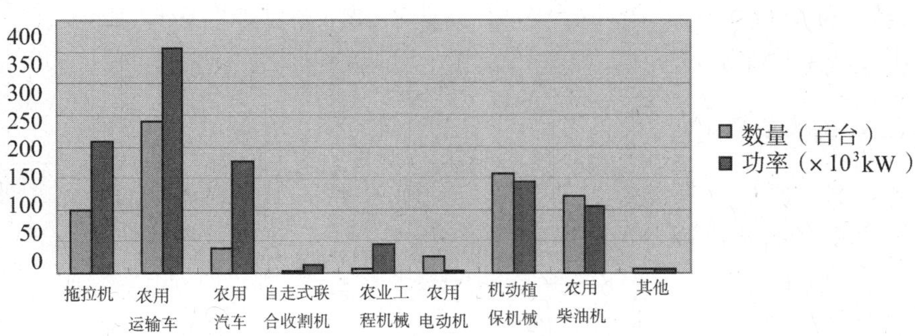

图 1-10 全县农机装备情况表

农机装备结构的进一步优化带动了农机装备总量的不断增加。2008 年，全县农机总值达到 70243 万元，农机总动力 1170725kW。主要农作物耕、种、收机械化水平达到 94%（高出山东省平均水平近 20 个百分点）。

农机作业水平的不断提高，有效地缓解了全县农业劳动力结构性、季节性、区域性短缺的矛盾，为保障粮食生产安全和促进农村劳动力向二、三产业转移，起到了较大的推动作用。

第二章　土壤与耕地资源

第一节　土壤的形成及特性

一、土壤的形成

地球上所有的土壤，都是由岩石变成的。其中有的土壤是就地形成的，这类土壤土层较薄，如山区土壤。有的土壤是经水流或风力的搬运后再堆集起来的，这类土壤土层深厚，如黄泛平原就是黄河挟带大量泥沙，不断向渤海填充而建造起来的。自然土壤是在气候、地形、生物、母质、时间五大因素的综合影响下形成的。自然土壤在人类生产活动的影响下，产生和发展了经济肥力，即为农业土壤。因此，土壤不是孤立的，而是和人类生产活动有密切联系的，也可以说，土壤是人类劳动的产物。

博兴县小清河以南成土母质属次生碳酸盐风化壳，地形是山前冲积平原，因受季风气候的影响，高温与湿润同时发生，土壤类型为褐土或砂姜黑土。小清河以北属于黄泛平原，其成土母质为次生碳酸盐，由于受黄河侧渗的影响和地下潜水的控制，发育为潮土。在蒸发大于降水的气候特点影响下，不合理的耕作方式及排水不畅等原因引起地下水位上升，大量盐分积结于地表，产生土壤次生盐渍化，潜水条件继续恶化，长期处于临界深度以上的形成盐土土类。

二、土壤的表层质地

全县土壤分为四种耕层质地：砂壤、轻壤、中壤、重壤，其中以轻壤面积最大，其次是重壤、中壤、砂壤，现将各种质地的分布、面积、养分状况及生产特性简单叙述如下。

（一）砂壤土

砂壤土分布于黄河决口的大流附近，主要分布在乔庄、纯化等镇的决口扇形地和缓平（高）坡地上，黄河滩里和其他镇也有零星分布。砂壤可利用面积为 5825.73hm^2，占全县土地面积的 8.17%。

这类土壤含大于 0.01mm 粒径的物理性沙砾 80%～90%，其水、肥、气、热特征为：土质松散，耕性良好，干燥、性热，通气良好，有利于作物出苗、扎根；作物前期生长快，但保水抗旱性差，水少气多，有机质分解快，矿物质养分少，养分易流失，保水、保肥能力弱，土质瘠薄，有前劲，无后劲，发小苗，不发老苗。因此，适宜种植抗旱耐瘠薄作物，如红薯、花生等。沙性严重的区域，可造林防风固沙。治理措施：掺淤改砂，或引黄淤灌，增加土壤黏性;增施有机肥料,改善土壤理化性状,提高土壤的保水、保肥能力。

（二）轻壤土

由缓慢水流沉积而成,含小于 0.01mm 粒径的物理性黏粒 20%～30%,其性质介于砂壤与中壤之间,俗称"二合土"。农业生产性能良好,具有一定的保肥、保水能力和通风、透水性能,又具有良好的耕性,适耕期长,肥力平缓,适合种植各种作物。由于轻壤毛管作用较强,所以应搞好排灌工程,控制潜水水位的上升,防止土壤次生盐渍化。

轻壤土可利用面积为 27435.67hm²,占全县农用土地面积的 38.48%,是本县耕层质地最大的一类土壤,全县各镇都有分布,主要是缓平(高)坡地和缓平(平)坡地,其他地貌类型也有分布。由于土壤质地轻,所处地形复杂,所以土壤类型繁多,多为滨海潮土、滨海盐化潮土及褐土,少量为砂姜黑土。

（三）中壤土

中壤土可利用面积为 17058.83hm²,占全县农用土地面积的 23.93%,俗称"小红土"。由于砂黏比例适当,兼有砂性土和黏性土的长处,保水、保肥性能好,水、热、气、肥协调,耕性适中,肥力平缓,既发小苗又发老苗,是农业生产上较理想的土壤质地类型。

（四）重壤土

重壤土分布于大洼底部地段上,主要是博昌、城东、陈户、吕艺、纯化、庞家、湖滨等镇(街道办事处)的缓平洼坡地上。可利用面积为 20971.6hm²,占全县农用土地面积的 29.42%。

这类土壤含小于 0.01mm 粒径的物理性黏粒 45%～60%,其中水、肥、气、热状况及农业性状与砂性土相反。土质黏重,黏结性、湿胀性大,湿时泥泞,干时坚硬,耕作困难,耕后易起大坷垃,适耕期短。粒间孔隙细小,降雨或灌溉后,土壤汲水、保水性强,透水不良,如遇大雨地面易积水,形成内涝。通气不良,有机质分解慢且容易积累。矿物质养分多,保肥能力强,养分不易流失。水分含量高,温度上升慢,土性冷,不利种子发芽出苗,肥劲前小后大,发老苗不发小苗,适宜种小麦、玉米等粮食作物。

这类土壤在改良时应注意深翻改土,增施有机肥,改善土壤质地,有条件的可掺砂,提高土壤的通气性和透水能力。

全县不同土壤表层质地比例如图 2-1 所示。

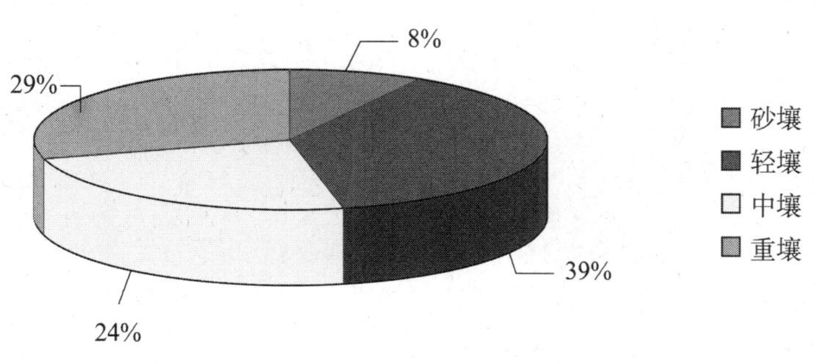

图 2-1　全县不同土壤表层质地比例

三、土壤的土体构型

不同质地的土壤在剖面中的垂直变化情况，称为“土体构型”或“土层构造”。土体构型直接影响着作物的生长发育、土壤肥力及水盐上下运行，是土壤的重要物理性质。

按着土层所在的部位，从地表起，0～20cm 为“表层”，20～60cm 为“心土层”，60～100cm为“腰”，100～150cm 为“底土层”。按土层厚度，大于 30cm 的为“厚”，10～30cm 的为“薄”，一般小于 10cm 的不算层。

由土层出现部位和厚度两个因素来命名土体构型。如“厚黏心”，就是说在 20～60cm 的土层中，有大于 30cm 厚的黏心层或重壤土。

土体构型命名基本按砂质（黏砂、紧砂、砂壤）、黏质（重壤、黏土）夹层来定，砂黏之间有壤质（轻壤、中壤）不再命名（但在特殊情况下也有考虑），全剖面壤土的命名为“均质”，在砂姜黑土土类中，土体构型是以黑土层出现的部位来命名的。

（一）夹砂构型土体形状

此构型主要有厚砂心、厚砂腰及均质砂，在博兴县有砂土和砂壤土，属漏肥水型，特别是毛管作用强烈，易返盐，盐碱地多属于此类型土体构型。因此，此类构型的土壤在生产中应注意配套灌排设施，防止土壤返碱，在施肥上要少施勤施，防止养分流失。

（二）夹黏构型土体形状

在土体中有大于 10cm 的质地为重壤或黏土的夹层，称为“夹黏构型”。博兴县主要有薄黏心、厚黏心、厚黏腰、厚黏底。这一类构型的土壤保肥、保水，但透水性差，因黏土层靠上，易发生内涝。

对水盐的运行作用有以下两个方面：矿化度较高的地下潜水出现在黏土层以上时，黏土层有托住水盐下移的作用，以厚黏底为主，此层黏土往往由于发育较差，呈板状，透水性差，水盐下渗难，积于黏土层上，潜水在地表蒸发中，盐随水上升，积存于地表，造成土壤盐渍化；矿化度较高的地下潜水出现在黏土层以下时，多数是厚黏心、厚黏腰类型，此层黏土往往发育较好，裂隙多，上层水盐通过裂隙下渗快，下层水盐上移困难，起到阻盐上移的作用，土壤不易盐化。如庞家镇太平村周围，由于心土层、黏土层较厚，所以基本不受盐害威胁。但在生产中，对厚黏心或耕层是重壤的要注意深翻，加深耕作层。

第二节　土壤分类与理化性状

一、土壤分类的依据

土壤分类不仅要反映土壤的系统性和严密性及与自然环境的关系，更要反映其全部的生产特性和其自身发展的规律和肥力状况，以及改良利用特点、自然和社会成土条件、成土过程及其属性。

土壤分类是依据土壤发生学分类原则来进行分类的，即土类、亚类、土属、土种、变种五级分类制。

(一)土类

土类是在一定的生物气候下综合自然条件和人为因素作用,经过一个主导或几个组合的成土过程,或者受自然因素和人为作用的影响,阻止或延续其成土过程,并产生与其相适应的一个土壤类型,土类间在性质上有明显的差异。

(二)亚类

亚类是指在土类范围内和土类之间的过渡类型。在主导成土过程外,还有一个附加的成土过程,使土壤属性起了很大变化,但同属一个土类的亚类,成土过程总趋势应该是一致的。

(三)土属

土属在土壤发生学分类上,具有承上启下的特点,它即是亚类的续分,又是土种的归纳,是在区域性因素的具体影响下,使综合的成土因素产生了区域性的变异。

(四)土种

土种是土壤基层分类的基本单元,它是发育在相同母质上,具有相类似的发育程度和剖面层次排列的一种比较稳定的土壤类型。土种非一般耕作措施在短期内所能改变。同一土种具有相同的耕层质地和基本相似的土体构型。

(五)变种

变种是在土种范围内,根据耕层或表层性质的差异而划分的分类单元。它往往可以根据一般的耕作、施肥等措施,由一个变种变成另一个变种。可根据肥力状况、常年产量(3～5 年)等差异分为不同变种。

二、土壤类型分布与主要土种理化性状指标

根据以上土壤分类原则,博兴县境内土壤共分 4 个土类,7 个亚类,11 个土属,共 63 个土种。土壤各类型的分布与微地貌和潜水状况有一定关系,褐土分布在小清河以南的兴福镇、店子镇、湖滨镇,地面高程高,属于山前冲积平原;砂姜黑土主要分布在小清河以南的曹王镇,地面高程为全县最高;潮土多分布在小清河以北的黄泛平原上;盐土则分布在地面高程较低、潜水矿化度较高的地区。从质地上来看,地势低洼处质地比较黏重,地势较高的地方质地较轻。

(一)褐土土类

褐土是发育在太沂山区冲积物上半干旱地区受季风影响形成的特殊土壤类型,高温与湿润同时发生,成土作用占主导地位。褐土的通体呈棕色或褐色,剖面中有假菌丝体分布,且黏粒有由表面向下移动的趋势,在心土层发育为淀积层,在长期的氧化过程中产生明显或不明显的胶膜,底土层中常可发现小型铁锰之类的结核物。

褐土土类中的潮褐土亚类由于受潜水作用的影响,处于相对低洼的地带。由于潜水频繁升降的循环作用的影响,土壤中氧化还原过程交替进行,下部有明显的锈纹、锈斑。

该土类主要分布在湖滨镇南部和曹王、兴福两镇北部,以及店子镇的大部分,面积为 12242.2hm^2,占全县总可利用面积的 17.17%。该土类含 2 个亚类,即褐土亚类和潮褐土亚类,2 个土属,9 个土种。

1.褐土亚类

褐土亚类含1个土属(洪积褐土土属),6个土种,面积为6775.93hm²,占全县农用地面积的9.5%,主要分布在店子镇中南部、兴福镇北部。褐土亚类俗称"黄土""立黄土",通体呈棕色或褐色,层次不明显,由耕作层、淀积黏化层和钙积层组成。黏心下移,心位层较黏重,有明显的胶膜,下部有假丝体和石灰结核。

该土壤因位于地形较高、潜水埋深为10~40m、潜水矿化度为0.15~2.5g/L的地区,因而,表土和心土受潜水的影响较小,而淋溶作用较强,有明显的黏化层、假菌丝体及胶膜出现。自然植被多为香草、地蔓(热草)、苍耳、小蓟、麦蒿等。

现举两例,通过分析其典型剖面的理化性质,说明主要土种的性质及农业生产状况。

(1)轻壤表均质壤冲积褐土可利用面积为3425.13hm²,占全县可利用面积的4.8%。该土种主要分布在店子镇,南至九台,北到利城,东至与广饶县交界处,西至湖滨镇相公村。地面高程为12.5m,潜水埋深为37m,自然植被多为香草、热草等,农业种植为一年一作或一年两作,以小麦、玉米为主。

代表剖面:⊗06316,取自店子镇马庄村西500m处(见图2-2)。

⊗06316

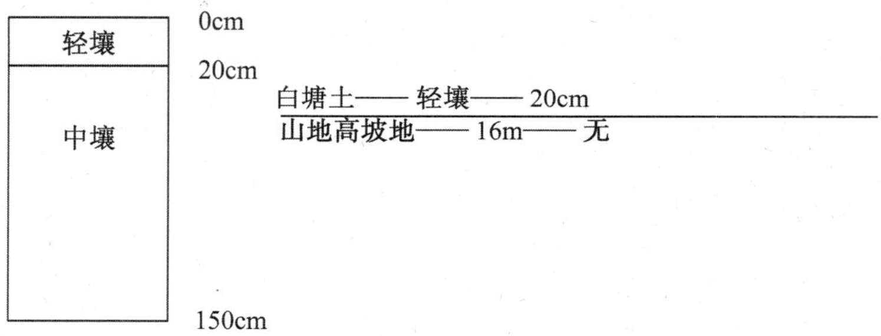

图2-2 Bd4 $\frac{4}{1\#}$ 剖面图

轻壤表均质壤冲积褐土理化性状如表2-1和表2-2所示。

该剖面0~20cm为棕黄色轻壤,团块状结构,润、松散,孔隙、植物根系、动物穴多,石灰反应强,20~150cm为棕黄色中壤,块状结构,湿润、紧,孔隙少,植物根系、动物穴多,石灰反应强。该剖面有网状假菌丝体。

该剖面耕层有机质为11.7g/kg,全氮为0.88g/kg,有效磷为8.8mg/kg,水解氮为70mg/kg,速效钾为125mg/kg,pH为8,容重为1.71g/cm³,总孔隙度为35.5%,毛管孔隙度为27.4%,非毛管孔隙度为8.1%。

心土层(20~60cm)有机质为5.9g/kg,全氮为0.45g/kg,水解氮为23mg/kg,有效磷为5mg/kg,速效钾为80mg/kg,pH为8.3。

该剖面为均质壤,耕性好,保水肥能力强,在生产中应注意增施有机肥料和磷肥,调节氮、磷、钾比例,培肥地力,以提高单位面积产量。

通过与第二次土壤普查时该剖面土壤理化指标对比分析,0~20cm土壤层主要养分指标中,有机质由8.2g/kg上升为11.7g/kg,水解氮由32mg/kg上升为70mg/kg,有效

表 2-1　　轻壤表均质壤冲积褐土典型剖面化学性状对比表

剖面位置	经度	纬度	土种代号	土层深度(cm)	质地	pH		有机质(g/kg)		全氮(g/kg)		水解氮(mg/kg)		有效磷(mg/kg)		速效钾(mg/kg)		全盐(g/kg)
						1982 年	2010 年	1982 年	2010 年	1982 年	2010 年	1982 年	2010 年	1982 年	2010 年	1982 年	2010 年	2010 年
店子马庄西 500m	118°18′4.5″	37°3′50.9″	Bd4 $\frac{4}{1\#}$	0～20	轻壤	7.3	8	8.2	11.7	0.55	0.88	32	70	4.4	8.8	20	125	0.16
				20～40		7.1	8.3	4.7	5.9		0.45	16	23	1.3	5	8	80	0.29
				10～60			8.2		5.6		0.42		28		3.6		75	0.33

表 2-2　　轻壤表均质壤冲积褐土典型剖面物理性状对比表

剖面位置	经度	纬度	土种代号	土层深度(cm)	质地	容重(g/cm^3)		总孔隙度(%)		毛管孔隙度(%)		非毛管孔隙度(%)	
						1982 年	2010 年	1982 年	2010 年	1982 年	2010 年	1982 年	2010 年
店子马庄西 500m	118°18′4.5″	37°3′50.9″	Bd4 $\frac{4}{1\#}$	0～20	轻壤	1.52	1.71	43	35.5	35.5	27.4	7.5	8.1
				20～40									
				40～60									

磷由 4.4mg/kg 上升为 8.8mg/kg，速效钾由 20mg/kg 上升为 125mg/kg，全氮由 0.55g/kg上升为 0.88g/kg，全盐为 0.16g/kg，pH 由 7.3 上升为 8，容重由 1.52g/cm^3上升为 1.71g/cm^3，总孔隙度由 43%下降为 35.5%，毛管孔隙度由 35.5%下降为 27.4%，非毛管孔隙度由 7.5%上升为 8.1%。土壤养分指标均有不同程度提高，其中水解氮、速效钾提高幅度最大，分别提高 38mg/kg、105mg/kg。土壤主要物理指标变化表现为容重上升 0.19g/cm^3，总孔隙度下降 7.5%，毛管孔隙度下降 8.1%，非毛管孔隙度上升 0.6%。该层土壤肥力提高但物理性状下降，土壤 pH 上升，有碱化趋势。

20～40cm 土壤主要养分指标中，有机质由 4.7g/kg 上升为 5.9g/kg，水解氮由 16mg/kg上升为 23mg/kg，有效磷由 1.3mg/kg 上升为 5mg/kg，速效钾由 8mg/kg 上升为 80mg/kg，全氮为 0.45g/kg，全盐为 0.29g/kg，pH 由 7.1 上升为 8.3。土壤养分指标均有不同程度提高，其中水解氮、速效钾提高幅度最大，分别提高 7mg/kg、72mg/kg。

40～60cm 土壤主要养分指标中，有机质为 5.6g/kg，水解氮为 28mg/kg，有效磷为 3.6mg/kg，速效钾为 75mg/kg，全氮为 0.42g/kg，全盐为 0.33g/kg，pH 为 8.2。土壤养分指标与 0～20cm、20～40cm 土层相比均明显下降，但盐分指标上升。

(2)砂壤表厚壤心冲积褐土可利用面积为 1007hm^2，占全县农用地面积的 1.41%，主要分布在兴福镇驻地周围的山地缓平地上。潜水埋深为 45m，自然植被多为香草、热草、刺耳菜等，农业种植为一年两作，种植作物为小麦、玉米。

代表剖面：⊗051061，取自兴福镇兴福村南 800m 处（见图 2-3）。

⊗051061

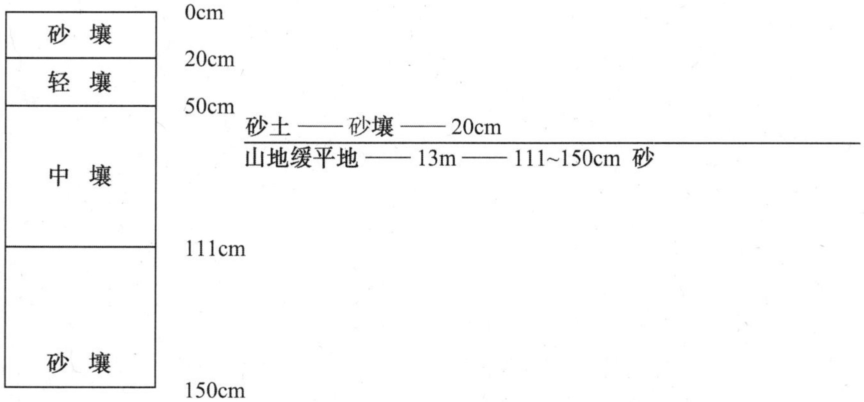

图 2-3 Bd4 $\frac{3}{3\#}$剖面图

砂壤表厚壤心冲积褐土理化性状如表 2-3 和表 2-4 所示。

该剖面 0～20cm 为黄灰色砂壤，团粒状结构，干、松散，孔隙、植物根系和动物穴多。20～50cm 为灰色轻壤，片状结构，潮、松，植物根系少，动物穴多，有假菌丝体。50～111cm 为灰棕色中壤，团块结构，潮润，轻松，孔隙较少，无植物根系，动物穴少。111～150cm 为黄色砂壤，粒状结构，湿润，松散，孔隙多，无植物根系、动物穴。各层均石灰反应强。

表 2-3　砂壤表厚壤心冲积褐土典型剖面化学性状对比表

剖面位置	经　度	纬　度	土种代号	土层深度(cm)	质　地	pH		有机质(g/kg)		全氮(g/kg)		水解氮(mg/kg)		有效磷(mg/kg)		速效钾(mg/kg)		全盐(g/kg)
						1982 年	2010 年	1982 年	2010 年	1982 年	2010 年	1982 年	2010 年	1982 年	2010 年	1982 年	2010 年	2010 年
兴福镇兴福村南 800m	118°19′10.1″	37°7′50.8″	Bd4 $\frac{3}{3\#}$	0～20	砂壤	7.7	8.1	8	12.5	0.48	0.94	22	22	2.2	5.8	11	90	0.17
				20～40			8.2	4.9	4.6	0.31	0.34	14	24		5.2	9	120	0.29
				10～60			8.1		5.7		0.43		24		1.4		140	0.29

表 2-4　砂壤表厚壤心冲积褐土典型剖面物理性状对比表

剖面位置	经　度	纬　度	土种代号	土层深度(cm)	质　地	容重(g/cm^3)		总孔隙度(%)		毛管孔隙度(%)		非毛管孔隙度(%)	
						1982 年	2010 年	1982 年	2010 年	1982 年	2010 年	1982 年	2010 年
兴福镇兴福村南 800m	118°18′4.5″	37°3′50.9″	Bd4 $\frac{4}{1\#}$	0～20	砂壤		1.52		42.6		31.2		11.4
				20～40									
				40～60									

该剖面耕层有机质为 12.5g/mg，全氮为 0.94g/mg，水解氮为 22mg/kg，有效磷为 5.8mg/kg，速效钾为 90mg/kg，pH 为 8.1，容重为 1.52g/cm^3，总孔隙度为 42.6%，毛管孔隙度为 31.2%，通气孔隙度为 11.4%。

心土层有机质为 4.6g/mg，全氮为 0.34g/mg，水解氮为 24mg/kg，有效磷为 5.2mg/kg，速效钾为 120mg/kg。

该剖面养分含量低，建议施用速效肥，但要本着少量多次的原则，以提高肥料的利用率，同时增施有机肥，以培肥地力。

通过与第二次土壤普查时该剖面土壤理化指标对比分析，0～20cm 土壤主要养分指标中有机质由 8g/kg 上升为 12.5g/kg，水解氮保持不变，为 22mg/kg，有效磷由 2.2mg/kg 上升为 5.8mg/kg，速效钾由 11mg/kg 上升为 90mg/kg，全氮由 0.48g/kg 上升为 0.94g/kg，全盐为 0.17g/kg，pH 值由 7.7 上升为 8.1，容重为 1.52g/cm^3，总孔隙度为 42.6%，毛管孔隙度为 31.2%，非毛管孔隙度为 11.4%。土壤养分指标均有不同程度提高，其中速效钾提高幅度最大，提高 79mg/kg，pH 上升 0.4，该层土壤有碱化趋势。

20～40cm 土壤主要养分指标中，有机质由 4.9g/kg 下降为 4.6g/kg，水解氮由 14mg/kg上升为 24mg/kg，有效磷由微量上升为 5.2mg/kg，速效钾由 9mg/kg 上升为 120mg/kg，全氮为由 0.31g/kg 上升为 0.34g/kg，全盐为 0.29g/kg，pH 为 8.2。土壤养分指标均有不同程度提高，其中速效钾提高幅度最大，提高 111mg/kg。该层土壤肥力提高，但土壤有效磷水平极低，影响作物产量提高，且有碱化趋势。

40～60cm 土壤主要养分指标中，有机质为 5.7g/kg，水解氮为 24mg/kg，有效磷为 1.4mg/kg，速效钾为 140mg/kg，全氮为 0.43g/kg，全盐为 0.29g/kg，pH 为 8.1。土壤养分指标与 0～20cm、20～40cm 土层相比均明显下降，但盐分指标上升，pH 下降进一步表明表层土因耕作而有碱化趋势，值得注意。

2. 潮褐土亚类

潮褐土亚类俗称"黄土""白塘土"，可利用面积为 5466.27hm^2，占全县农用地面积的 7.67%。性质如土类所述，主要分布在地势较洼的微斜平地末端及边缘地带，大部分集中在麻大湖区及其延伸地带，预备河两岸与湖滨镇柳桥村周围也有分布。

该亚类含 1 个土属，即石灰性潮褐土土属，3 个土种。该土类表层质地为轻壤和中壤，底土有锈斑，有的在 1m 以下有砂姜出现。其耕性较好，保水肥性能好，适宜种植小麦、玉米等作物。

现举两例说明主要土种的性质及农业生产性状。

(1)中壤表厚黏心冲积潮褐土可利用面积为 1691.07hm^2，占全县农用地面积的 2.37%。主要分布在湖滨镇预备河以北的柳桥、姜韩一带，地面高程为 6.5m，潜水埋深为 2m，自然植被多为芦苇、蒺藜、热草等，农业种植为一年两作，种植小麦、玉米。

代表剖面：⊗03146，取自湖滨镇柳桥村东南 100m 处(见图 2-4)。

⊗03146

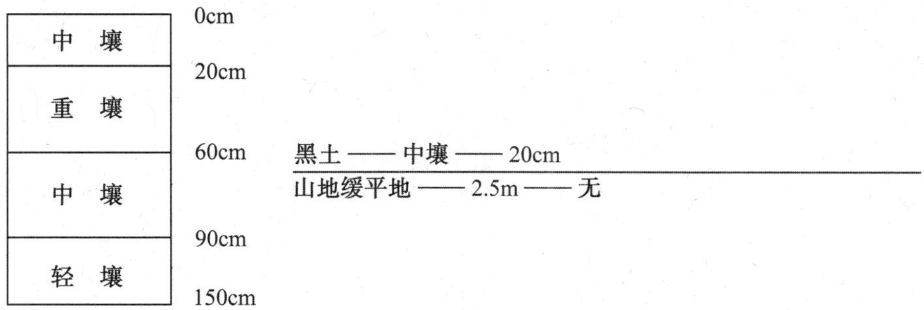

图 2-4　Bf4 $\frac{5}{3\#}$剖面图

中壤表厚黏心冲积潮褐土理化性状如表 2-5 和表 2-6 所示。

该剖面 0～20cm 为浅灰色中壤，团粒结构，干、较紧，孔隙、植物根系和动物穴多，石灰反应强。20～60cm 为棕褐色重壤，团块结构，润、紧，植物根系和动物穴多，石灰反应强。60～90cm 为棕褐色中壤，团块结构，有石灰结核，湿润、较紧，孔隙少，植物根系和动物穴较少，石灰反应强。90～150cm 为淡黄色轻壤，碎粒状结构，有锈纹、锈斑，湿、散，孔隙、植物根系和动物穴少，石灰反应强。

该剖面耕层有机质为 17.9g/kg，全氮为 1.34g/kg，水解氮为 87mg/kg，有效磷为 14.9mg/kg，速效钾为 160mg/kg，pH 为 7.9，容重为 1.36g/cm^3，总孔隙度为 48.7%，毛管孔隙度为 35.2%，非毛管孔隙度为 13.5%。

心土层有机质为 10.7g/kg，全氮为 0.8g/kg，水解氮为 63mg/kg，有效磷为 2.9mg/kg，速效钾为 120mg/kg。

该剖面耕层质地为中壤，耕性好，心位是重壤，保水肥性好，适宜种植各种作物。建议增施有机肥料，培肥地力，协调土壤水、热、气、肥状况，使之稳产、高产。

通过与第二次土壤普查时该剖面土壤理化指标对比分析，0～20cm 土壤主要养分指标中，有机质由 12.9g/kg 上升为 17.9g/kg，水解氮由 48mg/kg 上升为 87mg/kg，有效磷由 21.6mg/kg 下降为 14.9mg/kg，速效钾由 23mg/kg 上升为 160mg/kg，全氮由 0.75 g/kg上升为 1.34g/kg，全盐为 0.55g/kg，pH 由 7.1 上升为 7.9，容重为 1.36g/cm^3，总孔隙度为 48.7%，毛管孔隙度为 35.2%，非毛管孔隙度为 13.5%。土壤养分指标均有不同程度的提高，其中水解氮、速效钾提高幅度最大，分别提高 39mg/kg、137mg/kg，pH 上升 0.8，有效磷下降 6.7mg/kg。该层土壤肥力提高，但有碱化趋势。

20～40cm 土壤主要养分指标中，有机质由 5.9g/kg 上升为 10.7g/kg，水解氮由 18mg/kg 上升为 63mg/kg，有效磷由 1.1mg/kg 上升为 2.9mg/kg，速效钾由 8mg/kg 上升为 120mg/kg，全氮由 0.48g/kg 上升为 0.8g/kg，全盐为 0.6g/kg，pH 为 8.1。土壤养分指标均有不同程度的提高，其中水解氮、速效钾提高幅度最大，分别提高 45mg/kg、112mg/kg，该层土壤肥力提高，肥料养分有积存现象。

表 2-5　　中壤表厚黏心冲积潮褐土典型剖面化学性状对比表

剖面位置	经度	纬度	土种代号	土层深度(cm)	质地	pH		有机质(g/kg)		全氮(g/kg)		水解氮(mg/kg)		有效磷(mg/kg)		速效钾(mg/kg)		全盐(g/kg)
						1982 年	2010 年	1982 年	2010 年	1982 年	2010 年	1982 年	2010 年	1982 年	2010 年	1982 年	2010 年	2010 年
湖滨柳桥东南100m	118°12′15.4″	37°5′38.7″	Bd4 $\frac{5}{3\#}$	0～20	中壤	7.1	7.9	12.9	17.9	0.75	1.34	48	87	21.6	14.9	23	160	0.55
				20～40			8.1	5.9	10.7	0.48	0.8	18	63	1.1	2.9	8	120	0.6
				10～60			8		5.4		0.41		31		0.9		175	0.54

表 2-6　　中壤表厚黏心冲积潮褐土典型剖面物理性状对比表

剖面位置	经度	纬度	土种代号	土层深度(cm)	质地	容重(g/cm^3)		总孔隙度(%)		毛管孔隙度(%)		非毛管孔隙度(%)	
						1982 年	2010 年	1982 年	2010 年	1982 年	2010 年	1982 年	2010 年
湖滨柳桥东南 100m	118°12′15.4″	37°5′38.7″	Bf4 $\frac{5}{3\#}$	0～20	中壤		1.36		48.7		35.2		13.5

40～60cm 土壤主要养分指标中，有机质为 5.4g/kg，水解氮为 31mg/kg，有效磷为 0.9mg/kg，速效钾为 175mg/kg，全氮为 0.41g/kg，全盐为 0.54g/kg，pH 为 8。土壤养分指标与 0～20cm、20～40cm 土层相比均明显下降。

(2)轻壤表均质壤冲积潮褐土，可利用面积为 538.4hm^2，占全县农用地面积的 0.76%，主要分布在店子镇预备河南、梨园、大吾杨一带的浅平洼地上。地面高程为 6.5m，潜水埋深为 4m。自然植被多为狗尾草、香草、热草等，农业种植为一年两作，以小麦、玉米、蔬菜、棉花为主。

代表剖面：⊗06346，取自店子镇梨园村东北预备河南(见图 2-5)。

⊗06346

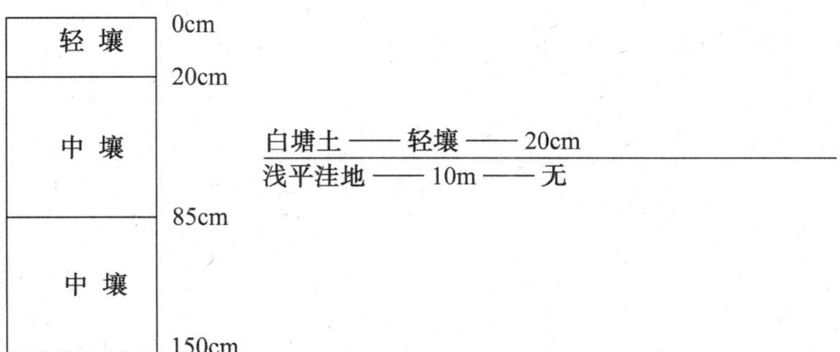

图 2-5 Bf4 $\frac{4}{1\#}$ 剖面图

轻壤表均质壤冲积潮褐土理化性状如表 2-7 和表 2-8 所示。

该剖面 0～20cm 为淡黄色轻壤，块状结构，湿、松，孔隙、植物根系和动物穴多，石灰反应强。20～85cm 为黄褐色中壤，柱状结构，湿、较紧，孔隙多，植物根系和动物穴少，石灰反应强，有网状假菌丝体。85～150cm 为淡黄色中壤，块状结构，湿、较紧，孔隙、植物根系和动物穴少，石灰反应强。

该剖面表层有机质为 11.6g/kg，全氮为 0.87g/kg，水解氮为 77mg/kg，有效磷为 9.6mg/kg，速效钾为 95mg/kg，pH 为 7.9，容重为 1.3g/cm^3，总孔隙度为 50.9%，毛管孔隙度为 29.4%，非毛管孔隙度为 21.5%。

心土层(20～60cm)有机质为 6.3g/kg，全氮为 0.47g/kg，水解氮为 35mg/kg，有效磷为 2.4mg/kg，速效钾为 110mg/kg，pH 为 7.9。

该剖面耕层质地为轻壤，松散，宜耕作。心土层的中壤有一定保水、保肥能力，适宜种植多种作物。

通过与第二次土壤普查时该剖面土壤理化指标对比分析，0～20cm 土壤主要养分指标中，有机质由 10.4g/kg 上升为 11.6g/kg，水解氮由 48mg/kg 上升为 77mg/kg，有效磷由 19mg/kg 下降为 9.6mg/kg，速效钾由 98mg/kg 下降为 95mg/kg，全氮由 0.65g/kg 上升为 9.4g/kg，全盐为 0.33g/kg，pH 由 7.4 上升为 7.9，容重由 1.32g/cm^3 下降为 1.3g/cm^3，总孔隙度由 50.8%上升为 50.9%，毛管孔隙度由 42.9%下降为 29.4%，非毛管孔隙度由 7.9%上升为 21.5%。土壤养分指标变化较小，其中水解氮提高幅度最大，提高 29mg/kg，pH 上升 0.5；土壤主要物理指标变化表现为毛管孔隙度下降 13.5%，非毛管孔隙度上升 13.6%。

表 2-7　　轻壤表均质壤冲积潮褐土典型剖面化学性状对比表

剖面位置	经度	纬度	土种代号	土层深度(cm)	质地	pH		有机质(g/kg)		全氮(g/kg)		水解氮(mg/kg)		有效磷(mg/kg)		速效钾(mg/kg)		全盐(g/kg)
						1982 年	2010 年	1982 年	2010 年	1982 年	2010 年	1982 年	2010 年	1982 年	2010 年	1982 年	2010 年	2010 年
梨园村东北预备河南	118°19′58.5″	37°7′44.5″	Bf4 $\frac{4}{1\#}$	0～20	轻壤	7.4	7.9	10.4	11.6	0.65	0.87	48	77	19	9.6	98	95	0.33
				20～40			7.9	7.7	6.3		0.47		35		2.4		110	0.37
				40～60			7.8		6.6		0.49	21	31	2.2	2.3	72	110	0.38

表 2-8　　轻壤表均质壤冲积潮褐土典型剖面物理性状对比表

剖面位置	经度	纬度	土种代号	土层深度(cm)	质地	容重(g/cm^3)		总孔隙度(%)		毛管孔隙度(%)		非毛管孔隙度(%)	
						1982 年	2010 年	1982 年	2010 年	1982 年	2010 年	1982 年	2010 年
梨园村东北预备河南	118°19′58.5″	37°7′44.5″	Bf4 $\frac{4}{1\#}$	0～20	轻壤	1.32	1.3	50.8	50.9	42.9	29.4	7.9	21.5
				20～40		1.54		42		37		5	
				40～60									

20～40cm 土壤主要养分指标中，有机质由 7.7g/kg 下降为 6.3g/kg，水解氮由 21mg/kg 上升为 35mg/kg，有效磷由 2.2mg/kg 上升为 2.4mg/kg，速效钾由 72mg/kg 上升为 110mg/kg，全氮为 0.47g/kg，全盐为 0.37g/kg，pH 为 7.9。土壤养分指标中，速效钾提高幅度最大，为 38mg/kg。

40～60cm 土壤主要养分指标中，有机质为 6.6g/kg，水解氮为 31mg/kg，有效磷为 2.3mg/kg，速效钾为 110mg/kg，全氮为 0.49g/kg，全盐为 0.38g/kg，pH 为 7.8。土壤养分指标与 0～20cm、20～40cm 土层相比均明显下降，表层土有碱化趋势。

（二）砂姜黑土土类

砂姜黑土是发育在地形平坦、低洼、成土母质系黄土性湖积物上的。砂姜黑土的表层多为后期覆盖的黄土，其厚度为 20～50cm，有的地方黑土裸露，但由于长期的耕作已熟化，颜色变浅，表层以下为灰黑色的重壤质或轻壤质的黑土层，黏重坚硬，结构为块状或粒状，30cm 以下有面砂姜或块砂姜。全剖面石灰反应中到强，潜水埋深为 28～50m，由于潜水升降循环及氧化还原作用交替进行，下部有锈纹、锈斑。

砂姜黑土土类含 1 个亚类，即石灰性砂姜黑土亚类，该亚类又分 2 个土属，即石灰性砂姜黑土土属、覆盖石灰性砂姜黑土土属，共 6 个土种。

砂姜黑土在全县的可利用面积为 5891hm²，占全县农用地面积的 8.26％，主要分布在曹王镇、兴福镇的南部，店子镇和湖滨镇有零星分布。

1.石灰性砂姜黑土土属

石灰性砂姜黑土土属俗称“黑土”，可利用面积为 865.47hm²，占全县农用地面积的 1.21％，性质如土类所述。主要分布在湖滨镇的鲁刘以南及店子镇梨园至辛朱一带的河间浅平洼地上。本土属含 2 个土种。现以重壤表厚黑土心黑土裸露的砂姜黑土土种说明其主要性质及农业生产性状。

该土种可利用面积为 613.20hm²，占全县农用地面积的 0.86％，主要分布在店子镇梨园至辛朱一带的河间洼地上，地面高程为 6.6m，潜水埋深为 8m，自然植被多为狗尾草、热草、刺耳菜、苍耳等。农业种植为一年两作，主要作物为小麦、玉米。

代表剖面：⊗06133，取自店子镇耿郭村 24 号路以北 50m（见图 2-6）。

⊗06133

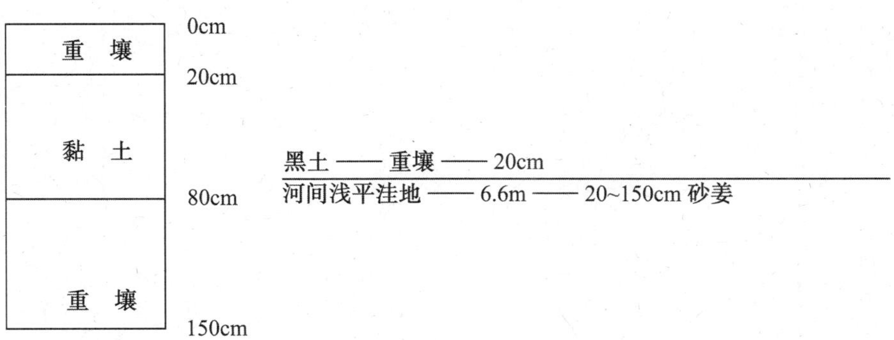

图 2-6　Ga1 $\frac{6}{3}$ 剖面图

重壤表厚黑土心黑土裸露的砂姜黑土理化性状如表 2-9 和 2-10 所示。

表 2-9　重壤表厚黑土心黑土裸露的砂姜黑土典型剖面化学性状对比表

剖面位置	经度	纬度	土种代号	土层深度(cm)	质地	pH		有机质(g/kg)		全氮(g/kg)		水解氮(mg/kg)		有效磷(mg/kg)		速效钾(mg/kg)		全盐(g/kg)
						1982 年	2010 年	1982 年	2010 年	1982 年	2010 年	1982 年	2010 年	1982 年	2010 年	1982 年	2010 年	2010 年
店子镇耿郭村24号路北50m	118°15′32.7″	37°6′20.6″	Gal $\frac{6}{3}$	0～2	重壤	7.5	7.8	8.6	17.9	0.55	1.34	25	92	3.7	12.5	28	230	0.27
				20～40		7.1	7.8	8.6	11.1		0.83	22	54	1.1	2.7	14	180	0.53
				40～60			7.8		7.9		0.59		38		1.6		155	0.6

表 2-10　重壤表厚黑土心黑土裸露的砂姜黑土典型剖面物理性状对比表

剖面位置	经度	纬度	土种代号	土层深度(cm)	质地	容重(g/cm³)		总孔隙度(%)		毛管孔隙度(%)		非毛管孔隙度(%)	
						1982 年	2010 年	1982 年	2010 年	1982 年	2010 年	1982 年	2010 年
店子镇耿郭村24号路北50m	118°15′32.7″	37°6′20.6″	Gal $\frac{6}{3}$	0～20	重壤	1.31	1.15	50	56.6	40	35.8	10	20.8
				20～40		1.52		42		37.7		4.9	
				40～60									

该剖面 0～20cm 为褐色重壤，团粒结构，干、松，孔隙、植物根系和动物穴多，石灰反应强。20～80cm 为褐色黏土，块状结构，湿，有裂缝，植物根系和动物穴多，有砂姜，石灰反应强。80～150cm 为棕色重壤，粒状结构，砂姜多，湿、较紧，孔隙少，有动物穴，无根系。

该剖面表层有机质为 17.9g/kg，全氮为 1.34g/kg，水解氮为 92mg/kg，有效磷为 12.5mg/kg，速效钾为 230mg/kg，pH 为 7.8，容重为 1.15g/cm^3，总孔隙度为 56.5%，毛管孔隙度为 35.8%，非毛管孔隙度为 20.8%。

心土层(20～60cm)有机质为 11.1g/kg，全氮为 0.83g/kg，水解氮为 54mg/kg，有效磷为 2.7mg/kg，速效钾为 180mg/kg，pH 为 7.8。

该剖面土壤湿黏、干硬、适耕性差，养分含量低。应增施有机肥，注意磷肥的施用，改善土壤耕作，增强土壤蓄水能力，提高土壤肥力，达到改良土壤的目的。

通过与第二次土壤普查时该剖面土壤理化指标对比分析，0～20cm 土壤主要养分指标中，有机质由 8.6g/kg 上升为 17.9g/kg，水解氮由 25mg/kg 上升为92mg/kg，有效磷由 3.7mg/kg 上升为 12.5mg/kg，速效钾由 28mg/kg 上升为230mg/kg，全氮由 0.55 g/kg上升为 1.34g/kg，全盐为 0.65g/kg，pH 由 7.5 上升为 7.8，容重由 1.31g/cm^{3}下降为 1.15g/cm^3，总孔隙度由 50%上升为 56.6%，毛管孔隙度由 40%下降为 35.8%，非毛管孔隙度由 10%上升为 20.8%。土壤养分指标均有不同程度提高，其中水解氮、速效钾提高幅度最大，分别提高 67mg/kg、202mg/kg，pH 上升 0.3；土壤主要物理指标变化表现为容重下降 0.16g/cm^3，总孔隙度上升 6.6%，毛管孔隙度下降 4.2%，非毛管孔隙度上升 10.8%。该层土壤肥力提高，但物理性状下降，土壤毛管孔隙度下降。

20～40cm 土壤主要养分指标中，有机质由 8.6g/kg 上升为 11.1g/kg，水解氮由 22mg/kg 上升为 54mg/kg，有效磷由 1.1mg/kg 上升为 2.7mg/kg，速效钾由 14mg/kg 上升为 180mg/kg，全氮为 0.83g/kg，全盐为 0.53g/kg，pH 由 7.1 上升为 7.8。土壤养分指标均有不同程度提高，其中水解氮、速效钾提高幅度最大，分别提高 32mg/kg、166mg/kg，土壤速效钾提高较快与农户施肥比例不合理有很大关系。

40～60cm 土壤主要养分指标中，有机质为 7.9g/kg，水解氮为 38mg/kg，有效磷为 1.6mg/kg，速效钾为 155mg/kg，全氮为 0.59g/kg，全盐为 0.6g/kg，pH 为 7.8。土壤养分指标与 0～20cm、20～40cm 土层相比均明显下降，但盐分指标上升，且有次生盐渍化趋势。

2.覆盖石灰性砂姜黑土土属

(1)薄覆盖砂姜黑土(黄土覆盖小于 30cm 的砂姜黑土)

薄覆盖砂姜黑土俗称“黄土”，可利用面积为 4499.47hm^2，占全县农用地面积的 6.31%，主要分布在曹王镇南部，南起王海，北至东鲁及兴福镇的官厂、付元、赵赵、赵马南吴一带的山地缓平地上。地面高程为 13.6m，潜水埋深为 48m，自然植被多为香草、白草、热草、苍子、刺耳菜等。农业种植为一年两作，种植作物是小麦、玉米。

代表剖面：⊗041014，取自曹王镇闫厨村北 400m 处(见图 2-7)。

⊗041014

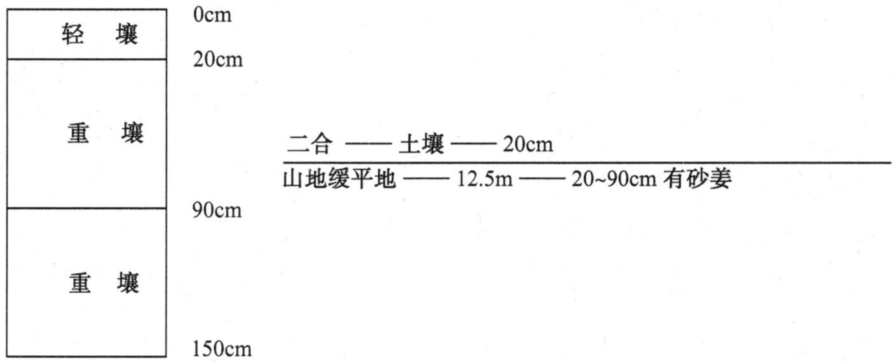

图 2-7 Ga2 $\frac{4}{3}$剖面图

薄覆盖砂姜黑土理化性状如表 2-11 和表 2-12 所示。

该剖面特征：0～20cm 为灰褐色轻壤，团粒结构，润、松，孔隙、植物根系和动物穴多。20～90cm 为黑褐色重壤，块状结构，有砂姜，湿、润、紧，有裂隙，植物根系少，动物穴多。90～150cm 为棕黄色重壤，柱状结构，湿润，较松，孔隙少，无植物根系和动物穴。

该剖面耕层有机质为 13.3g/kg，全氮为 1g/kg，水解氮为 59mg/kg，有效磷为 12mg/kg，速效钾为 145mg/kg，pH 为 8，容重为 1.73g/cm^3，总孔隙度为 34.7%，毛管孔隙度为 27.3%，非毛管孔隙度为 7.4%。

心土层(20～60cm)有机质为 7.8g/kg，全氮为 0.59g/kg，水解氮为 35mg/kg，有效磷为 1.8mg/kg，速效钾为 120mg/kg，pH 为 8.2。

该剖面表层质地松散，宜耕，心土层黏重，有裂隙，漏水、漏肥严重，并有砂姜影响作物的根系下扎，因而在生产中应注意培肥地力，制定灌溉定额，节约用水。

通过与第二次土壤普查时该剖面土壤理化指标对比分析，0～20cm 土壤主要养分指标中，有机质由 10.5g/kg 上升为 13.3g/kg，水解氮由 40mg/kg 上升为 59mg/kg，有效磷由 6.2mg/kg 上升为 12mg/kg，速效钾由 10mg/kg 上升为 145mg/kg，全氮由 0.53g/kg 上升为 1g/kg，全盐为 0.19g/kg，pH 由 7.3 上升为 8，容重由 1.27g/cm^3 上升为 1.73g/cm^3，总孔隙度由 52.08%下降为 34.7%，毛管孔隙度由 27.64%下降为 27.3%，非毛管孔隙度由 14.44%下降为 7.4%。土壤养分指标均有不同程度提高，其中水解氮、速效钾提高幅度最大，分别提高 19mg/kg、135mg/kg，pH 上升 0.7；土壤主要物理指标变化表现为容重上升 0.46g/cm^3，总孔隙度下降 17.38%，毛管孔隙度下降 10.34%，非毛管孔隙度下降 7.04%。该层土壤肥力提高但物理性状下降，主要表现为容重上升，孔隙度下降，土壤 pH 上升，有碱化趋势。

20～40cm 土壤主要养分指标中，有机质由 7.3g/kg 上升为 7.8g/kg，水解氮由 24mg/kg上升为 35mg/kg，有效磷由 2.2mg/kg 下降为 1.8mg/kg，速效钾由 8mg/kg 上升为 120mg/kg，全氮为 0.55g/kg，全盐为 0.35g/kg，pH 为 8.2。土壤养分指标均有不同程度提高，其中水解氮、速效钾提高幅度最大，分别提高 11mg/kg、112mg/kg，该层土壤肥力提高。

表 2-11　　薄覆盖砂姜黑土典型剖面化学性状对比表

剖面位置	经　度	纬　度	土种代号	土层深度(cm)	质　地	pH		有机质(g/kg)		全氮(g/kg)		水解氮(mg/kg)		有效磷(mg/kg)		速效钾(mg/kg)		全盐(g/kg)
						1982 年	2010 年	1982 年	2010 年	1982 年	2010 年	1982 年	2010 年	1982 年	2010 年	1982 年	2010 年	2010 年
曹王闫厨北 400 m	118°10′1.7″	36°59′56.6″	Ga2 $\frac{4}{3}$	0～20	轻壤	7.3	8	10.5	13.3	0.53	1	40	59	6.2	12	10	145	0.19
				20～40			8.2	7.3	7.8	0.55	0.59	24	35	2.2	1.8	8	120	0.35
				40～60			8.3		6.6		0.5		31		0.9		120	0.27

表 2-12　　薄覆盖砂姜黑土典型剖面物理性状对比表

剖面位置	经　度	纬　度	土种代号	土层深度(cm)	质　地	容重(g/cm^3)		总孔隙度(%)		毛管孔隙度(%)		非毛管孔隙度(%)	
						1982 年	2010 年	1982 年	2010 年	1982 年	2010 年	1982 年	2010 年
曹王闫厨北 400 m	118°10′1.7″	36°59′56.6″	Ga2 $\frac{4}{3}$	0～20	轻壤	1.27	1.73	52.08	34.7	27.64	27.3	14.44	7.4

40～60cm 土壤主要养分指标中，有机质为 6.6g/kg，水解氮为 31mg/kg，有效磷为 0.9mg/kg，速效钾为 120mg/kg，全氮为 0.5g/kg，全盐为 0.27g/kg，pH 为 8.3。土壤养分指标与 0～20cm、20～40cm 土层相比，均明显下降。

(2)厚覆盖砂姜黑土(黄土覆盖 30～60cm 的砂姜黑土)

厚覆盖砂姜黑土俗称“小红土”，可利用面积为 526.06hm²，占全县农用地面积的 0.74%，主要分布在店子镇预备河北、大刘以东和辛耿、后崔以西的山地缓平地及预备河北的河间浅平洼地上。现以重壤表厚黑土腰厚覆盖的砂姜黑土土种说明其性质及农业生产性状。

该土种可利用面积为 255.33hm²，占全县农用地面积的 0.36%。主要分布在店子镇预备河北、大刘以东的河间浅平洼地上，地面高程为 5.6m，潜水埋深为 3m，自然植被多为狗尾草、热草、苍子、刺耳菜等。农业种植为一年两作，主要作物为小麦、玉米。

代表剖面：⊗06245，取自店子镇梨园村预备河北、乌河西(见图 2-8)。

⊗06245

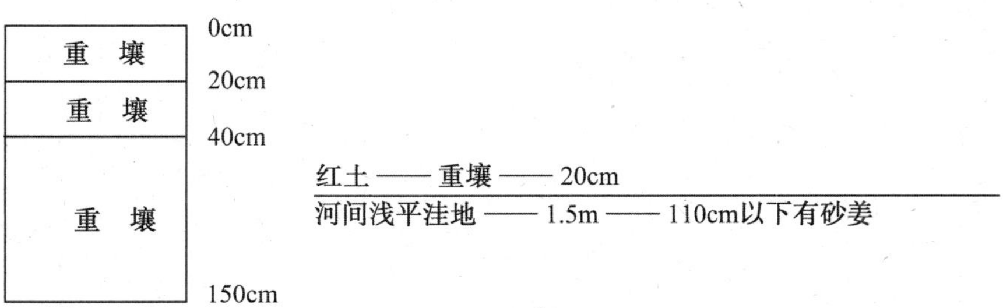

图 2-8 Ga3 $\frac{6}{5}$ 剖面图

重壤表厚黑土腰厚覆盖的砂姜黑土理化性状如表 2-13 和表 2-14 所示。

该剖面特征：0～20cm 为棕红色重壤，团粒结构，润、较紧，有裂缝，植物根系多，有动物穴，石灰反应强。20～40cm 为棕红色重壤，块状结构，湿、紧，多孔隙，植物根系多，有动物穴，石灰反应强。40～150cm 为黑色重壤，块状结构，有大量砂姜，湿、紧，无植物根系和动物穴，石灰反应强。

理化性状：耕层有机质为 15.2g/kg，全氮为 1.14g/kg，水解氮为 94mg/kg，有效磷为 10.9mg/kg，速效钾为 225mg/kg，pH 为 8，容重为 1.45g/cm³，总孔隙度为 45.3%，毛管孔隙度为 33.5%，非毛管孔隙度为 11.8%。

心土层(20～60cm)有机质为 8.8g/kg，全氮为 0.66g/kg，水解氮为 45mg/kg，有效磷为 5.1mg/kg，速效钾为 150mg/kg，pH 为 8。

砂姜黑土的共同特点是磷含量低，所以要注意增施磷肥。另外，应改善灌排条件，讲究灌溉实效，增施有机肥料，培肥地力，以改善与调节土壤的水、热、气、肥状况。

通过与第二次土壤普查时该剖面土壤理化指标对比分析，0～20cm 土壤主要养分指标中，有机质由 13.3g/kg 上升为 15.2g/kg，水解氮由 47mg/kg 上升为 94mg/kg，有效磷由 6.5mg/kg 上升为 10.9mg/kg，速效钾由 5mg/kg 上升为 225mg/kg，全氮由 0.53g/kg 上升为 1.14g/kg，全盐为 0.21g/kg，pH 为 8，容重由 1.26g/cm³ 上升为 1.45g/cm³，总孔隙度由 56.23%下降为 45.3%，毛管孔隙度由 41.48%下降为 33.5%，非毛管孔隙度由 14.75%下降为 11.8%。土壤养分指标均有不同程度提高，其中水解氮、速效钾提高幅度

表 2-13　重壤表厚黑土腰厚覆盖砂姜黑土典型剖面化学性状对比表

剖面位置	经度	纬度	土种代号	土层深度(cm)	质地	pH		有机质(g/kg)		全氮(g/kg)		水解氮(mg/kg)		有效磷(mg/kg)		速效钾(mg/kg)		全盐(g/kg)
						1982 年	2010 年	1982 年	2010 年	1982 年	2010 年	1982 年	2010 年	1982 年	2010 年	1982 年	2010 年	2010 年
店子镇梨园村预备河北、乌河西	118°19′10.1″	37°7′50.8″	Ga3 $\frac{6}{5}$	0～20	重壤	8	8	13.3	15.2	0.53	1.14	47	94	6.5	10.9	5	225	0.21
				20～40			8	9.5	8.8		0.66	30	45	2.8	5.1	26	150	0.39
				40～60			8		5.8		0.43		31		0.9		148	0.45

表 2-14　重壤表厚黑土腰厚覆盖砂姜黑土典型剖面物理性状对比表

剖面位置	经度	纬度	土种代号	土层深度(cm)	质地	容重(g/cm^3)		总孔隙度(%)		毛管孔隙度(%)		非毛管孔隙度(%)	
						1982 年	2010 年	1982 年	2010 年	1982 年	2010 年	1982 年	2010 年
店子镇梨园村预备河北、乌河西	118°19′10.1″	37°7′50.8″	Ga3 $\frac{6}{5}$	0～20	重壤	1.26	1.45	56.23	45.3	41.48	33.5	14.75	11.8
				20～40		1.28		51.7		47.74		3.96	

最大，分别提高 47mg/kg、220mg/kg；土壤主要物理指标变化表现为容重上升 0.19g/cm^3，总孔隙度下降10.93%，毛管孔隙度下降7.98%，非毛管孔隙度下降2.95%。该层土壤肥力提高但物理性状下降，主要是容重下降、孔隙度降低。

20～40cm 土壤主要养分指标中，有机质由 9.8g/kg 下降为 8.8g/kg，水解氮由 30mg/kg 上升为 45mg/kg，有效磷由 2.8mg/kg 上升为 5.1mg/kg，速效钾由 26mg/kg 上升为 150mg/kg，全氮为 0.66g/kg，全盐为 0.39g/kg，pH 为 8。土壤养分指标均有不同程度提高，其中水解氮、速效钾提高幅度最大，分别提高 15mg/kg、124mg/kg，该层土壤肥力提高。

40～60cm 土壤主要养分指标中，有机质为 5.8g/kg，水解氮为 31mg/kg，有效磷为 0.9mg/kg，速效钾为 148mg/kg，全氮为 0.43g/kg，全盐为 0.45g/kg，pH 为 7.9。土壤养分指标与 0～20cm、20～40cm 土层相比均明显下降，但盐分指标上升。

（三）潮土土类

潮土是直接发育在河流沉积物上，在潜水和耕作活动影响下形成的一类土壤。成土物质颗粒的粗细不仅在平面上有分选差异，而且同一剖面中也有不同的层次排列。潮土各发生层次的质地和色泽均一，中下部有明显的锈斑、锈纹，或有细小的铁锰结核。全剖面有石灰反应，土壤呈中性至微碱性，pH 为 7.5～8.5。

该土类可利用面积为 49525.77hm^2，占全县农用地面积的 69.47%，主要分布在小清河沿岸及其以北各镇。

潮土土类根据地形分布、潜水作用强弱的不同，以及人为因素与盐化情况，全县共分为 3 个亚类：潮土亚类、盐化潮土亚类、湿潮土亚类，共 42 个土种。

1. 潮土亚类

潮土亚类的性状如土类所述，根据所处地形部位又可分为 2 个土属：潮土土属（省名称归属为黏质潮土土属）、滨海潮土土属（省名称归属分为壤质潮土、黏壤质潮土和黏质潮土土属），共 16 个土种。

（1）潮土土属

该土属可利用面积为 2380.73hm^2，占全县农用地面积的 3.34%，主要分布在湖滨镇、店子镇境内的小清河沿岸。地面高程为 6.5m 左右，潜水埋深为 2m，矿化度为 0.38～1.8g/L。自然植被多为曲曲菜、青青菜、热草、苍子、芦草等。表层质地全部为重壤，构型全部为黏心。农业种植为一年两作，作物为小麦、玉米等。

根据表层质地和土体构型，该土属分 1 个土种，即重壤表厚黏心冲积潮土。

代表剖面：⊗03117，取自店子镇辛张村西北、小清河南 250m 处（见图 2-9）。

重壤表厚黏心冲积潮土理化性状如表 2-15 和表 2-16 所示。

剖面特征：0～20cm 为浅棕色重壤，团粒结构，润、较紧，孔隙、植物根系和动物穴多，石灰反应强。20～65cm 为棕色重壤，块状结构，湿、紧，孔隙、植物根系和动物穴较多，石灰反应强。65～100cm 为灰黄色轻壤，有锈纹、锈斑，湿、松，孔隙、植物根系和动物穴较多，石灰反应强。100～150cm 为黄色砂壤，湿、散，孔隙、植物根系和动物穴少，石灰反应强。

⊗03117

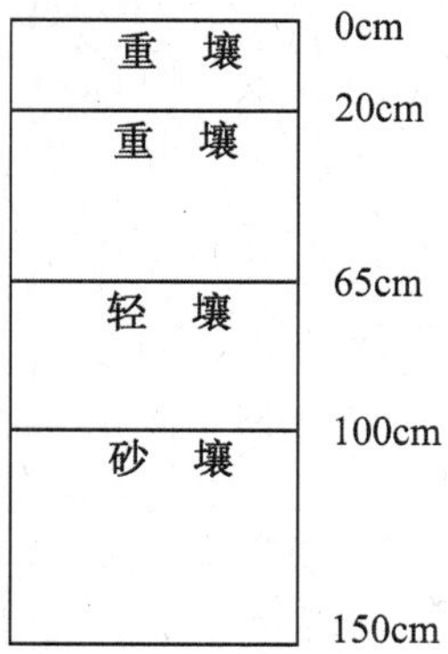

红黏土——重壤——20cm
―――――――――――――――――――――
浅平洼地——1.6m——100~150cm 砂壤

图 2-9 Cb2 $\frac{6}{14}$剖面图

理化性状：耕层有机质为 17.8g/kg，全氮为 1.34g/kg，水解氮为 98mg/kg，有效磷为 8.7mg/kg，速效钾为 255mg/kg，pH 为 7.9，容重为 1.27g/cm^3，总孔隙度为 52.1%，毛管孔隙度为 43.1%，非毛管孔隙度为 9.05%。

心土层（20～60cm）有机质为 10.6g/kg，全氮为 0.8g/kg，水解氮为 49mg/kg，有效磷为 1.8mg/kg，速效钾为 200mg/kg，pH 为 7.8。

该剖面表层质地为重壤，质地黏重，耕性差，适耕期短，土体构型好，保肥水能力强，有后劲，发老苗，不发小苗。在生产中应注意增施有机肥料，特别注意增施磷肥，提高土壤养分含量，培肥地力，改善土壤的耕性，适时耕作，以保持土壤良好的通气状况。

通过与第二次土壤普查时该剖面土壤理化指标对比分析，0～20cm 土壤主要养分指标中，有机质由 11.8g/kg 上升为 17.8g/kg，水解氮由 41mg/kg 上升为 98mg/kg，有效磷由 5mg/kg 上升为 8.7mg/kg，速效钾由 7mg/kg 上升为 255mg/kg，全氮由 0.83g/kg 上升为 1.34g/kg，全盐为 0.36g/kg，pH 由 7 上升为 7.9，容重由 1.11g/cm^3 上升为 1.27g/cm^3，总孔隙度由 58.8%下降为 52.1%，毛管孔隙度由 38.96%上升为 43.1%，非毛管孔隙度由 19.9%下降为 9.05%。土壤养分指标均有不同程度提高，其中水解氮、速效钾提高幅度最大，分别提高 57mg/kg、218mg/kg，pH 上升 0.9；土壤主要物理指标变化表现为容重上升 0.16g/cm^3，总孔隙度下降 6.7%，毛管孔隙度上升 4.14%，非毛管孔隙度下降 10.85%。

20～40cm 土壤主要养分指标中，有机质由 10.5g/kg 上升为 10.6g/kg，水解氮由 39mg/kg 上升为 49mg/kg，有效磷由 3.4mg/kg 下降为 1.8mg/kg，速效钾由 21mg/kg 上升为 200mg/kg，全氮由 0.82g/kg 下降为 0.8g/kg，全盐为 0.71g/kg，pH 由 7.2 上升为 7.8。

40～60cm 土壤主要养分指标中，有机质为 10.2g/kg，水解氮为 56mg/kg，有效磷为 0.9mg/kg，速效钾为 170mg/kg，全氮为 0.76g/kg，全盐为 0.56g/kg，pH 为 7.8。土壤养分指标与 0～20cm、20～40cm 土层相比均明显下降，但盐分指标上升。

（2）滨海潮土土属

该土属可利用面积为 30104.27hm^2，占全县农用地面积的 42.23%，性状与土类所述

表 2-15 重壤表厚黏心冲积潮土典型剖面化学性状对比表

剖面位置	经　度	纬　度	土种代号	土层深度(cm)	质　地	pH		有机质(g/kg)		全氮(g/kg)		水解氮(mg/kg)		有效磷(mg/kg)		速效钾(mg/kg)		全盐(g/kg)
						1982 年	2010 年	1982 年	2010 年	1982 年	2010 年	1982 年	2010 年	1982 年	2010 年	1982 年	2010 年	2010 年
店子镇辛张西北、小清河南 250 m	118°14′37.3″	37°6′38.7″	Ga2 $\frac{6}{14}$	0～20	重壤	7	7.9	11.8	17.8	0.83	1.34	41	98	5	8.7	7	255	0.36
				20～40		7.2	7.8	10.5	10.6	0.82	0.8	39	49	3.4	1.8	21	200	0.71
				40～60			7.8		10.2		0.76		56		0.9		170	0.56

表 2-16 重壤表厚黏心冲积潮土典型剖面物理性状对比表

剖面位置	经　度	纬　度	土种代号	土层深度(cm)	质　地	容重(g/cm^3)		总孔隙度(%)		毛管孔隙度(%)		非毛管孔隙度(%)	
						1982 年	2010 年	1982 年	2010 年	1982 年	2010 年	1982 年	2010 年
店子镇辛张西北、小清河南 250 m	118°14′37.3″	37°6′38.7″	Ga2 $\frac{6}{14}$	0～20	重壤	1.11	1.27	58.8	52.1	38.96	43.1	19.9	9.05
				20～40									
				40～60									

相同，主要分布在县中部的锦秋、博昌、城东 3 个街道办事处以及庞家、陈户、吕艺、纯化等镇的浅平洼地及缓平（平）坡地上，原乔庄乡也有零星分布。自然植被多为热草、茅草、香草、狗尾草、曲曲菜、苍子、刺耳菜等。潜水埋深为 1.5～15m，潜水矿化度为 0.1～9.6g/L。该土属的农业种植方式为一年两作或一年一作，主要种植作物为小麦、玉米、大豆、棉花、杂粮等。

滨海潮土土属共有 15 个土种，现举四例说明该土属主要土种的理化性状。

①轻壤表厚砂腰滨海潮土可利用面积为 731.13hm^2，占全县农用地面积的 1.03%，主要分布在庞家镇的吴家一带，及庞家镇的杨集、绳耿、王图一带的缓平（平）坡地上。潜水埋深为 5m，矿化度为 1.11g/L。自然植被多为热草、芦草、刺耳菜、苍子等。农业种植为一年两作或一年一作，作物以小麦、玉米、棉花、蔬菜为主。

代表剖面：⊗102069，取自庞家镇吴家村灌渠南 200m、铁路西 350m（见图 2-10）。

⊗102069

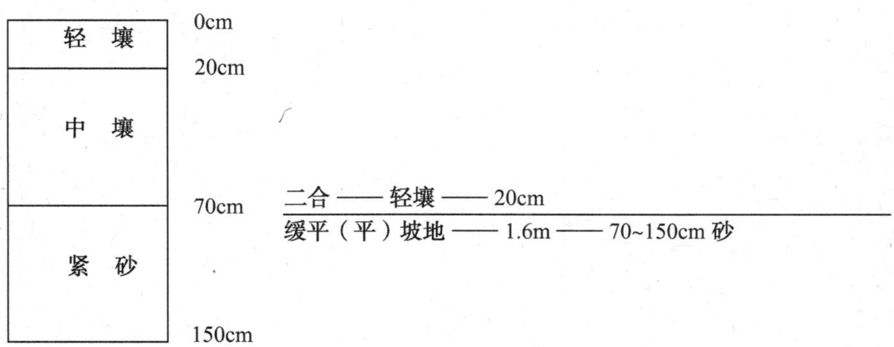

图 2-10 Cb3 $\frac{4}{4}$ 剖面图

轻壤表厚砂腰滨海潮土理化性状如表 2-17 和表 2-18 所示。

剖面特征：0～20cm 为黄褐色轻壤，团粒结构，潮、稍松，孔隙较少，根系和动物穴多，石灰反应强。20～70cm 为暗红色中壤，粒状结构，潮湿、松散，孔隙多，植物根系少，动物穴较少，石灰反应强。70～150cm 为灰黄色，紧砂质，粒状结构，潮湿、松散，孔隙、根系和动物穴少，70cm 以下出现锈纹、锈斑，石灰反应强。

理化性状：该剖面表层有机质为 9.4g/kg，全氮为 0.71g/kg，水解氮为 56mg/kg，有效磷为 12.3mg/kg，速效钾为 100mg/kg，pH 为 8.2，容重为 1.49g/cm^3，总孔隙度为 43.8%，毛管孔隙度为 32.5%，非毛管孔隙度为 11.3%。

心土层（20～60cm）有机质为 6.9g/kg，全氮为 0.52g/kg，水解氮为 28mg/kg，有效磷为 3.2mg/kg，速效钾为 90mg/kg，pH 为 8.2。

该剖面表层质地轻、疏松，宜耕作，适合种植小麦、玉米、棉花等多种作物，但有厚砂腰构型，漏肥、漏水，并有盐化威胁，养分含量低，土地瘠薄。在生产中，应注意灌溉方式和灌水量，防止盐分上升，并增施有机肥料和磷肥，培肥地力。

通过与第二次土壤普查时该剖面土壤理化指标对比分析，0～20cm 土壤主要养分指标中，有机质由 9.2g/kg 上升为 9.4g/kg，水解氮由 33mg/kg 上升为 56mg/kg，有效磷由

表 2-17　　轻壤表厚砂腰滨海潮土典型剖面化学性状对比表

剖面位置	经度	纬度	土种代号	土层深度(cm)	质地	pH		有机质(g/kg)		全氮(g/kg)		水解氮(mg/kg)		有效磷(mg/kg)		速效钾(mg/kg)		全盐(g/kg)
						1982 年	2010 年	1982 年	2010 年	1982 年	2010 年	1982 年	2010 年	1982 年	2010 年	1982 年	2010 年	2010 年
吴家灌渠南 200m 铁路西 350m	118°5′31.1″	37°14′41.6″	Cb3 $\frac{4}{4}$	0～20	轻壤	7.5	8.2	9.2	9.4	0.55	0.71	33	56	2.8	12.3	41	100	0.22
				20～40			8.2	7	6.9		0.52	19	28	2.8	3.2	2	90	0.29
				40～60			8.1		3.8		0.28		14		1.4		55	0.44

表 2-18　　轻壤表厚砂腰滨海潮土典型剖面物理性状对比表

剖面位置	经度	纬度	土种代号	土层深度(cm)	质地	容重(g/cm^3)		总孔隙度(%)		毛管孔隙度(%)		非毛管孔隙度(%)	
						1982 年	2010 年	1982 年	2010 年	1982 年	2010 年	1982 年	2010 年
吴家灌渠南 200m、铁路西 350m	118°5′31.1″	37°14′41.6″	Cb3 $\frac{4}{4}$	0～20	轻壤	1.2	1.49	54.8	43.8	8.1	32.5	46.7	11.3
				20～40			1.67		37				
				40～60									

2.8mg/kg 上升为 12.3mg/kg，速效钾由 41mg/kg 上升为 100mg/kg，全氮由 0.55g/kg 上升为 0.71g/kg，全盐为 0.38g/kg，pH 由 7.5 上升为 8.2，容重由 1.2g/cm^3 上升为 1.49g/cm^3，总孔隙度由 54.8%下降为 43.8%，毛管孔隙度由 8.1%上升为 32.5%，非毛管孔隙度由 46.7%下降为 11.3%。土壤养分指标均有不同程度提高，其中水解氮、速效钾提高幅度最大，分别提高 23mg/kg、59mg/kg，pH 上升 0.7；土壤主要物理指标变化表现为容重上升 0.29g/cm^3，总孔隙度下降 11%，毛管孔隙度上升 24.4%，非毛管孔隙度下降 35.4%。该层土壤土壤肥力提高但物理性状下降，容重上升，土壤 pH 上升，有碱化趋势。

20～40cm 土壤主要养分指标中，有机质由 7g/kg 下降为 6.9g/kg，水解氮由 19mg/kg上升为 28mg/kg，有效磷由 2.8mg/kg 上升为 3.2mg/kg，速效钾由 2mg/kg 上升为 90mg/kg，全氮为 0.52g/kg，全盐为 0.29g/kg，pH 为 8.2，土壤养分指标均有所上升。

40～60cm 土壤主要养分指标中，有机质为 3.8g/kg，水解氮为 14mg/kg，有效磷为 1.4mg/kg，速效钾为 55mg/kg，全氮为 0.28g/kg，全盐为 0.44g/kg，pH 为 8.1。土壤养分指标与 0～20cm、20～40cm 土层相比均明显下降，但盐分指标上升。

②砂壤表均质砂滨海潮土可利用面积为 106.93hm^2，占全县农用地面积的 0.15%，主要分布在庞家镇的韦家、邢家以西至刘寨村的缓平(高)坡地上。地面高程为 9.9m，潜水埋深为 3m，矿化度为 5.38g/L，自然植被多为香草、热草等。农业种植为一年两作或一年一作，种植作物以小麦、玉米、棉花为主。

代表剖面：⊗102057，取自庞家镇韦家村扬水站东 120m(见图 2-11)。

⊗102057

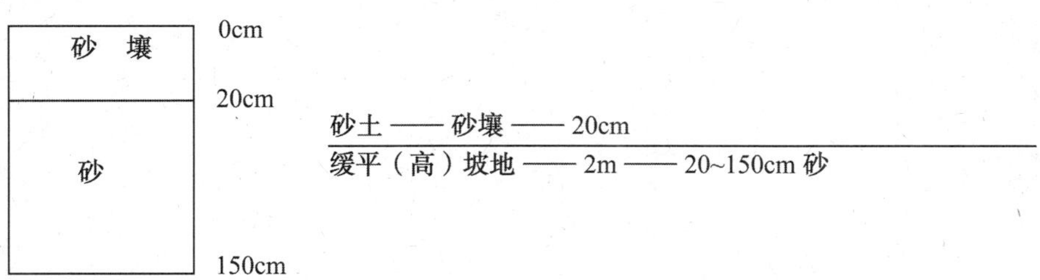

图 2-11　Cb3 $\frac{3}{19}$剖面图

砂壤表均质砂滨海潮土理化性状如表 2-19 和表 2-20 所示。

剖面特征：0～20cm 为淡黄色砂壤，团粒结构，潮、稍紧，孔隙少，根系和动物穴多，石灰反应强。20～150cm 为淡黄色，砂粒结构，潮湿，孔隙、植物根系和动物穴少，石灰反应强。

理化性状：表层有机质为 11.2g/kg，全氮为 0.84g/kg，水解氮为 84mg/kg，有效磷为 17.3mg/kg，速效钾为 75mg/kg，pH 为 7.9，容重为 1.46g/cm^3，总孔隙度为 44.9%，毛管孔隙度为 32.3%，非毛管孔隙度为 12.6%。

心土层(20～60cm)有机质为 4.8g/kg，全氮为 0.36g/kg，水解氮为 42mg/kg，有效磷为 3.2mg/kg，速效钾为 70mg/kg，pH 为 7.9。

表 2-19 砂壤表均质砂滨海潮土典型剖面化学性状对比表

剖面位置	经度	纬度	土种代号	土层深度(cm)	质地	pH		有机质(g/kg)		全氮(g/kg)		水解氮(mg/kg)		有效磷(mg/kg)		速效钾(mg/kg)		全盐(g/kg)
庞家镇						1982年	2010年	1982年	2010年	1982年	2010年	1982年	2010年	1982年	2010年	1982年	2010年	2010年
韦家村	118°5′29.7″	37°13′47.9″	Cb3 $\frac{3}{19}$	0～20	砂壤	7.7	7.9	6	11.2	0.69	0.84	15	84	35	17.3	39	75	0.32
扬水站				20～40			7.9	6.8	4.8		0.36	19	42	2.2	3.2	45	70	0.56
东120m				40～60			7.8		5.4		0.4		21		1.1		80	0.83

表 2-20 砂壤表均质砂滨海潮土典型剖面物理性状对比表

剖面位置	经度	纬度	土种代号	土层深度(cm)	质地	容重(g/cm^3)		总孔隙度(%)		毛管孔隙度(%)		非毛管孔隙度(%)	
庞家镇						1982年	2010年	1982年	2010年	1982年	2010年	1982年	2010年
韦家村	118°5′29.7″	37°13′47.9″	Cb3 $\frac{3}{19}$	0～20	砂壤		1.46		44.9		32.3		12.6
扬水站				20～40									
东120m				40～60									

该剖面养分含量低，砂层深厚，易漏肥、漏水和盐化，给生产带来不利因素。因而在生产中应增施有机肥，种植绿肥作物，防止风蚀，有条件的可掺淤改砂，改善土壤理化性质，提高土壤肥力。

通过与第二次土壤普查时该剖面土壤理化指标对比分析，0～20cm 土壤主要养分指标中，有机质由 6g/kg 上升为 11.2g/kg，水解氮由 15mg/kg 上升为 84mg/kg，有效磷由 35mg/kg 下降为 17.3mg/kg，速效钾由 39mg/kg 上升为 75mg/kg，全氮由 0.69g/kg 上升为 0.84g/kg，全盐为 0.46g/kg，pH 由 7.7 上升为 7.9，容重为 1.46g/cm^3，总孔隙度为 44.9%，毛管孔隙度为 32.3%，非毛管孔隙度为 12.6%。土壤养分指标均有不同程度提高，其中水解氮、速效钾提高幅度最大，分别提高 69mg/kg、36mg/kg，pH 上升 0.2。该层土壤肥力提高但物理性状下降，土壤 pH 上升，有碱化趋势。

20～40cm 土壤主要养分指标中，有机质由 6.8g/kg 下降为 4.8g/kg，水解氮由 19mg/kg 上升为 42mg/kg，有效磷由 2.2mg/kg 上升为 3.2mg/kg，速效钾由 45mg/kg 上升为 70mg/kg，全氮为 0.36g/kg，全盐为 0.56g/kg，pH 为 7.9。土壤养分指标均有不同程度提高，其中水解氮、速效钾提高幅度最大，分别提高 23mg/kg、25mg/kg。

40～60cm 土壤主要养分指标中，有机质为 5.4g/kg，水解氮为 21mg/kg，有效磷为 1.1mg/kg，速效钾为 80mg/kg，全氮为 0.4g/kg，全盐为 0.83g/kg，pH 为 7.8。土壤养分指标与 0～20cm、20～40cm 土层相比均明显下降，但盐分指标上升。

③中壤表厚黏心滨海潮土可利用面积为 5133.4hm^2，占全县农用地面积的 7.2%，主要分布在庞家镇庞家村、城东街道崇德村一带的缓平(平)坡地上。地面高程为 7.2m，潜水埋深为 2.5m，矿化度为 1.43g/L，自然植被多为热草、芦草、茅草等。农业种植为一年两作或一年一作，种植作物为小麦、玉米、棉花。

代表剖面：⊗071136，取自原陈户镇河东村东北 400m 处(见图 2-12)。

⊗071136

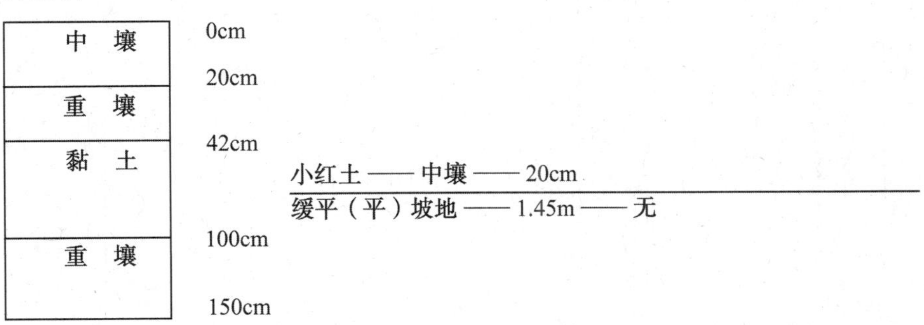

图 2-12　Cb3 $\frac{5}{14}$剖面图

中壤表厚黏心滨海潮土理化性状如表 2-21 和表 2-22 所示。

剖面特征：0～20cm 为黄棕色中壤，团粒结构，干、较紧，孔隙、根系和动物穴多，石灰反应强。20～42cm 为灰棕色重壤，块状结构，润、紧，孔隙、植物根系和动物穴多，石灰反应强。42～100cm 为栗色的黏土，块状结构，湿、极紧，有裂隙，植物根系和动物穴少，石灰反应强。100～150cm 为灰棕色重壤，块状结构，湿、极紧，孔隙多，无植物根系和动物穴，石灰反应强。

表 2-21 中壤表厚粘心滨海潮土典型剖面化学性状对比表

剖面位置	经度	纬度	土种代号	土层深度(cm)	质地	pH		有机质(g/kg)		全氮(g/kg)		水解氮(mg/kg)		有效磷(mg/kg)		速效钾(mg/kg)		全盐(g/kg)
						1982 年	2010 年	1982 年	2010 年	1982 年	2010 年	1982 年	2010 年	1982 年	2010 年	1982 年	2010 年	2010 年
陈户镇河东村东北400m	118°13′2.1″	37°13′16.6″	Cb3 $\frac{5}{14}$	0～20	中壤	7.3	8	9.1	20.7	1.08	1.55	24	99	0.8	32.7	10	260	0.27
				20～40			8.1	10.8	10.8		0.81	31	43		8.6	20	158	0.54
				40～60			8.1		8.3		0.62		29		0.9		150	0.53

表 2-22 中壤表厚粘心滨海潮土典型剖面物理性状对比表

剖面位置	经度	纬度	土种代号	土层深度(cm)	质地	容重(g/cm^3)		总孔隙度(%)		毛管孔隙度(%)		非毛管孔隙度(%)	
						1982 年	2010 年	1982 年	2010 年	1982 年	2010 年	1982 年	2010 年
陈户镇河东村东北400m	118°13′2.1″	37°13′16.6″	Cb3 $\frac{5}{14}$	0～20	中壤	1.26	1.26	53.3	52.5	46	30.7	7.3	21.8
				20～40									
				40～60									

理化性状：表层有机质为 20.7g/kg，全氮为 1.55g/kg，水解氮为 99mg/kg，有效磷为 32.7mg/kg，速效钾为 260mg/kg，pH 为 8，容重为 1.26g/cm^3，总孔隙度为 52.5%，毛管孔隙度为 30.7%，非毛管孔隙度为 21.8%。心土层（20～60cm）有机质为 10.8g/kg，全氮为 0.81g/kg，水解氮为 43mg/kg，有效磷为 8.6mg/kg，速效钾为 158mg/kg，pH 为 8.1。

该剖面表层质地为中壤，松散宜耕，心土层较黏重，具有保肥、保水能力，是良好的土体结构，但其养分含量少，且养分的释放强度弱，应加强中耕措施，特别是有效磷的含量低，因此在生产中应着重增施磷肥，调节 N、P 比例。

通过与第二次土壤普查时该剖面土壤理化指标对比分析，0～20cm 土壤主要养分指标中，有机质由 9.1g/kg 上升为 20.7g/kg，水解氮由 24mg/kg 上升为 99mg/kg，有效磷由 0.8mg/kg 上升为 32.7mg/kg，速效钾由 10mg/kg 上升为 260mg/kg，全氮由1.08g/kg 上升为 1.55g/kg，全盐为 0.27g/kg，pH 由 7.3 上升为 8，容重为 1.26g/cm^3，总孔隙度由 53.3%下降为 52.5%，毛管孔隙度由 46%下降为 30.7%，非毛管孔隙度由 21.8%下降为 7.3%。土壤养分指标均有不同程度提高，其中水解氮、速效钾提高幅度最大，分别提高 75.43mg/kg、250mg/kg，pH 上升 0.7；土壤主要物理指标变化表现为总孔隙度下降 0.8%，毛管孔隙度下降 15.3%，非毛管孔隙度下降 14.5%。该层土壤肥力提高但物理性状下降，土壤 pH 上升。

20～40cm 土壤主要养分指标中，有机质为 10.8g/kg，水解氮由 31mg/kg 上升为 43mg/kg，有效磷为 8.6mg/kg，速效钾由 20mg/kg 上升为 158mg/kg，全氮为 0.81g/kg，全盐为 0.54g/kg，pH 为 8.1。土壤养分指标均有不同程度提高，其中水解氮、速效钾提高幅度最大，分别提高 11mg/kg、138mg/kg。

40～60cm 土壤主要养分指标中，有机质为 8.3g/kg，水解氮为 29mg/kg，有效磷为 0.9mg/kg，速效钾为 150mg/kg，全氮为 0.62g/kg，全盐为 0.53g/kg，pH 为 8.1。土壤养分指标与 0～20cm、20～40cm 土层相比均明显下降，但盐分指标上升。

④重壤表均质黏滨海潮土可利用面积为 4717.2hm^2，占全县农用地面积的 6.62%，主要分布在吕艺镇的龙河洼、支脉河与小清河之间的浅平洼地上。地面高程为 6.5～7m，潜水埋深为 3m，矿化度为 1.75g/L。自然植被多为曲曲菜、苍子、热草、刺耳等，农业种植为一年两作或一年一作，种植作物为小麦、玉米、大豆、杂粮等。

代表剖面：⊗08340，取自吕艺镇龙河四村至新村公路渠西（见图 2-13）。

⊗08340

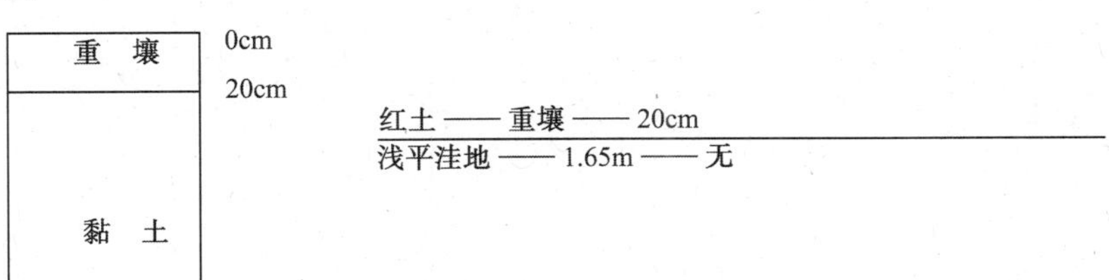

图 2-13 Cb3 $\frac{6}{21}$剖面图

重壤表均质黏滨海潮土理化性状如表 2-23 和表 2-24 所示。

表 2-23　重壤表均质黏滨海潮土典型剖面化学性状对比表

剖面位置	经度	纬度	土种代号	土层深度(cm)	质地	pH		有机质(g/kg)		全氮(g/kg)		水解氮(mg/kg)		有效磷(mg/kg)		速效钾(mg/kg)		全盐(g/kg)
						1982年	2010年	1982年	2010年	1982年	2010年	1982年	2010年	1982年	2010年	1982年	2010年	2010年
吕艺镇龙河四村至新村公路渠西	118°15′40.7″	37°8′50.7″	$Cb3\frac{6}{21}$	0～20	重壤	7.5	7.8	13	17.6	0.87	1.32	40	64	2.4	31.2	30	215	0.37
				20～40			7.8	9.3	11.8		0.88	29	48		3.6	22	175	0.94
				40～60			7.7		9.7		0.73		33		4.5		200	1.3

表 2-24　重壤表均质黏滨海盐化潮土土属典型剖面物理性状对比表

剖面位置	经度	纬度	土种代号	土层深度(cm)	质地	容重(g/cm^3)		总孔隙度(%)		毛管孔隙度(%)		非毛管孔隙度(%)	
						1982年	2010年	1982年	2010年	1982年	2010年	1982年	2010年
吕艺镇龙河四村队至新村公路渠西	118°15′40.7″	37°8′50.7″	$Cb3\frac{6}{21}$	0～20	重壤	1.36	1.43	49	46	42.7	42.2	6.3	3.8
				20～40									
				40～60									

剖面特征：0～20cm 为浅褐色重壤，团粒结构，润、紧，孔隙、植物根系和动物穴多，石灰反应强。20～150cm 为红褐色黏土，块状结构，湿、紧，孔隙多，植物根系和动物穴少，100cm 以下有锈斑、锈纹。

理化性状：表层有机质为 17.6g/kg，全氮为 1.32g/kg，水解氮为 64mg/kg，有效磷为 31.2mg/kg，速效钾为 215mg/kg，pH 为 7.8，容重为 1.43g/cm^3，总孔隙度为 46％，毛管孔隙度为 42.2％，非毛管孔隙度为 3.8％。

心土层(20～60cm)有机质为 11.8g/kg，全氮为 0.88g/kg，水解氮为 48mg/kg，有效磷为 3.6mg/kg，速效钾为 175mg/kg，pH 为 7.8。

该剖面表层质地为重壤，土体构型为均质黏，保肥、保水性能好，但耕性差，通透性不良，适耕期短，发老苗，不发小苗，有机质含量较高，土地肥沃，地下水位较高，在生产中应增施磷肥，调节 N、P 比例，疏通排水系统，降低地下水位，防止土壤内涝，有条件的可以砂改黏，以改善土壤的物理性质。

通过与第二次土壤普查时该剖面土壤理化指标对比分析，0～20cm 土壤主要养分指标中，有机质由 13g/kg 上升为 17.6g/kg，水解氮由 40mg/kg 上升为 64mg/kg，有效磷由 2.4mg/kg 上升为 31.2mg/kg，速效钾由 30mg/kg 上升为 215mg/kg，全氮由 0.87g/kg 上升为 1.32g/kg，全盐为 0.7g/kg，pH 由 7.5 上升为 7.8，容重由 1.36g/cm^3 上升为 1.43g/cm^3，总孔隙度由 49％下降为 46％，毛管孔隙度由 42.7％下降为 42.2％，非毛管孔隙度由 6.3％下降为 3.8％。土壤养分指标均有不同程度提高，其中水解氮、速效钾提高幅度最大，分别提高 24mg/kg、185mg/kg，pH 上升 0.3；土壤主要物理指标变化表现为容重上升 0.07g/cm^3，总孔隙度下降 3％，毛管孔隙度下降 0.5％，非毛管孔隙度下降 2.5％。

20～40cm 土壤主要养分指标中，有机质由 9.3g/kg 上升为 11.8g/kg，水解氮由 29mg/kg 上升为 48mg/kg，有效磷为 3.6mg/kg，速效钾由 22mg/kg 上升为 175mg/kg，全氮为 0.88g/kg，全盐为 0.94g/kg，pH 为 7.8。土壤养分指标均有不同程度提高，其中水解氮、速效钾提高幅度最大，分别提高 19mg/kg、153mg/kg。

40～60cm 土壤主要养分指标中有机质为 9.7g/kg，水解氮为 33mg/kg，有效磷为 4.5mg/kg，速效钾为 200mg/kg，全氮为 0.73g/kg，全盐为 1.3g/kg，pH 为 7.7。土壤养分指标与 0～20cm、20～40cm 土层相比均明显下降，但盐分指标上升，应降低地下潜水，防止盐渍化危害。

2.盐化潮土亚类

盐化潮土是指盐化造成缺苗 10％～50％的土壤，根据地形部位，分 2 个土属(省名称归类为 1 个土属：氯化物盐化潮土土属)，即滨海盐化潮土土属、盐化潮土土属，共 25 个土种。

(1)滨海盐化潮土土属

该土属可利用面积为 16339.37hm^2，占全县农用地面积的 22.92％，多分布于大型洼地边缘和微斜平地上。主要分布于小清河北的三个街道办事处及陈户、吕艺、纯化、庞家、乔庄等镇，是全县面积较大的一类土壤。其中轻盐化(缺苗 10％～20％)11024.07hm^2，占全县农用地面积的 15.46％，占本土属面积的 67.47％；中盐化(缺苗 20％～30％)4853.84hm^2，占全县农用地面积的 6.81％，占本土属面积的 29.71％，重盐化(缺苗 30％

以上)461.47hm^2,占全县农用地面积的0.65%,占本土属面积的2.82%。

滨海盐化潮土的形成:由于地面高程低(7.5m以下),潜水位高(1～2m),矿化度大(平均矿化度为2.28g/L),表层质地轻,砂质构型多,毛管作用强,在强烈的蒸发作用下,潜水在地表蒸发,导致盐存地表,不合理的耕作和灌溉也能造成土壤盐化。

该土属自然植被有茅草、芦草、黄须菜、曲曲菜、苍子等。表层质地多为砂壤、轻壤、中壤。农业种植主要有小麦、玉米、棉花及其他经济作物。

代表剖面:⊗131079,取自乔博路东100m、张落沟北150m(见图2-14)。

⊗131079

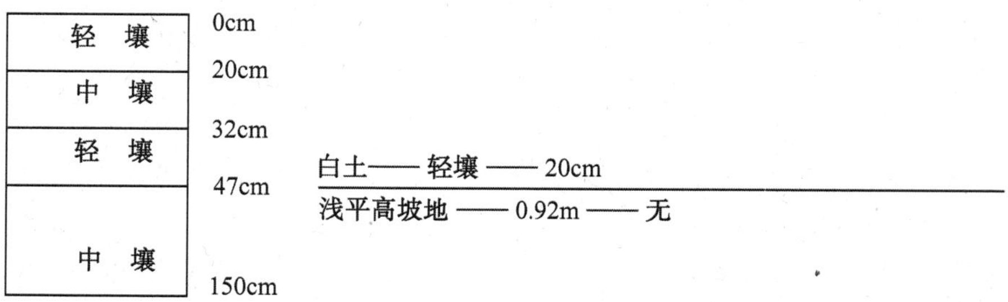

图2-14 Cc6 $\frac{4(一)}{20}$剖面图

滨海盐化潮土理化性状如表2-25和表2-26所示。

剖面特征:0～20cm为浅黄色轻壤,团粒结构,干、松散,孔隙和植物根系多,动物穴少,石灰反应强。20～32cm为浅黄色中壤,块状结构,润、较紧,孔隙、植物根系和动物穴少,石灰反应强。32～47cm为褐色轻壤,粒状结构,润、较紧,孔隙、植物根系和动物穴少,石灰反应强。47～150cm为红色中壤,块状结构,湿润、紧,孔隙、植物根系和动物穴少,石灰反应强,有锈纹、锈斑。

理化性状:表层有机质为11.3g/kg,全氮为0.85g/kg,水解氮为77mg/kg,有效磷为15mg/kg,速效钾为120mg/kg,pH为7.9,容重为1.58g/cm^3,总孔隙度为40.4%,毛管孔隙度为31.1%,非毛管孔隙度为9.3%。

心土层(20～30cm)有机质为5.7g/kg,全氮为0.43g/kg,水解氮为45mg/kg,有效磷为2.3mg/kg,速效钾为85mg/kg,pH为8.1。

30～50cm有机质为7.6g/kg,全氮为0.57g/kg,水解氮为31mg/kg,有效磷为0.9mg/kg,速效钾110mg/kg,pH为7.9。

50cm以下,有机质为6.1g/kg,全氮为0.46g/kg,水解氮为21mg/kg,速效钾105mg/kg,pH为7.9。

该剖面养分含量低,物理性状不良,但土壤质地轻,易耕作,适宜种植棉花等作物或挖塘改渔。

通过与第二次土壤普查时该剖面土壤理化指标对比分析,0～20cm土壤主要养分指标中,有机质由7.6g/kg上升为11.3g/kg,水解氮由24mg/kg上升为77mg/kg,有效磷由微量上升为15mg/kg,速效钾由19mg/kg上升为120mg/kg,全氮由0.6g/kg上升为0.85g/kg,全盐为0.33g/kg,pH由7.5上升为7.9,容重由1.31g/cm^{3}上升为1.58g/cm^3,总孔隙度由51%下降为40%,毛管孔隙度由38%下降为31.1%,非毛管孔隙

表 2-25　　滨海盐化潮土土属典型剖面化学性状对比表

剖面位置	经度	纬度	土种代号	土层深度(cm)	质地	pH		有机质(g/kg)		全氮(g/kg)		水解氮(mg/kg)		有效磷(mg/kg)		速效钾(mg/kg)		全盐(g/kg)
						1982 年	2010 年	1982 年	2010 年	1982 年	2010 年	1982 年	2010 年	1982 年	2010 年	1982 年	2010 年	2010 年
乔博路东100m、张落沟北150m	118°12′54.7″	37°18′36.6″	Cc6 $\frac{4(-)}{20}$	0～20	轻壤（轻度）	7.5	7.9	7.6	11.3	0.6	0.85	24	77	微量	15	19	120	0.33
				20～30			8.1		5.7		0.43		45				85	0.63
				30～50			7.9		7.6		0.57		31		2.3		110	0.76
				50 以下			7.9		6.1		0.46		21		0.9		105	0.87

表 2-26　　滨海盐化潮土土属典型剖面物理性状对比表

剖面位置	经度	纬度	土种代号	土层深度(cm)	质地	容重(g/cm^3)		总孔隙度(%)		毛管孔隙度(%)		非毛管孔隙度(%)	
						1982 年	2010 年	1982 年	2010 年	1982 年	2010 年	1982 年	2010 年
乔博路东100m、张落沟北150m	118°12′54.7″	37°18′36.6″	Cc6 $\frac{4(-)}{20}$	0～20	轻壤（轻度）	1.31	1.58	51	40.4	38	31.1	12	9.3
				20～30									
				30～50									
				50 以下									

度由12%下降为9.3%。土壤养分指标均有不同程度提高，其中水解氮、速效钾提高幅度最大，分别提高53mg/kg、101mg/kg，土壤有效磷水平提高5.5mg/kg，pH上升0.4；土壤主要物理指标变化表现为容重上升0.27g/cm^3，总孔隙度下降11%，毛管孔隙度下降7%，非毛管孔隙度上升2.7%。

20～40cm土壤主要养分指标中，有机质为5.7g/kg，水解氮为45mg/kg，有效磷为2.3mg/kg，速效钾为85mg/kg，全氮为0.43g/kg，全盐为0.63g/kg，pH为8.1。土壤养分指标均有不同程度提高，土壤肥力提高。

40～60cm土壤主要养分指标中，有机质为7.6g/kg，水解氮为31mg/kg，有效磷为0.9mg/kg，速效钾为110mg/kg，全氮为0.57g/kg，全盐为0.76g/kg，pH为7.9。该层土壤与0～20cm、20～40cm土层相比盐分指标上升，应降低潜水，防止盐化危害。

现举三例说明滨海盐化潮土的主要剖面特征及生产性能。

①中盐化砂壤表均质砂滨海盐化潮土可利用面积为739.53hm^2，占全县农用地面积的1.04%，主要分布在原乔庄乡的北贾徐以北及陈家荒村周围的缓平（平）坡地上。地面高程为7.1m，潜水埋深为2.9m，pH为7.5。自然植被为芦草、狗尾草等。农业种植为一年一作或一年两作，以棉花为主，小面积种植小麦、玉米及其他杂粮。

代表剖面：⊗132094，原剖面取自原乔庄乡陈家荒村东300m、南展大堤南100m；2010年取自乔庄镇西崔村西北1000m（见图2-15）。

⊗132094

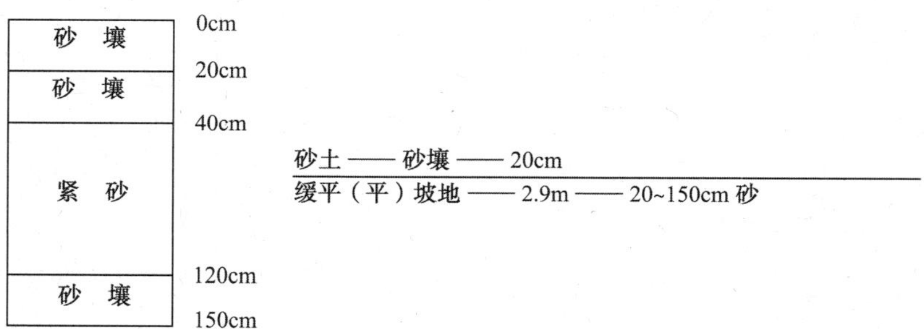

图2-15 Cc6 $\frac{3(二)}{19}$ 剖面图

中盐化砂壤表均质砂滨海盐化潮土理化性状如表2-27和表2-28所示。

剖面特征：0～20cm为浅黄色砂壤，粒状结构，干、松，孔隙和植物根系多，有动物穴。20～40cm为灰黄色砂壤，粒状结构，较干、较松，孔隙和植物根系少，无动物穴。40～120cm为黄白色紧砂，粒状结构。80cm以下有锈纹、锈斑，润、紧，孔隙少，无植物根系和动物穴，石灰反应强。120～150cm为灰黄色砂壤，粒状结构，湿、紧，孔隙少，无植物根系和动物穴，石灰反应强。

理化性状：表层有机质为10.8g/kg，全氮为0.81g/kg，水解氮为49mg/kg，有效磷为21.6mg/kg，速效钾为160mg/kg，pH为7.8，容重为1.72g/cm^3，总孔隙度为35.1%，毛管孔隙度为34.7%，非毛管孔隙度为0.4%。

心土层（20～60cm）有机质为3.7g/kg，全氮为0.28g/kg，水解氮为10mg/kg，有效磷为0.3mg/kg，速效钾为50mg/kg，pH为8.1。

表 2-27 中盐化砂壤表均质砂滨海盐化潮土典型剖面化学性状对比表

剖面位置	经度	纬度	土种代号	土层深度(cm)	质地	pH		有机质(g/kg)		全氮(g/kg)		水解氮(mg/kg)		有效磷(mg/kg)		速效钾(mg/kg)		全盐(g/kg)
						1982年	2010年	1982年	2010年	1982年	2010年	1982年	2010年	1982年	2010年	1982年	2010年	2010年
乔庄镇西崔村西北1000m	118°15′58.9″	37°21′2.8″	Cc6 $\frac{3(二)}{19}$	0～20	轻壤(中度)	7.5	7.8	4	10.8	0.35	0.81	8	49	1.2	21.6	17	160	0.46
				20～40			8.1	2.4	3.7		0.28	7	10	0.9	0.3	7	50	0.56
				40～60			8.1		1.7		0.12		0		27		20	0.46

表 2-28 中盐化砂壤表均质砂滨海盐化潮土典型剖面物理性状对比表

剖面位置	经度	纬度	土种代号	土层深度(cm)	质地	容重(g/cm^3)		总孔隙度(%)		毛管孔隙度(%)		非毛管孔隙度(%)	
						1982年	2010年	1982年	2010年	1982年	2010年	1982年	2010年
乔庄镇西崔村西北1000m	118°15′58.9″	37°21′2.8″	Cc6 $\frac{3(二)}{19}$	0～20	砂壤(中度)	1.42	1.72	46.5	35.1	36.5	34.7	10	0.4
				20～40		1.39		51		41.5		9.5	
				40～60									

该剖面均质砂，耕性好，但养分含量低，肥力不足，砂质构型，漏肥、漏水，产量低。在生产中应增施有机肥料，培肥地力，在施肥方式上应少量勤施，有条件的可采取淤灌压砂改碱。注意排水渠道的疏通，以防返盐。

通过与第二次土壤普查时该剖面土壤理化指标对比分析，0～20cm 土壤主要养分指标中，有机质由 4g/kg 上升为 10.8g/kg，水解氮由 8mg/kg 上升为 49mg/kg，有效磷由 1.2mg/kg 上升为 21.6mg/kg，速效钾由 17mg/kg 上升为 160mg/kg，全氮由 0.35g/kg 上升为 0.81g/kg，全盐为 0.46g/kg，pH 由 7.5 上升为 7.8，容重由 1.42g/cm^3 上升为 1.72g/cm^3，总孔隙度由 46.5%下降为 35.1%，毛管孔隙度由 36.5%下降为 34.7%，非毛管孔隙度由 10%下降为 0.4%。土壤养分指标均有不同程度提高，其中水解氮、速效钾提高幅度最大，分别提高 41mg/kg、143mg/kg，pH 上升 0.3；土壤主要物理指标变化表现为容重上升 0.3g/cm^3，总孔隙度下降 11.4%，毛管孔隙度下降 1.8%，非毛管孔隙度下降 9.6%。该层土壤肥力提高，但物理性状下降，容重增高，土壤 pH 上升，有碱化趋势，盐害是主要生产障碍。

20～40cm 土壤主要养分指标中，有机质由 2.4g/kg 上升为 3.7g/kg，水解氮由 7mg/kg上升为 10mg/kg，有效磷由 0.9mg/kg 下降为 0.3mg/kg，速效钾由 7mg/kg 上升为 50mg/kg，全氮为 0.28g/kg，全盐为 0.56g/kg，pH 为 8.1。土壤养分指标均有不同程度提高，该层土壤肥力状况有所改善。

40～60cm 土壤主要养分指标中，有机质为 1.7g/kg，水解氮为微量，有效磷为 2.7mg/kg，速效钾为 20mg/kg，全氮为 0.12g/kg，全盐为 0.46g/kg，pH 为 8.1。土壤养分指标与 0～20cm、20～40cm 土层相比均明显下降，但盐分指标上升。

②中盐化轻壤表均质壤滨海盐化潮土可利用面积为 861.73hm^2，占全县农用地面积的 1.21%，主要分布在吕艺镇的王浩村、营李村周围。地面高程为 7.2m，潜水埋深为 7m，潜水矿化度为 4.9g/L。自然植被多为芦草、茅草等。农业种植为一年一作或一年两作，作物主要是棉花、小麦、玉米等。

代表剖面：⊗08218，取自吕艺镇营李村西 100m、许李村北（见图 2-16）。

⊗08218

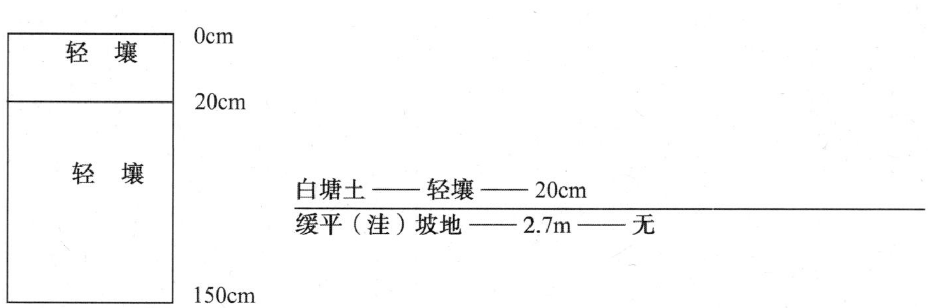

图 2-16　Cc6 $\frac{4(二)}{20}$ 剖面图

中盐化轻壤表均质壤滨海盐化潮土理化性状如表 2-29 和表 2-30 所示。

剖面特征：0～20cm 为黄色轻壤，团粒结构，湿润、松散，孔隙少，植物根系和动物穴多，石灰反应强。20～150cm 为黄色轻壤，块状结构，湿、较紧，孔隙少，植物根系和动物穴多，石灰反应强。

表 2-29 中盐化轻壤表均质壤滨海盐化潮土典型剖面化学性状对比表

剖面位置	经度	纬度	土种代号	土层深度(cm)	质地	pH		有机质(g/kg)		全氮(g/kg)		水解氮(mg/kg)		有效磷(mg/kg)		速效钾(mg/kg)		全盐(g/kg)
						1982 年	2010 年	1982 年	2010 年	1982 年	2010 年	1982 年	2010 年	1982 年	2010 年	1982 年	2010 年	2010 年
吕艺镇营李村西100m、徐李北	118°21′40.8″	37°11′35.9″	Cc6 $\frac{4(二)}{20}$	0～20	轻壤(中度)	7.5	8	6	13.7	0.19	1.02	15	66	微量	32.7	9	155	0.23
				20～40			8.3	4.1	6.4		0.48	8	31	微量	0	6	90	0.27
				40～60			8.3		8.7		0.66		41		3.1		120	0.29

表 2-30 中盐化轻壤表均质壤滨海盐化潮土典型剖面物理性状对比表

剖面位置	经度	纬度	土种代号	土层深度(cm)	质地	容重(g/cm³)		总孔隙度(%)		毛管孔隙度(%)		非毛管孔隙度(%)	
						1982 年	2010 年	1982 年	2010 年	1982 年	2010 年	1982 年	2010 年
吕艺镇营李村西100m、徐李北	118°21′40.8″	37°11′35.9″	Cc6 $\frac{4(二)}{20}$	0～20	轻壤(中度)	1.31	1.41	51	46.8	38	31.6	13	15.2
				20～40									
				40～60									

理化性状：表层有机质为 13.7g/kg，全氮为 1.02g/kg，水解氮为 66mg/kg，有效磷为 32.7mg/kg，速效钾为 155mg/kg，pH 为 8，容重为 1.41g/cm^3，总孔隙度为 46.8%，毛管孔隙度为 31.6%，非毛管孔隙度为 15.2%。心土层（20～60cm）有机质为 6.4g/kg，全氮为 0.48g/kg，水解氮为 31mg/kg，有效磷微量，速效钾为 90mg/kg，pH 为 8.3。

该剖面表层土壤质地与土体构型质地均为轻壤，水盐垂直运动强烈，易耕作。表层与 1m 土体含盐量高，土地盐化，粮食产量低。在生产过程中应注意增施有机肥料，调节 N、P、K 比例。整平土地，适时中耕，配套灌溉水利设施，降低地下潜水，防止盐分上升，达到改碱、培肥地力及提高粮食产量之目的。

通过与第二次土壤普查时该剖面土壤理化指标对比分析，0～20cm 土壤主要养分指标中，有机质由 6g/kg 上升为 13.7g/kg，水解氮由 15mg/kg 上升为 66mg/kg，有效磷由微量上升为 32.7mg/kg，速效钾由 9mg/kg 上升为 155mg/kg，全氮由 0.19g/kg 上升为 1.02g/kg，全盐为 0.23g/kg，pH 由 7.5 上升为 8，容重由 1.31g/cm^3 上升为 1.41 g/cm^3，总孔隙度由 51%下降为 46.8%，毛管孔隙度由 38%下降为 31.6%，非毛管孔隙度由 13%上升为 15.2%。土壤养分指标均有不同程度提高，其中水解氮、速效钾提高幅度最大，分别提高 51mg/kg、146mg/kg，pH 上升 0.5；土壤主要物理指标变化表现为容重上升 0.1g/cm^3，总孔隙度下降 4.2%，毛管孔隙度下降 6.4%，非毛管孔隙度上升 2.2%。该层土壤肥力提高，但物理性状下降，容重提高，土壤 pH 上升，有碱化趋势。

20～40cm 土壤主要养分指标中，有机质由 4.1g/kg 上升为 6.4g/kg，水解氮由 8 mg/kg上升为 31mg/kg，有效磷微量，速效钾由 6mg/kg 上升为 90mg/kg，全氮为 0.48 g/kg，全盐为 0.27g/kg，pH 为 8.3。

40～60cm 土壤主要养分指标中，有机质为 8.7g/kg，水解氮为 41mg/kg，有效磷为 3.1mg/kg，速效钾为 120mg/kg，全氮为 0.66g/kg，全盐为 0.29g/kg，pH 值为 8.3。土壤养分指标与 0～20cm、20～40cm 土层相比均明显下降，盐分有表层积存现象。

③中盐化重壤表厚砂底滨海盐化潮土可利用面积为 88.13hm^2，占全县农用地面积的 0.12%，主要分布在博昌街道办事处的伏邵村周围。地面高程为 8m，潜水埋深为 5m，自然植被多为狗尾草、茅草等，农业种植为一年一作或一年两作，种植作物为小麦、玉米、棉花等。

代表剖面：⊗01191，取自原博兴镇伏邵村西 200m、十支排南 400m 的缓平（平）坡地上；2010 年自取现博昌街道办事处伏邵村西 500m（见图 2-17）。

⊗01191

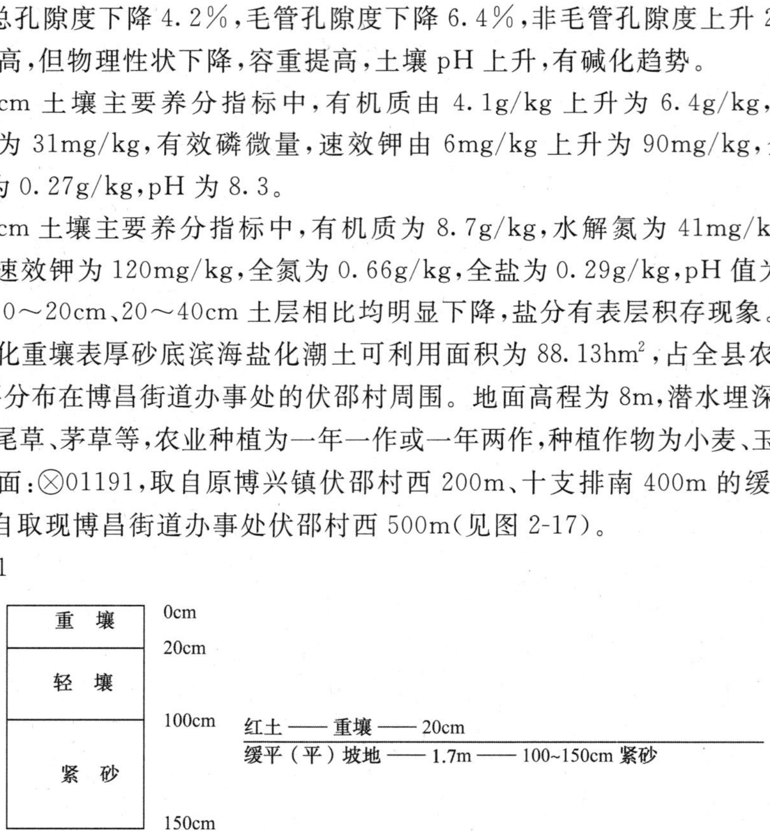

图 2-17 Cc6 $\frac{6(二)}{6}$ 剖面图

中盐化重壤表厚砂底滨海盐化潮土理化性状如表 2-31 和表 2-32 所示。

表 2-31　中盐化重壤表厚砂底滨海盐化潮土典型剖面化学性状对比表

剖面位置	经　度	纬　度	土种代号	土层深度(cm)	质　地	pH		有机质(g/kg)		全氮(g/kg)		水解氮(mg/kg)		有效磷(mg/kg)		速效钾(mg/kg)		全盐(g/kg)
						1982 年	2010 年	1982 年	2010 年	1982 年	2010 年	1982 年	2010 年	1982 年	2010 年	1982 年	2010 年	2010 年
博昌办伏邵村西 500m	118°3′45.4″	37°9′35.9″	Cc6 $\frac{6(二)}{6}$	0～20	重壤	7.1	7.6	9.7	14.6	0.7	1.1	25	66	微量	27.9	19	170	0.38
				20～40			7.5	10.4	6.2		0.46	28	22	2.2	7.5	17	85	1.28
				40～60			7.5		5.6		0.42		35		1.8		55	2.47

表 2-32　中盐化重壤表厚砂底滨海盐化潮土典型剖面物理性状对比表

剖面位置	经　度	纬　度	土种代号	土层深度(cm)	质　地	容重(g/cm^3)		总孔隙度(%)		毛管孔隙度(%)		非毛管孔隙度(%)	
						1982 年	2010 年	1982 年	2010 年	1982 年	2010 年	1982 年	2010 年
博昌办伏邵村西 500m	118°3′45.4″	37°9′35.9″	Cc6 $\frac{6(二)}{6}$	0～20	重壤	1.26	1.4	52.5	47.2	4.09	34.7	11.6	12.5
				20～40									
				40～60									

剖面特征：0～20cm为棕褐色重壤，小块状结构，润、较紧，孔隙、植物根系和动物穴多，石灰反应强。20～100cm为棕红色中壤，块状结构，潮、紧，孔隙少，植物根系和动物穴多，石灰反应强。100～150cm为黄褐色紧沙粒状结构，湿、松，孔隙、植物根系和动物穴少，石灰反应强。100cm以下有锈纹、锈斑。

理化性状：表层有机质为14.6g/kg，全氮为1.1g/kg，水解氮为66mg/kg，有效磷为27.9mg/kg，速效钾为170mg/kg，pH为7.6，容重为1.4g/cm^3，总孔隙度为47.2%，毛管孔隙度为34.7%，非毛管孔隙度12.5%。

心土层(20～60cm)有机质为6.2g/kg，全氮为0.46g/kg，水解氮为22mg/kg，有效磷为7.5mg/kg，速效钾为85mg/kg，pH为7.5。

该剖面表层质地黏重，耕性差，适耕期短。20～100cm为轻壤，毛管作用强烈，盐分沿毛管水上升，存于地表形成次生盐渍化。底层为砂，漏肥、漏水。因而在生产中应注意增施有机肥料，改善土壤理化性状。疏通排水渠道，降低地下水位，促使其向脱盐的方向发展。

通过与第二次土壤普查时该剖面土壤理化指标对比分析，0～20cm土壤主要养分指标中，有机质由9.7g/kg上升为14.6g/kg，水解氮由25mg/kg上升为66mg/kg，有效磷由微量上升为27.9mg/kg，速效钾由19mg/kg上升为170mg/kg，全氮由0.7g/kg上升为1.1g/kg，全盐为0.38g/kg，pH由7.1上升为7.6，容重由1.26g/cm^{3}上升为1.4g/cm^3，总孔隙度由52.5%下降为47.2%，毛管孔隙度由4.09%上升为34.7%，非毛管孔隙度由11.6%上升为12.5%。土壤养分指标均有不同程度提高，其中水解氮、速效钾提高幅度最大，分别提高41mg/kg、151mg/kg，pH上升0.5；土壤主要物理指标变化表现为容重上升0.14g/cm^3，总孔隙度下降5.3%，毛管孔隙度上升30.61%，非毛管孔隙度上升0.9%。

20～40cm土壤主要养分指标中，有机质由10.4g/kg下降为6.2g/kg，水解氮由28mg/kg下降为22mg/kg，有效磷由2.2mg/kg上升为7.5mg/kg，速效钾由17mg/kg上升为85mg/kg，全氮为0.46g/kg，全盐为1.28g/kg，pH为7.5。

40～60cm土壤主要养分指标中，有机质为5.6g/kg，水解氮为35mg/kg，有效磷为1.8mg/kg，速效钾为55mg/kg，全氮为0.42g/kg，全盐为2.47g/kg，pH为7.5。土壤养分指标与0～20cm、20～40cm土层相比均明显下降，但盐分指标较高，应注意降低潜水，防止地表盐害。

(2)盐化潮土土属

可利用面积为151.73hm^2，占全县农用地面积的0.21%，分布于寨郝镇(现湖滨镇)寨下村周围。根据表层质地与土体构型，定为一个土种。地面高程为6.2m，潜水埋深为5.6m，潜水矿化度为3.16g/L。自然植被以芦草、茅草为主。

代表剖面：⊗03127，取自寨郝镇(现湖滨镇)寨下村村北200m(见图2-18)。

盐化潮土理化性状如表2-33和表2-34所示。

⊗03127

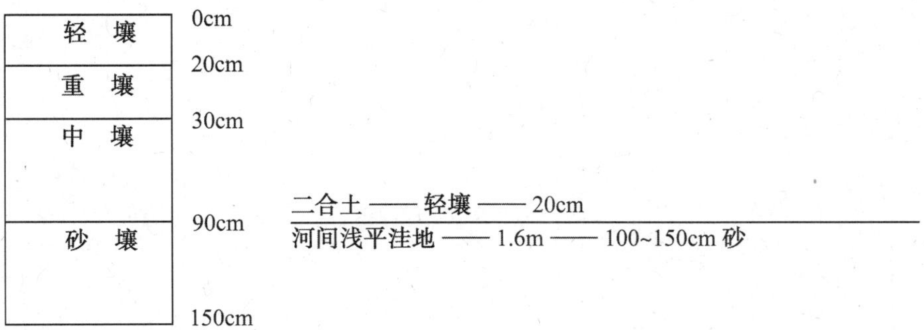

图 2-18　Cc5 $\frac{4(三)}{20}$ 剖面图

剖面特征：0～20cm 为棕色轻壤，碎块状结构，润、紧，孔隙少，植物根系和动物穴多，石灰反应强。20～30cm 为棕色重壤，碎块状结构，润、紧，孔隙、植物根系和动物穴多，石灰反应强。30～90cm 为灰色轻壤，粒状结构，湿润、稍紧，孔隙和动物穴少，石灰反应强。80cm 以下有锈纹、锈斑。90～150cm 为浅黄色砂壤，粒状结构，湿、松，孔隙和植物根系少，无动物穴，石灰反应强。

理化性状：表层有机质为 5.4g/kg，全氮为 0.4g/kg，水解氮为 24mg/kg，有效磷为 24mg/kg，速效钾为 125mg/kg，pH 为 7.4，容重为 1.73g/cm^3，总孔隙度为 34.7%，毛管孔隙度为 32.9%，非毛管孔隙度为 1.8%。

心土层(20～60cm)有机质为 3.9g/kg，全氮为 0.29g/kg，水解氮为 24mg/kg，有效磷为 6.4mg/kg，速效钾为 90mg/kg，pH 为 7.3。

该剖面土壤养分含量低，土壤物理性状不良，板结不透气，因而在生产中应增施有机肥，改善土壤物理性状，合理耕作，合理灌溉，降低土壤含盐量。

通过与第二次土壤普查时该剖面土壤理化指标对比分析，0～20cm 土壤主要养分指标中，有机质由 9.5g/kg 下降为 5.4g/kg，水解氮由 46mg/kg 下降为 24mg/kg，有效磷由 1.5mg/kg 上升为 24mg/kg，速效钾由 89mg/kg 上升为 125mg/kg，全氮由 0.57g/kg 下降为 0.4g/kg，全盐为 2.94g/kg，pH 由 7.5 下降为 7.4，容重由 1.07g/cm^3 上升为 1.73g/cm^3，总孔隙度由 59.4%下降为 34.7%，毛管孔隙度由 46.04%下降为 32.9%，非毛管孔隙度由 13.43%下降为 1.8%。土壤养分指标均有不同程度提高，其中有效磷、速效钾提高幅度最大，分别提高 22.5mg/kg、36mg/kg；土壤主要物理指标变化表现为容重上升 0.66g/cm^3，总孔隙度下降 24.7%，毛管孔隙度下降 13.14%，非毛管孔隙度下降 11.63%。该层土壤肥力提高但物理性状下降，土壤盐分较高，影响作物生长。

20～40cm 土壤主要养分指标中，有机质由 7.4g/kg 下降为 3.9g/kg，水解氮由 34mg/kg 下降为 24mg/kg，有效磷由 0.7mg/kg 上升为 6.4mg/kg，速效钾由 51mg/kg 上升为90mg/kg，全氮为 0.29g/kg，全盐为 2.67g/kg，pH 为 7.3。该层土壤肥力有所提高，盐分较高。

40～60cm 土壤主要养分指标中，有机质为 3.9g/kg，水解氮为 14mg/kg，有效磷为 2.9mg/kg，速效钾为 85mg/kg，全氮为 0.29g/kg，全盐为 2.44g/kg，pH 为 7.5。盐分指标较高，应加强改盐治理。

表 2-33

盐化潮土土属典型剖面化学性状对比表

剖面位置	经度	纬度	土种代号	土层深度(cm)	质地	pH		有机质(g/kg)		全氮(g/kg)		水解氮(mg/kg)		有效磷(mg/kg)		速效钾(mg/kg)		全盐(g/kg)
						1982 年	2010 年	1982 年	2010 年	1982 年	2010 年	1982 年	2010 年	1982 年	2010 年	1982 年	2010 年	2010 年
湖滨镇寨下村北 200m	118°12′5.2″	37°6′59.6″	Cc5 $\frac{4(三)}{20}$	0～20	轻壤(重度)	7.5	7.4	9.5	5.4	0.57	0.4	46	24	1.5	24	89	125	2.94
				20～40			7.3	7.4	3.9		0.29	34	24	0.7	6.4	51	90	2.67
				40～60			7.5		3.9		0.29		14		2.9		85	2.44

表 2-34

盐化潮土土属典型剖面物理性状对比表

剖面位置	经度	纬度	土种代号	土层深度(cm)	质地	容重(g/cm^3)		总孔隙度(%)		毛管孔隙度(%)		非毛管孔隙度(%)	
						1982 年	2010 年	1982 年	2010 年	1982 年	2010 年	1982 年	2010 年
湖滨镇寨下村北 200m	118°12′5.2″	37°6′59.6″	Cc5 $\frac{4(三)}{20}$	0～20	轻壤(重度)	1.07	1.73	59.4	34.7	46.04	32.9	13.43	1.8
				20～40		1.3		50.94		48.5		2.44	
				40～60									

3.湿潮土亚类

湿潮土发育在交接洼地和湖洼地，是在较长时期季节性积水和较高潜水条件下，附加沼泽化(脱沼泽化)作用的一类土壤。土壤剖面上部色泽较深，土质较黏重，底土可出现潜育层，色淡，呈灰色或灰蓝色，常有腥臭味，植被多喜湿性植物，如芦苇。一般种植小麦、玉米等作物。该亚类含1个土属：冲积湿潮土(山东省名称归类为“黏壤质湿潮土”)，1个土种，即中壤表厚黏心湿潮土。该土类可利用面积为549.67hm^2，占全县农用地面积的0.77%。主要分布在小清河以南、麻大湖北边缘的缓平(平)坡地上。地面高程为7m，潜水埋深为2m，矿化度为1.18g/L。自然植被多为热草、麦蒿等。农业种植为一年两作，种植作物以小麦、玉米为主。

代表剖面：⊗020205，取自湖滨镇(现锦秋街道办事处)付桥渡口西100m(见图2-19)。

⊗020205

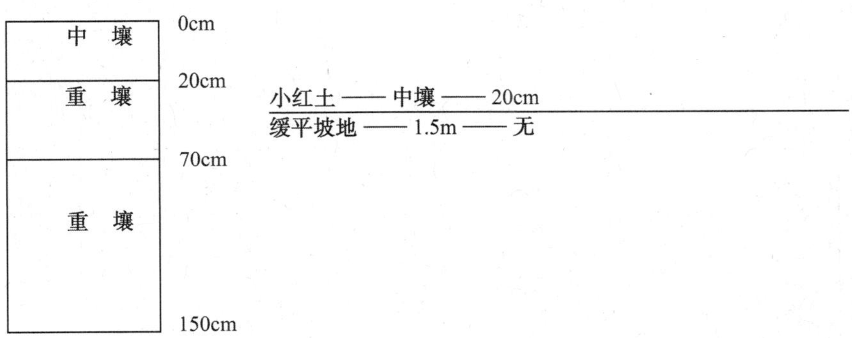

图 2-19 Ce10 $\frac{5}{14}$剖面图

中壤表厚黏心湿潮土理化性状如表2-35和表2-36所示。

剖面特征：0～20cm为褐色中壤，团粒结构，润、较紧，有大孔隙，植物根系和动物穴多，石灰反应强。20～70cm为褐色重壤，块状结构，润、紧，小孔隙、植物根系多，动物穴少，石灰反应强。70～150cm为灰棕色重壤，块状结构，70cm以下有锈纹、锈斑，润、紧，小孔隙、植物根系和动物穴少，石灰反应强。

理化性状：表层有机质为19.9g/kg，全氮为1.5g/kg，水解氮为122mg/kg，有效磷为46.6mg/kg，速效钾为163mg/kg，pH为7.8，容重为1.24g/cm^3，总孔隙度为53.2%，毛管孔隙度为32%，非毛管孔隙度为21.2%。

心土层(20～60cm)有机质为10.8g/kg，全氮为0.81g/kg，水解氮为66mg/kg，有效磷为7.3mg/kg，速效钾为140mg/kg，pH为7.8。

该剖面表层质地为中壤，适宜种植多种作物，心位是重壤，保水、保肥能力强，土壤养分含量高。但在生产中应注意加深耕作层，调节N、P、K比例，进一步提高粮食产量。

通过与第二次土壤普查时该剖面土壤理化指标对比分析，0～20cm土壤主要养分指标中，有机质由21.3g/kg下降为19.9g/kg，水解氮由91mg/kg上升为122mg/kg，有效磷由10.1mg/kg上升为46.6mg/kg，速效钾由17mg/kg上升为163mg/kg，全氮由1.32g/kg上升为1.5g/kg，全盐为0.29g/kg，pH由7.5上升为7.8，容重由1.11g/cm^3上升为1.24g/cm^3，总孔隙度由58.11%下降为53.2%，毛管孔隙度由43.78%下降为32%，

表 2-35 中壤表厚黏心湿潮土典型剖面化学性状对比表

剖面位置	经度	纬度	土种代号	土层深度(cm)	质地	pH		有机质(g/kg)		全氮(g/kg)		水解氮(mg/kg)		有效磷(mg/kg)		速效钾(mg/kg)		全盐(g/kg)
						1982 年	2010 年	1982 年	2010 年	1982 年	2010 年	1982 年	2010 年	1982 年	2010 年	1982 年	2010 年	2010 年
锦秋办付桥渡口西100m	118°5′28.2″	37°6′31.4″	$Ce10\frac{5}{14}$	0～20	中壤	7.5	7.8	21.3	19.9	1.32	1.50	91	122	10.1	46.6	17	163	0.29
				20～40			7.8	12.3	10.8		0.81	40	66	2.2	7.3	65	140	0.64
				40～60			7.8		9.5		0.71		66		0.9		155	0.49

表 2-36 中壤表厚黏心湿潮土典型剖面物理性状对比表

剖面位置	经度	纬度	土种代号	土层深度(cm)	质地	容重(g/cm^3)		总孔隙度(%)		毛管孔隙度(%)		非毛管孔隙度(%)	
						1982 年	2010 年	1982 年	2010 年	1982 年	2010 年	1982 年	2010 年
锦秋办付桥渡口西100m	118°5′28.2″	37°6′31.4″	$Ce10\frac{5}{14}$	0～20	中壤	1.11	1.24	58.11	53.2	43.78	32	14.33	21.2
				20～40		1.24		53.21		45.84		7.37	
				40～60									

非毛管孔隙度由14.3%上升为21.2%。土壤养分指标均有不同程度提高,其中水解氮、速效钾提高幅度最大,分别提高31mg/kg、146mg/kg,pH上升0.3;土壤主要物理指标变化表现为容重上升0.13g/cm^3,总孔隙度下降4.91%,毛管孔隙度下降11.78%,非毛管孔隙度上升6.87%。该层土壤肥力提高,但物理性状、有机质下降。

20~40cm土壤主要养分指标中,有机质由12.3g/kg下降为10.8g/kg,水解氮由40mg/kg上升为66mg/kg,有效磷由2.2mg/kg上升为7.3mg/kg,速效钾由65mg/kg上升为140mg/kg,全氮为0.81g/kg,全盐为0.64g/kg,pH为7.8。土壤养分指标均有不同程度提高,其中水解氮、速效钾提高幅度最大,分别提高26mg/kg、75mg/kg,该层土壤土壤肥力提高,但有机质下降,土壤有效磷较低。

40~60cm土壤主要养分指标中,有机质为9.5g/kg,水解氮为66mg/kg,有效磷为0.9mg/kg,速效钾为155mg/kg,全氮为0.71g/kg,全盐为0.49g/kg,pH为7.8。土壤养分指标与0~20cm、20~40cm土层相比均明显下降。

(四)盐土土类(省名称归属为滨海盐土土类)

盐土是指土壤中含有大量可溶性盐类,对一般作物发生毒害,并达到缺苗50%以上,盐斑面积大于50%,或大片撂荒的盐碱地,室内化验时,1m土体含盐达到1%以上的一类土壤。

博兴县的盐土并非是直接发育在原生盐化母质上的,而大多数是由于灌溉不合理、地势不平、地表径流强烈、排水不畅等使潜水上升,带来大量盐分,而且春秋两季气候干燥少雨,地面蒸发量大,使盐分残存在地表,形成盐化。盐分组成以氯化物为主,钾、钠占绝对优势。

博兴县的盐土土类分为1个亚类:滨海潮盐土亚类(省名称归属为滨海盐土亚类),1个土属,即滨海潮盐土土属(省名称归属为滨海盐土土属),共5个土种。该土类可利用面积为3632.87hm^2,占全县可利用地面积的5.10%。主要分布在乔庄、纯化、陈户等镇,庞家、吕艺、原乔庄乡也有零星分布,与滨海盐化潮土呈复区出现。本土属分布于地面高程为7.5~11.7m的平地上,潜水埋深为1~3.5m,矿化度为0.26~16.8g/L。自然植被多为芦苇、黄须菜、柽柳、碱蓬、马绊、蒿子、茅草等。

代表剖面:⊗1321380,原取自原乔庄乡魏庄村南2000m、刘王村东南,2010年取自乔庄镇刘王庄东南魏泉南2000m(见图2-20)。

⊗1321380

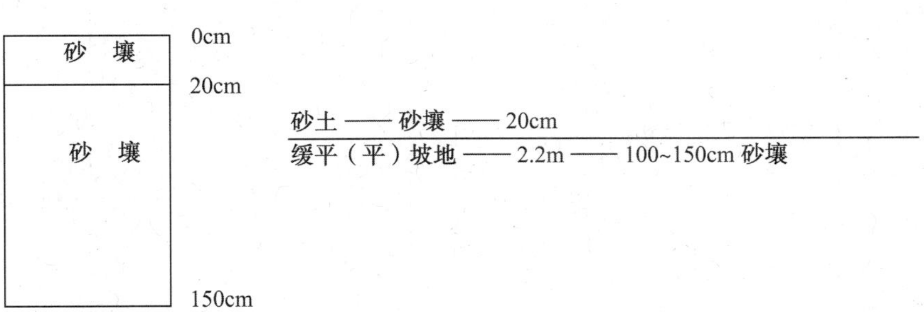

图2-20 Db3 $\frac{3(三)}{19}$ 剖面图

滨海潮盐土理化性状如表2-37和表2-38所示。

表 2-37

滨海潮盐土土属典型剖面化学性状对比表

剖面位置	经度	纬度	土种代号	土层深度(cm)	质地	pH		有机质(g/kg)		全氮(g/kg)		水解氮(mg/kg)		有效磷(mg/kg)		速效钾(mg/kg)		全盐(g/kg)
						1982 年	2010 年	1982 年	2010 年	1982 年	2010 年	1982 年	2010 年	1982 年	2010 年	1982 年	2010 年	2010 年
乔庄镇刘王庄东南魏家南2000m	118°57′8.5″	37°19′25.8″	Db3 $\frac{3(三)}{19}$	0～20	砂壤(重度)	7.6	7.4	6.2	4.7	0.41	0.35	15	24	微量	26.4	23	48	2.47
				20～40		7.6	7.7	7.1	2.2	0.35	0.16	12	0	2.3	0.5	29	30	1.92
				40～60			7.6		2.1		0.16		0		1.4		30	3.06

表 2-38

滨海潮盐土土属典型剖面物理性状对比表

剖面位置	经度	纬度	土种代号	土层深度(cm)	质地	容重(g/cm^3)		总孔隙度(%)		毛管孔隙度(%)		非毛管孔隙度(%)	
						1982 年	2010 年	1982 年	2010 年	1982 年	2010 年	1982 年	2010 年
乔庄镇刘王庄东南魏家南2000m	118°57′8.5″	37°19′25.8″	Db3 $\frac{3(三)}{19}$	0～20	砂壤(重度)	1.51	1.67	43.2	37	39.7	32.6	3.48	4.4
				20～40		1.37		48.2		43.32		4.88	
				40～60									

剖面特征：0～20cm为黄色砂壤，粒状结构，潮润、较松，小孔隙、植物根系和动物穴少。20～150cm为黄色砂壤，粒状结构，潮、湿、较松，小孔隙、植物根系和动物穴少。

理化性状：表层有机质为4.7g/kg，全氮为0.35g/kg，水解氮为24mg/kg，有效磷为26.4mg/kg，速效钾为48mg/kg，pH为7.4，容重为1.67g/cm^3，总孔隙度为37%，毛管孔隙度为32.6%，非毛管孔隙度为4.4%。

心土层（20～60cm）有机质为2.2g/kg，全氮为0.16g/kg，水解氮微量，有效磷为0.5mg/kg，速效钾为30mg/kg，pH为7.7。

通过与第二次土壤普查时该剖面土壤理化指标对比分析，0～20cm土壤主要养分指标中，有机质由6.2g/kg下降为4.7g/kg，水解氮由15mg/kg上升为24mg/kg，有效磷由微量上升为26.4mg/kg，速效钾由23mg/kg上升为48mg/kg，全氮由0.41g/kg下降为0.35g/kg，全盐为2.47g/kg，pH由7.6下降为7.4，容重由1.51g/cm^{3}上升为1.67g/cm^3，总孔隙度由43.2%下降为37%，毛管孔隙度由39.7%下降为32.6%，非毛管孔隙度由3.48%上升为4.4%。土壤养分指标及主要物理指标变化较小，盐分较高，土壤受耕作影响较小，盐害是影响生产的主要因素。

20～40cm土壤主要养分指标中，有机质由7.1g/kg下降为2.2g/kg，水解氮由12mg/kg下降为微量，有效磷由2.3mg/kg下降为微量，速效钾由29mg/kg上升为30mg/kg，全氮由0.35g/kg下降为0.16g/kg，全盐为1.92g/kg，pH由7.6上升为7.7。

40～60cm土壤主要养分指标中，有机质为2.1g/kg，水解氮为微量，有效磷为1.4mg/kg，速效钾为30mg/kg，全氮为0.16g/kg，全盐为3.06g/kg，pH为7.6。土壤养分指标与0～20cm、20～40cm土层相比均明显下降，但盐分指标较高。

滨海潮盐土土属分为5个土种，现举两例来说明该土属的剖面特征。

1. 中盐渍化轻壤表厚黏心滨海潮盐土

可利用面积为881.87hm^2，占全县可利用地面积的1.24%，主要分布在原陈户镇相周、官闫、王孟、王李村周围的缓平（平）坡地上，地面高程为7.5m，潜水埋深为1.9m，矿化度为0.83g/L。自然植被多为芦草、茅草、蒿子、黄须菜等，农业种植以一年一作为主，种植作物为棉花、杂粮等。

代表剖面：⊗072061，取自原陈户镇王孟村东北1500m（见图2-21）。

⊗072061

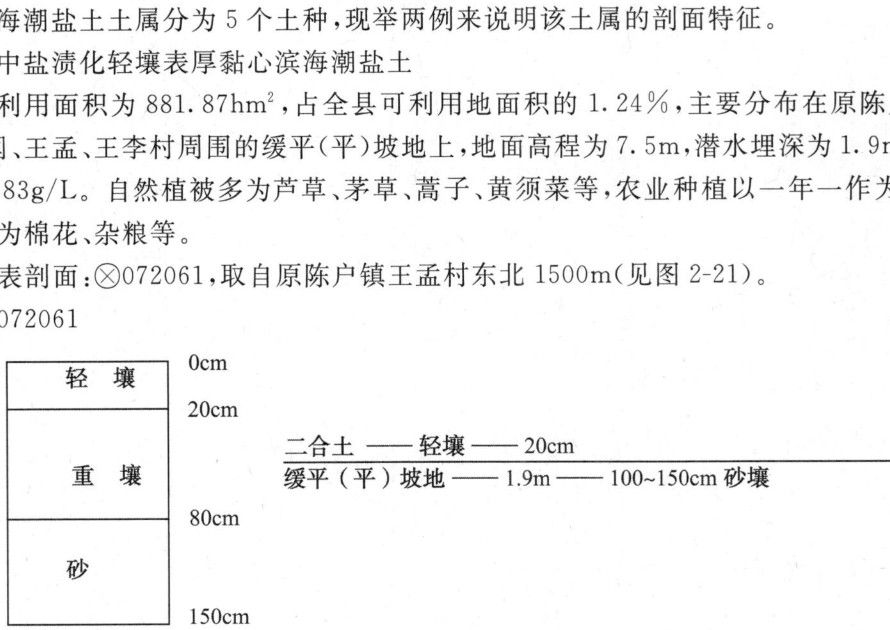

图2-21　Db3 $\frac{4(二)}{14}$ 剖面图

中盐渍化轻壤表厚黏心滨海潮盐土理化性状如表2-39和表2-40所示。

表 2-39 中盐渍化轻壤表厚黏心滨海潮盐土典型剖面化学性状对比表

剖面位置	经度	纬度	土种代号	土层深度(cm)	质地	pH		有机质(g/kg)		全氮(g/kg)		水解氮(mg/kg)		有效磷(mg/kg)		速效钾(mg/kg)		全盐(g/kg)
						1982 年	2010 年	1982 年	2010 年	1982 年	2010 年	1982 年	2010 年	1982 年	2010 年	1982 年	2010 年	2010 年
陈户镇王孟村东北1500m	118°11′35.7″	37°16′2.3″	Db3 $\frac{4(二)}{14}$	0～20	轻壤(中度)	7.7	8	8.1	11.3	0.83	0.85	29	56	微量	15.9	7	125	0.3
				20～40		7.1	8.1	9.8	8.3	0.89	0.63		42	微量	10.9		150	0.68
				40～60			7.9		9.2		0.69		35		0.5		150	10.3

表 2-40 中盐渍化轻壤表厚黏心滨海潮盐土典型剖面物理性状对比表

剖面位置	经度	纬度	土种代号	土层深度(cm)	质地	容重(g/cm^3)		总孔隙度(%)		毛管孔隙度(%)		非毛管孔隙度(%)	
						1982 年	2010 年	1982 年	2010 年	1982 年	2010 年	1982 年	2010 年
陈户镇王孟村东北1500m	118°11′35.7″	37°16′2.3″	Db3 $\frac{4(二)}{14}$	0～20	轻壤(中度)	1.51	1.69	43.2	36.2	43.2	33	3.48	3.2
				20～40									
				40～60									

剖面特征：0～20cm为黄褐色轻壤，碎块结构，干、松，孔隙和植物根系多，有动物穴。20～102cm为红褐色重壤，块状结构，湿、紧，有裂隙，植物根系少，有动物穴。102～150cm为黄褐色，粒状结构，有锈纹、锈斑，湿、松，孔隙少，无植物根系和动物穴。

理化性状：表层有机质为11.3g/kg，全氮为0.85g/kg，水解氮为56mg/kg，有效磷为15.9mg/kg，速效钾为125mg/kg，pH为8，容重为1.69g/cm^3，总孔隙度为36.2%，毛管孔隙度为33%，非毛管孔隙度为3.2%。

心土层(20～60cm)有机质为8.3g/kg，全氮为0.63g/kg，水解氮为42mg/kg，有效磷为10.9mg/kg，速效钾为150mg/kg，pH为8.1。

该剖面表层质地为轻壤，心位为重壤，底位是砂。土壤养分含量低，土壤板结。因而在生产中应注意增施有机肥料，整平土地，注意农田工程的配套，合理灌溉，防止大水漫灌，降低潜水位，使土壤向脱盐的方向发展。

通过与第二次土壤普查时该剖面土壤理化指标对比分析，0～20cm土壤主要养分指标中，有机质由8.1g/kg上升为11.3g/kg，水解氮由29mg/kg上升为56mg/kg，有效磷由微量上升为15.9mg/kg，速效钾由7mg/kg上升为125mg/kg，全氮由0.83g/kg上升为0.85g/kg，全盐为0.3g/kg，pH由7.7上升为8，容重由1.51g/cm^{3}上升为1.69g/cm^3，总孔隙度由43.2%下降为36.2%，毛管孔隙度由43.2%下降为33%，非毛管孔隙度由3.48%下降为3.2%。土壤养分指标均有不同程度提高，其中水解氮、速效钾提高幅度最大，分别提高27mg/kg、118mg/kg，pH上升0.3；土壤主要物理指标变化表现为容重上升0.18g/cm^3，总孔隙度下降7%，毛管孔隙度下降10.2%，非毛管孔隙度下降0.28%。该层土壤肥力提高，但物理性状下降，土壤pH上升，有碱化趋势。

20～40cm土壤主要养分指标中，有机质由9.8g/kg下降为8.3g/kg，水解氮为42mg/kg，有效磷由微量上升为10.9mg/kg，速效钾为150mg/kg，全氮由0.89g/kg下降为0.63g/kg，全盐为0.68g/kg，pH由7.1上升为8.1。

40～60cm土壤主要养分指标中，有机质为9.2g/kg，水解氮为35mg/kg，有效磷为0.5mg/kg，速效钾为150mg/kg，全氮为0.69g/kg，全盐为10.3g/kg，pH为7.9。土壤养分指标与0～20cm、20～40cm土层相比均明显下降，但盐分指标上升，应降低潜水，防止盐渍化。

2. 轻盐渍化砂壤表厚砂心滨海潮盐土

可利用面积为637.80hm^2，占全县农用地面积的0.89%，主要分布在纯化镇常家村以北的缓平(平)坡地上。地面高程为8m，潜水埋深为1.5m，矿化度为7.1g/L。自然植被多为芦苇、茅草、黄须菜等。

代表剖面：⊗09109，取自纯化镇河里村东、熊家村北(见图2-22)。

轻盐渍化砂壤表厚砂心滨海潮盐土理化性状如表2-41和表2-42所示。

⊗09109

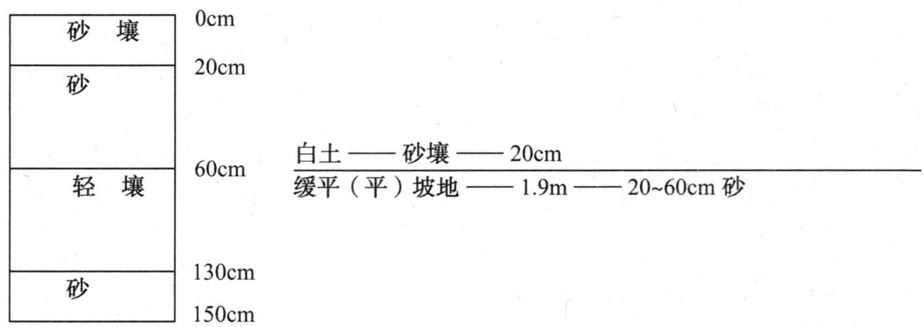

图 2-22　Db3 $\frac{3(一)}{2}$剖面图

剖面特征：0～20cm 为黄色砂壤，粒状结构，干、松，小孔隙、植物根系和动物穴多。20～60cm为黄色，砂粒状结构，潮湿、松，小孔隙和植物根系多，动物穴少。60～130cm 为黄色轻壤，碎块状结构，湿、松，小孔隙、植物根系和动物穴少。130～150cm 为黄色松砂，粒状结构，湿、松，小孔隙、植物根系和动物穴少。自然植被为茅草、芦草、马绊混生。

理化性状：表层有机质为 5.2g/kg，全氮为 0.39g/kg，水解氮为 21mg/kg，有效磷为 40mg/kg，速效钾为 60mg/kg，pH 为 7.5，容重为 1.47g/cm^3，总孔隙度为 44.5%，毛管孔隙度为 34.1%，非毛管孔隙度为 10.4%。

心土层（20～60cm）有机质为 2.1g/kg，全氮为 0.16g/kg，水解氮微量，有效磷为 1.8mg/kg，速效钾为 40mg/kg，pH 为 7.6。

该剖面质地轻、厚砂心，养分含量低，盐分含量高，在生产中应采取综合改碱措施，使其向脱盐的方向发展，增施有机肥料，适当发展绿肥，培肥地力，变撂荒地为良田。

通过与第二次土壤普查时该剖面土壤理化指标对比分析，0～20cm 土壤主要养分指标中，有机质由 3.1g/kg 上升为 5.2g/kg，水解氮由 7mg/kg 上升为 21mg/kg，有效磷由 1.3mg/kg 上升为 40mg/kg，速效钾由 11mg/kg 上升为 60mg/kg，全氮由 0.24g/kg 上升为 0.39g/kg，全盐为 2.01g/kg，pH 由 7.3 上升为 7.5，容重由 1.4g/cm^3 上升为 1.47g/cm^3，总孔隙度由 46%下降为 44.5%，毛管孔隙度由 37%下降为 34.1%，非毛管孔隙度由 9%上升为 10.4%。土壤养分指标均有不同程度提高，其中有效磷、速效钾提高幅度最大，分别提高 38.7mg/kg、49mg/kg，pH 上升 0.2；土壤盐害是影响作物产量的主要因素，建议种植棉花等耐盐作物。

20～40cm 土壤主要养分指标中，有机质由 2.3g/kg 下降为 2.1g/kg，水解氮由 9mg/kg下降为微量，有效磷由 3.5mg/kg 下降为 1.8mg/kg，速效钾由 17mg/kg 上升为 40mg/kg，全氮为 0.16g/kg，全盐为 1.91g/kg，pH 由 7.5 上升为 7.6。

40～60cm 土壤主要养分指标中，有机质为 3.1g/kg，水解氮微量，有效磷为 3.2mg/kg，速效钾为 70mg/kg，全氮为 0.23g/kg，全盐为 2.02g/kg，pH 为 7.7。土壤养分指标与 0～20cm、20～40cm 土层相比均明显下降，但盐分指标较高，应加强农田水利设施建设，降低潜水，治理盐害。

全县各土种化学指标如表 2-43 所示，四大土类面积比例如图 2-23 所示。

表 2-41 轻盐渍化砂壤表厚砂心滨海潮盐土典型剖面化学性状对比表

剖面位置	经度	纬度	土种代号	土层深度(cm)	质地	pH		有机质(g/kg)		全氮(g/kg)		水解氮(mg/kg)		有效磷(mg/kg)		速效钾(mg/kg)		全盐(g/kg)
						1982 年	2010 年	1982 年	2010 年	1982 年	2010 年	1982 年	2010 年	1982 年	2010 年	1982 年	2010 年	2010 年
纯化镇河里村东、熊家村北	118°20′28.5″	37°16′2.3″	Db3 $\frac{3(一)}{2}$	0～20	砂壤(轻度)	7.3	7.5	3.1	5.2	0.24	0.39	7	21	1.3	40	11	60	2.01
				20～40		7.5	7.6	2.3	2.1	0.17	0.16	9	0	3.5	1.8	17	40	1.91
				40～60			7.7		3.1		0.23		0		3.2		70	2.02

表 2-42 轻盐渍化砂壤表厚砂心滨海潮盐土典型剖面物理性状对比表

剖面位置	经度	纬度	土种代号	土层深度(cm)	质地	容重(g/cm^3)		总孔隙度(%)		毛管孔隙度(%)		非毛管孔隙度(%)	
						1982 年	2010 年	1982 年	2010 年	1982 年	2010 年	1982 年	2010 年
纯化镇河里村东、熊家村北	118°20′28.5″	37°16′20.3″	Db3 $\frac{3(一)}{2}$	0～20	砂壤(轻度)	1.4	1.47	46	44.5	37	34.1	9	10.4
				20～40		1.4		46		39.5		6.5	
				40～60									

表 2-43

全县各土种主要化学指标分析表

土种名称	总可利用面积(hm^2)	pH	水溶性盐分总量(g/kg)	有机质(g/kg)	全氮(g/kg)	碱解氮(mg/kg)	有效磷(mg/kg)	速效钾(mg/kg)	缓效钾(mg/kg)	有效铁(mg/kg)	有效锰(mg/kg)	有效铜(mg/kg)	有效锌(mg/kg)
轻壤表均质壤冲积褐土	3425.13	7.7	0.24	15.2	0.94	90	25.9	135	816	8.12	7.69	0.57	1.22
中壤表均质壤冲积褐土	637.46	7.9	0.43	15.2	1	98	51.5	159	669	9.53	6.75	1.15	1.52
砂壤表厚壤心冲积褐土	1007	8.1	0.31	16.3	1.02	100	27.4	144	869	8.94	9.55	0.64	1.16
轻壤表厚黏心冲积褐土	1318.6	7.9	0.29	16.5	1.05	95	27.1	147	834	8.69	8.31	0.73	1.19
中壤表厚黏心冲积褐土	295.4	7.6	0.32	17.3	0.99	100	25.1	182	862	6.22	9.56	1.02	1.36
重壤表厚黏心冲积褐土	92.33	7.8	0.24	19.2	1.29	106	13.3	186	852	13.1	10.68	1.78	1.26
轻壤表均质壤冲积潮褐土	538.4	7.5	0.32	15	1.02	89	26.3	161	894	10.86	7.81	0.96	1.5
中壤表均质壤冲积潮褐土	951.93	7.9	0.42	16.9	1.15	101	30.2	151	643	11.12	6.46	1.27	1.57
中壤表厚黏心冲积潮褐土	1691.07	7.9	0.44	19.1	1.29	103	19.6	157	719	12.78	7.83	1.57	1.32
轻壤表厚黏心冲积潮褐土(湖区)	2284.87												
重壤表厚黏心冲积潮土	2380.73	7.5	0.36	18.5	1.18	109	34.3	179	870	14.68	9.41	1.46	1.35
轻壤表厚砂心滨海潮土	485.8	7.5	0.42	14.3	1.04	71	10.4	173	977	9.65	7.72	1.45	1.15
轻壤表厚砂腰滨海潮土	731.13	8	0.2	15.2	1.14	95	13.1	150	845	12.1	13.21	1.5	1.02
中壤表厚砂腰滨海潮土	573.73	8	0.29	16.9	1.23	91	25.2	185	1034	11.28	13.13	1.73	0.92
重壤表厚砂腰滨海潮土	292.2	8	0.23	15.9	1.22	94	29.2	202	901	12.55	11.2	1.71	1.39
重壤表厚壤心滨海潮土	1637.13	8	0.22	16.3	1.21	90	21.8	185	894	12.21	9.66	1.58	0.8
重壤表薄黏心滨海潮土	1384.4	8.1	0.24	18.2	1.43	107	36.5	203	946	11.65	8.25	1.78	1
轻壤表厚黏心滨海潮土	1581.33	7.9	0.21	15.5	1.06	97	24.7	137	842	13.36	10.51	1.43	0.93
中壤表厚黏心滨海潮土	5133.4	7.8	0.23	15.7	1.1	85	23.2	179	880	11.74	9.71	1.53	1.15
重壤表厚黏心滨海潮土	9510.93	7.9	0.22	17.2	1.25	95	24.9	210	926	12.36	11.5	1.71	1.04
轻壤表厚黏腰滨海潮土	283.07	7.8	0.24	16.3	1.13	94	21.3	170	836	11.52	8.75	1.85	2.99

续表

土种名称	总可利用面积(hm^2)	pH	水溶性盐分总量(g/kg)	有机质(g/kg)	全氮(g/kg)	碱解氮(mg/kg)	有效磷(mg/kg)	速效钾(mg/kg)	缓效钾(mg/kg)	有效铁(mg/kg)	有效锰(mg/kg)	有效铜(mg/kg)	有效锌(mg/kg)
中壤表厚黏腰滨海潮土	473.33	7.9	0.2	13.4	0.93	77	19.5	167	816	11.5	9.64	1.32	1.04
砂壤表均质砂滨海潮土	106.93	7.6	0.29	11.7	0.82	60	13.8	94	679	13.15	10.97	1.06	1.16
轻壤表均质壤滨海潮土	2086.47	7.7	0.48	13.8	1	73	22.8	140	759	9.82	9.52	1.26	0.92
中壤表均质壤滨海潮土	1107.2	7.9	0.23	16.4	1.14	97	16.3	147	880	11.36	10.33	1.48	1.13
重壤表均质黏滨海潮土	4717.2	8	0.2	15.9	1.19	95	19.2	165	858	11.86	9.42	1.35	0.96
重盐化轻壤表均质壤盐化潮土	151.73	8	0.47	16.2	1.23	93	14.9	168	886	12.63	8.83	1.43	1.31
轻盐化砂壤表厚砂心滨海盐化潮土	504	7.6	0.53	8.1	0.53	59	31.6	104	548	16.85	8.02	0.96	0.76
中盐化砂壤表厚砂心滨海盐化潮土	338.4	7.5	0.31	8	0.5	48	12.4	92	627	13.4	6.35	0.79	0.91
轻盐化轻壤表厚砂心滨海盐化潮土	988.6	7.7	0.29	12.7	0.92	79	21.4	126	686	11.47	8.13	1.21	0.78
中盐化轻壤表厚砂心滨海盐化潮土	285.4	7.6	0.43	9.7	0.69	57	14.9	118	730	14.2	7.85	1.31	1
轻盐化中壤表厚砂心滨海盐化潮土	2721.13	7.7	0.31	11.8	0.89	65	13.1	133	779	13.61	8.15	1.39	0.85
中盐化砂壤表厚砂腰滨海盐化潮土	75.87	8.1	0.31	9.9	0.62	49	7.2	128	812	15.1	14.8	2.18	2.66
轻盐化轻壤表厚砂腰滨海盐化潮土	1269.47	7.6	0.51	8.9	0.6	45	13.4	119	681	11.37	8.35	1.28	0.93
中盐化轻壤表厚砂腰滨海盐化潮土	1272.8	7.7	0.55	11.5	0.84	80	20.1	132	733	12.67	9.38	1.22	1.05
中盐化中壤表厚砂腰滨海盐化潮土	970.44	7.7	0.44	13	0.94	73	21.7	136	804	11.77	9.91	1.3	1.12
中盐化重壤表厚砂底滨海盐化潮土	88.13	7.9	0.3	16.6	1.21	88	26.9	164	856	10.8	12.2	1.6	0.88
轻盐化轻壤表薄黏心滨海盐化潮土	129.2	7.8	0.17	15	1.01	85	5.6	173	767	10.46	10.5	1.73	1.1
轻盐化轻壤表厚黏心滨海盐化潮土	757.67	7.5	0.51	12	0.8	68	27	148	769	16.13	8.18	1.48	1.17
重盐化轻壤表厚黏心滨海盐化潮土	299.47	7.4	0.37	13.3	0.97	83	20.3	168	855	11.75	8.71	1.31	1.07
轻盐化中壤表厚黏心滨海盐化潮土	393.53	7.8	0.35	15.9	0.93	92	17.8	159	801	16.04	8.92	1.22	1.14
中盐化中壤表厚黏心滨海盐化潮土	221.53	7.7	0.28	11.2	0.7	82	14.4	155	789	15.26	9.02	1.42	0.54

续表

土种名称	总可利用面积(hm^2)	pH	水溶性盐分总量(g/kg)	有机质(g/kg)	全氮(g/kg)	碱解氮(mg/kg)	有效磷(mg/kg)	速效钾(mg/kg)	缓效钾(mg/kg)	有效铁(mg/kg)	有效锰(mg/kg)	有效铜(mg/kg)	有效锌(mg/kg)
轻盐化砂壤表厚黏腰滨海盐化潮土	149.73	7.7	0.97	6.2	0.52	49	11.1	117	583	10.76	6.1	0.87	0.62
轻盐化轻壤表厚黏腰滨海盐化潮土	636.87	7.7	0.32	12.3	0.87	77	17.8	150	817	10.24	9.21	1.24	0.85
轻盐化中壤表厚黏底滨海盐化潮土	184.6	7.9	0.37	10.8	0.77	63	20.4	137	849	11.15	6.37	1.16	0.67
轻盐化砂壤表均质砂滨海盐化潮土	470.13	7.9	0.28	13.1	0.87	79	32.2	121	744	15.43	10.87	1.23	0.94
中盐化砂壤表均质砂滨海盐化潮土	739.53	7.6	0.29	8	0.61	56	16.5	81	505	10.56	5.83	0.58	0.75
重盐化砂壤表均质砂滨海盐化潮土	162	7.2	0.75	6.5	0.48	35	9.7	62	544	8.97	5.58	0.68	0.97
轻盐化轻壤表均质壤滨海盐化潮土	2361.73	7.6	0.51	11.5	0.87	68	15	132	815	11.83	8.48	1.54	1.23
中盐化轻壤表均质壤滨海盐化潮土	861.73	7.8	0.26	12.5	0.93	76	21.2	162	838	9.68	7.82	1.15	0.93
轻盐化中壤表均质壤滨海盐化潮土	457.4	7.7	0.35	10.7	0.74	70	13.9	135	824	11.22	8.01	2.46	0.73
中壤表厚黏心湿潮土	549.67	8	0.37	19.5	1.36	111	22.8	167	785	13.56	8.02	1.54	1.87
轻盐渍化砂壤表厚砂心滨海潮盐土	637.8	7.9	0.35	9.8	0.66	72	43.8	117	582	19	7.77	0.92	0.8
重盐渍化轻壤表厚砂腰滨海潮盐土	141.47	7.5	0.46	9.2	0.67	70	7.9	105	701	10.17	8.3	1.25	0.76
中盐渍化轻壤表厚黏心滨海潮盐土	881.87	7.2	1	9.5	0.64	68	28.8	132	747	13.38	6.88	1.2	0.84
重盐渍化砂壤表均质砂滨海潮盐土	1634.33	7.8	0.43	11.2	0.74	63	13.8	141	779	12.03	9.82	1.28	1.04
中盐渍化轻壤表均质壤滨海潮盐土	337.4	7.3	0.42	11.8	0.74	55	12.3	125	764	13.13	7.49	2.96	1.05
中壤表黑土裸露砂姜黑土	252.27	8	0.41	15.2	1.1	97	40.6	166	645	10.02	8.44	2.06	1.07
重壤表厚黑土心黑土裸露砂姜黑土	613.2	7.5	0.32	18.2	1.1	100	16	184	935	12.5	8.78	1.07	0.83
轻壤表厚黑土心薄覆盖砂姜黑土	4325.47	7.9	0.32	17.1	1.05	94	27.8	156	688	7	7.9	0.62	1.05
中壤表厚黑土腰厚覆盖砂姜黑土	270.73	7.5	0.32	14.9	0.95	74	17.2	140	764	10.52	8.88	0.73	0.98
重壤表厚黑土腰厚覆盖砂姜黑土	255.33	7.6	0.33	18.6	1.17	102	33.9	174	818	10.6	8.8	0.9	1.34
中壤表厚黑土心薄覆盖砂姜黑土	174	8	0.14	15.7	0.91	78	16.3	155	725	9.4	6.1	1.12	0.72
全县平均	71291.84	7.7	0.36	13.8	0.95	81	21.4	148	785	11.85	8.88	1.33	1.1

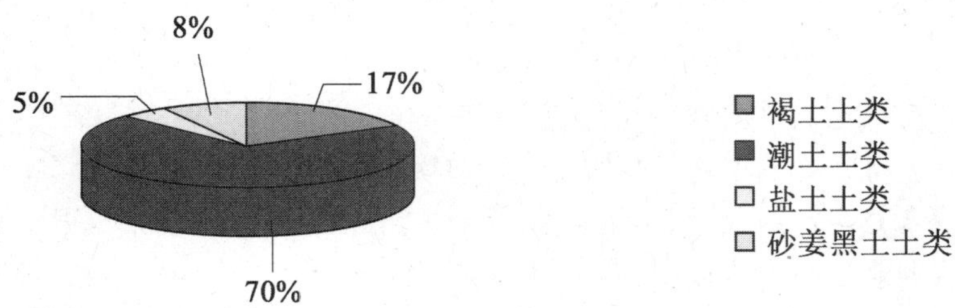

图 2-23 全县四大土类面积比例

三、全县四大土类 0～20cm 土层主要养分指标分析

博兴县分布面积最广的土类为潮土土类，面积为 49525.77hm²，占全县农用地面积的 69.47%；其次为褐土土类，面积为 12242.2hm²，占 17.17%；第三位是砂姜黑土土类，面积为 5891hm²，占 8.26%；盐土土类最少，面积 3632.87hm²，占 5.1%。

全县各土类 0～20cm 土壤主要化学性状对比如表 2-44 所示。

表 2-44　　全县各土类 0～20cm 土壤主要化学性状对比表

土类	可利用面积(hm²)	pH	水溶性盐分(g/kg)	有机质(g/kg)	全氮(g/kg)	碱解氮(mg/kg)	有效磷(mg/kg)	速效钾(mg/kg)	缓效钾(mg/kg)	有效铁(mg/kg)	有效锰(mg/kg)	有效铜(mg/kg)	有效锌(mg/kg)
褐土	12242.2	7.8	0.33	16.8	1.08	98	27.4	158	796	9.93	8.29	1.08	1.34
砂姜黑土	5891	7.7	0.31	16.6	1.05	91	25.3	163	763	10.01	8.15	1.08	1
潮土	49525.77	7.7	0.35	13.3	0.94	78	19.5	147	795	12.33	9.2	1.39	1.09
盐土	3632.87	7.5	0.53	10.3	0.69	66	21.3	125	715	13.54	8.05	1.52	0.9
全县	71291.84	7.7	0.38	14.2	0.94	83	23.4	148	767	11.45	8.43	1.27	1.08

通过对各土类有机质含量分析，全县土壤中褐土有机质含量最高，为 16.8g/kg，其次为砂姜黑土，为 16.6g/kg，第三为潮土，为 13.3g/kg，盐土最低，为 10.3g/kg。通过比较分析可知，全县小清河以南土壤有机质水平明显高于小清河以北的地区，这与较早开展秸秆还田、土壤种植结构以粮食为主、土壤熟化程度高、耕地地力基础好有关。

通过全县土类全盐含量分析，全县土壤中盐土全盐含量最高，为 0.53g/kg，其次为潮土，为 0.35g/kg，第三为褐土、砂姜黑土，为 0.31g/kg。通过比较分析，全县小清河以北土壤中全盐水平明显高于小清河以南，但小清河以南土壤全盐含量较 1982 年第二次土壤普查时有明显增高，生产过程中的次生盐渍化问题有上升趋势。

通过对各土类 pH 对比分析，全县土壤中褐土、潮土 pH 最高，为 7.8，其次为砂姜黑土，为 7.7，最低为盐土，为 7.6。通过比较分析，全县土壤 pH 较 1982 年的 7.1～7.6 有较大增高，碱化趋势明显。全县小清河以南土壤 pH 水平明显高于小清河以北的地区，这与化肥投入量大、潜水下降、降雨量少均有一定关系，生产中应注意调整，使土壤 pH 在作物适宜的范围内。

通过对各土类有效磷含量分析，全县土壤中褐土有效磷含量最高，为 27.38mg/kg，其次为砂姜黑土，为 25.28mg/kg，第三为盐土，为 21.29mg/kg，最低为潮土，为 19.52mg/kg。

通过对各土类速效钾含量分析，全县土壤中砂姜黑土速效钾含量最高，为163mg/kg，其次为褐土，为 158mg/kg，第三为潮土，为 148mg/kg，最低为盐土，为 125mg/kg。通过与第二次土壤普查资料对比分析，博兴县潮土、盐土土壤速效钾水平有所下降，褐土、砂姜黑土土壤速效钾水平有所提高，与黄河冲积成土地区群众重施磷肥、轻施钾肥有关。

通过对各土类缓效钾含量分析，全县土壤中潮土缓效钾含量最高，为 929mg/kg，其次为盐土，为 911mg/kg，第三为褐土，为 800mg/kg，最低为砂姜黑土，为 668mg/kg。土壤中缓效钾含量与速效钾含量分布差异较大，主要与生产施肥有关，同时也证明了施肥对土壤的影响作用。

通过对各土类水解氮含量分析，全县土壤中褐土水解氮含量最高，为 98mg/kg，其次为砂姜黑土，为 94mg/kg，第三为潮土，为 78mg/kg，最低为盐土，为 66mg/kg。

通过对各土类全氮含量分析，全县土壤中褐土含量最高，为 1.08g/kg，其次为砂姜黑土，为 1.05g/kg，第三为潮土，为 0.94g/kg，最低为盐土，为 0.69g/kg。

通过对各土类有效铜含量分析，全县土壤中盐土有效铜含量最高，为 1.52mg/kg，其次为潮土，为 1.39mg/kg，第三为褐土，为 1.08mg/kg，最低为砂姜黑土，为 1.08mg/kg。

通过对各土类有效锌含量分析，全县土壤中褐土有效锌含量最高，为 1.34mg/kg，其次为潮土，为 1.09mg/kg，第三为砂姜黑土，为 1mg/kg，最低为盐土，为 0.9mg/kg。

通过对各土类有效硼含量分析，全县土壤中潮土有效硼含量最高，为 1.09mg/kg，其次为盐土，为 1.07mg/kg，第三为褐土，为 0.97mg/kg，最低为砂姜黑土，为 0.81mg/kg。

通过对各土类有效铁含量分析，全县土壤中盐土有效铁含量最高，为 13.54mg/kg，其次为潮土，为 12.33mg/kg，第三为砂姜黑土，为 10.01mg/kg，最低为褐土，为 9.93mg/kg。

通过对各土类有效锰含量分析，全县土壤中潮土有效锰含量最高，为 9.2mg/kg，其次为褐土，为 8.29mg/kg，第三为砂姜黑土，为 8.15mg/kg，最低为盐土，为 8.05mg/kg。

四、全县主要土属表层土壤理化性状指标分析

全县各土属面积百分比如图 2-24 所示。

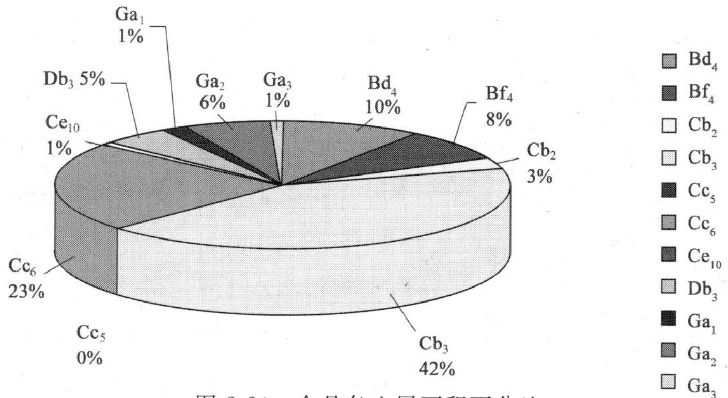

图 2-24 全县各土属面积百分比

博兴县分布面积最广的土属为滨海潮土土属，面积为 30104.27hm²，占农用地面积的 42.23%；其次为滨海盐化潮土土属，面积为 16339.37hm²，占 22.92%；第三位为冲积物褐土土属，面积为 6775.93hm²，占 9.5%；第四位是冲积物超褐土土属，面积为 5466.27hm²，占 7.67%；第五位是薄覆盖（≤30cm）砂姜黑土潮褐土土属，面积为 4499.47hm²，占 6.31%。

全县主要土属 0～20cm 土壤主要指标如表 2-45 和表 2-46 所示。

表 2-45　　全县主要土属 0～20cm 土壤主要化学指标分析

土属	水解氮 (mg/kg)		有效磷 (mg/kg)		有机质 (g/kg)		全氮 (g/kg)		速效钾 (mg/kg)		pH	
	2010 年	1982 年	2010 年	1982 年	2010 年	1982 年	2010 年	1982 年	2010 年	1982 年	2010 年	1982 年
Bd_4	98	30	28.4	8.5	16.6	9.4	1.05	0.65	159	37	7.8	7.5
Bf_4	98	38	25.4	9.8	17	11	1.15	0.77	156	39	7.8	7.3
Cb_2	110	43	34.3	7.3	18.5	12.6	1.18	0.88	179	51	7.5	
Cb_3	89	36	21.5	6.9	15.5	11.6	1.13	0.84	167	68	7.9	7.4
Cc_5	94	36	14.9	11.8	16.2	11.6	1.23	0.85	168	81	8	
Cc_6	68	28	17.7	7.6	11.2	9.2	0.78	0.64	131	66	7.7	7.4
Ce_{10}	111	49	22.8	8.8	19.5	15.8	1.36	0.81	167	78	8	7.5
Db_3	66	25	21.3	4.6	10.3	8.5	0.69	0.64	124	47	7.6	7.5
Ga_1	98	34	28.3	4.8	16.7	12.3	1.1	0.81	175	38	7.8	
Ga_2	86	38	22	8.1	16.4	10.5	0.98	0.78	156	34	8	
Ga_3	88	28	25.5	5.4	16.8	9.8	1.06	0.7	158	27	7.6	7.5

土属名称	可利用面积（hm²）	水溶性盐分总量（g/kg）	缓效钾（mg/kg）	有效铁（mg/kg）	有效锰（mg/kg）	有效铜（mg/kg）	有效锌（mg/kg）
冲积物褐土土属	6775.93	0.3	817	9.1	8.76	0.98	1.29
冲积物潮褐土土属	5466.27	0.39	753	11.59	7.37	1.27	1.46
潮土土属	2380.73	0.36	870	14.68	9.41	1.46	1.35
滨海潮土土属	30104.27	0.26	872	11.74	10.24	1.52	1.17
盐化潮土土属	151.73	0.47	886	12.63	8.83	1.43	1.31
滨海盐化潮土土属	16339.37	0.41	740	12.53	8.61	1.3	0.99
湿潮土土属	549.67	0.37	786	13.56	8.02	1.54	1.87
滨海潮盐土土属	3632.87	0.53	715	13.54	8.05	1.52	0.9
黑土裸露砂姜黑土土属	865.47	0.37	791	11.26	8.61	1.57	0.95
薄覆盖砂姜黑土土属	4499.47	0.23	706.7	8.2	7	0.87	0.89
厚覆盖砂姜黑土土属	526.06	0.33	791.67	10.56	8.84	0.82	1.16
全　县	71291.84	0.37	793.46	11.76	8.52	1.3	1.21

表 2-46　　全县主要土属 0～20cm 土壤主要物理指标分析

土属	可利用面积（hm^2）	容重（g/cm^3）		总孔隙度（%）		毛管孔隙度（%）		非毛管孔隙度（%）	
		2010 年	1982 年	2010 年	1982 年	2010 年	1982 年	2010 年	1982 年
Bd_4	6775.93	1.48	1.52	44	43	30.6	35.5	13.38	7.5
Bf_4	5466.27	1.29	1.25	51.3	53.1	31.2	46.4	20.1	6.7
Cb_2	2380.73	1.27	1.11	52.1	58.8	43.1	38.96	9.05	19.9
Cb_3	30104.27	1.42	1.26	46.6	53.56	34.8	29.87	11.8	17.7
Cc_5	151.73	1.73	1.07	34.7	59.4	32.9	46.04	1.8	13.43
Cc_6	16339.37	1.55	1.27	41.4	52.08	33.17	32.5	8.26	12
Ce_{10}	549.67	1.24	1.11	53.2	58.11	32	43.8	21.2	14.33
Db_3	3632.87	1.57	1.47	40.5	44.1	33.6	40	6.9	5.32
Ga_1	865.47	1.31	1.3	50.57	50.7	34.27	41.5	16.3	9.2
Ga_2	4499.47	1.73	1.27	34.7	52.08	27.3	37.6	7.4	14.4
Ga_3	526.06	1.45	1.65	45.15	52.4	33.47	40.5	14.7	11.9

由全县各土属有机质分析可知，与 1982 年第二次土壤普查对比，各土属均有明显提高，其中黄土厚覆盖（30～60cm）砂姜黑土土属由 9.8g/kg 提高到 16.8g/kg；冲积物褐土土属由 9.4g/kg 上升到 16.6g/kg；冲积物潮褐土土属由 11g/kg 上升到 17g/kg；其他土属均有不同程度上升。

由全县各土属全氮养分分析可知，与 1982 年第二次土壤普查对比各，土属均有明显提高，其中黄土覆盖（30～60cm）砂姜黑土土属由 0.7g/kg 提高到 1.06g/kg；冲积物褐土土属由 0.65g/kg 上升到 1.05g/kg；冲积物潮褐土土属由 0.77g/kg 上升到 1.15g/kg；其他土属均有不同程度上升，其中滨海潮盐土土属提高最少，仅 0.05g/kg。

土壤水解氮是全县各土属变化较大的养分指标，与 1982 年第二次土壤普查对比，各土属均有明显提高，其中黄土覆盖（30～60cm）砂姜黑土土属由 28mg/kg 提高到 88mg/kg；冲积物褐土土属由 30mg/kg 上升到 98mg/kg；冲积物潮褐土土属由 38mg/kg 上升到 98mg/kg；滨海潮土土属由 36mg/kg 上升到 89mg/kg；冲积湿潮土土属由 49mg/kg上升到 111mg/kg；滨海盐化潮土土属由 28mg/kg 上升到 68mg/kg，其他土属均有较大程度的上升。

土壤有效磷是全县各土属变化较大的养分指标，与 1982 年第二次土壤普查比对，各土属均有明显提高，其中黄土覆盖（30～60cm）砂姜黑土土属由 5.4mg/kg 提高到 25.5mg/kg；冲积物褐土土属由 8.5mg/kg 上升到 28.4mg/kg；滨海潮土土属由 6.9mg/kg上升到 21.5mg/kg；滨海盐化潮土土属由 7.6mg/kg 上升到 17.7mg/kg；冲积物潮褐土土属由 9.8mg/kg 上升到 25.4mg/kg；其他土属均有较大程度的上升。各土属有效磷虽有不同程度的提高，但有效磷含量仍表现缺乏，是作物高产的制约因子。

土壤速效钾是全县各土属变化最大的养分指标，与 1982 年第二次土壤普查比对，各土属均有明显提高，其中黄土覆盖（30～60cm）砂姜黑土土属由 27mg/kg 提高到 158mg/kg，提高近 6 倍；冲积物褐土土属由 37mg/kg 上升到 159mg/kg；冲积物潮褐土土属由 39mg/kg 上升到 156mg/kg；滨海潮土土属由 68mg/kg 上升到 167mg/kg；冲积湿潮土土属由 78mg/kg 上升到 163mg/kg；滨海盐化潮土土属由 66mg/kg 上升到 131mg/kg，其他土属均有较大程度的上升。土壤呈现富钾现象，应在施肥中加以调整。

土壤 pH 是全县各土属变化较大的指标，与 1982 年第二次土壤普查比对，各土属均有明显增高，其中冲积物潮褐土土属由 7.3 上升到 7.8；黄土覆盖（30～60cm）砂姜黑土土属由 7.5 提高到 7.6；冲积物褐土土属由 7.5 上升到 7.8；滨海潮土土属由 7.4 上升到 7.9；冲积湿潮土土属由 7.5 上升到 8；滨海盐化潮土土属由 7.4 上升到 7.7；其他土属均有较大上升。土壤呈现碱化趋势，应在施肥中加以调整。

全县各土属土壤容重主要表现为升高，与 1982 年第二次土壤普查比对，黄土覆盖（30～60cm）砂姜黑土土属由 1.65g/cm^3 下降到 1.45g/cm^3；冲积物褐土土属由 1.52g/cm^3 下降到 1.48g/cm^3；冲积物潮褐土土属由 1.25g/cm^3 上升到 1.29g/cm^3；滨海潮土土属由 1.26g/cm^3 上升到 1.42g/cm^3；冲积湿潮土由 1.11g/cm^3 上升到 1.24g/cm^3；滨海盐化潮土土属由 1.27g/cm^3 上升到 1.55g/cm^3；其他土属均有不同程度的上升。

全县各土属土壤总孔隙度主要表现为下降，与 1982 年第二次土壤普查比对，黄土覆盖（30～60cm）砂姜黑土土属由 52.4％下降到 45.15％；冲积物褐土土属由 43％上升到 44％；冲积物潮褐土土属由 53.1％下降到 51.3％；滨海潮土土属由 53.56％下降到 46.6％；冲积湿潮土由 58.11％下降到 53.2％；滨海盐化潮土土属由 52.08％下降到 41.4％；其他土属均有不同程度的下降。

全县各土属土壤毛管孔隙度主要表现为下降，与 1982 年第二次土壤普查比对，黄土覆盖（30～60cm）砂姜黑土土属由 40.5％下降到 33.47％；冲积物褐土土属由 35.5％下降到 30.6％；冲积物潮褐土土属由 46.4％下降到 31.2％；冲积湿潮土土属由 43.8％下降到 32％；滨海盐化潮土土属变化较小；滨海潮土土属由 29.87％上升到 34.8％。

全县各土属土壤非毛管孔隙度主要表现为上升，与 1982 年第二次土壤普查比对，黄土覆盖（30～60cm）砂姜黑土土属由 11.9％上升到 14.7％；冲积物褐土土属由 7.5％上升到 13.38％；冲积物潮褐土土属由 6.7％上升到 20.1％；滨海潮土土属由 17.7％下降到 11.8％，冲积湿潮土土属由 14.33％上升到 21.2％；滨海盐化潮土土属由 12％下降到 8.26％。小清河以北以潮土为主，非毛管孔隙度下降与秸秆还田、旋耕推广较晚有关。

根据对全县土属主要养分指标及物理性状指标进行分析可知，自第二次土壤普查以来，由于全县农业全面进入化石农业时代，土壤速效养分指标受化肥施用的数量及比例的影响巨大，同时耕作方式对土壤物理指标的影响非常大，且周期缩短，证明人为的耕作活动将成为影响土壤长效肥力和作物生产能力的主要因素，同时证明长期监测及实施测土配方施肥将成为培养土壤长期地力的主要手段。还可知全县土壤的主要养分指标，如有机质、水解氮、速效钾、有效磷均有不同程度的提高，并表现为各土属均有提高趋势，但各指标之间提高的比例并不同步，证明农民施肥对土壤肥力影响的程度非常大，由于农业近 30 年，特别是近 20 年来对化肥的过分依赖，导致土壤养分严重失调，碱度提高。如养分指标之间，水解氮、有效磷、有机质提高水平基本同步，速效钾提高水平较大可能与农民过量施钾有关。各土属均出现 pH 上升现象，与施肥和不合理灌溉有关，应值得注意。各土属物理性状指标表现为容重上升、总孔隙度下降、毛细孔隙度下降等现象，主要与农民不合理耕作有关，如土地长期旋耕，耕层不足 15cm，犁底层上升，长期机械作业对土壤碾压严重等。土壤养分比例失调、耕性下降将严重制约粮食产量提高，并导致耕地地力退化，不利于农业可持续发展，建议土壤深耕深松、配方施肥，并继续推广秸秆还田，增施有机肥。

五、全县主要土属在各镇分布及 0～20cm 养分分析

由于行政区划变迁，为与 1982 年土壤普查成果衔接，更能充分体现土壤肥力的变化，寨郝镇现属湖滨镇，蔡寨乡现属乔庄镇，博兴镇现分为 3 个街道办事处，分析中仍沿用 2000 年博兴县区划。

(一)褐土土属

全县褐土土属主要分布在寨郝镇、湖滨镇、兴福镇、曹王镇、店子镇，其中寨郝镇为 1085.6hm^2，占全县该土属面积的 12%；湖滨镇为 977.33hm^2，占 11%；兴福镇为 2307.19hm^2，占 26%；曹王镇为 1059hm^2，占 12%；店子镇为 3333.67hm^2，占 39%(见图 2-25)。

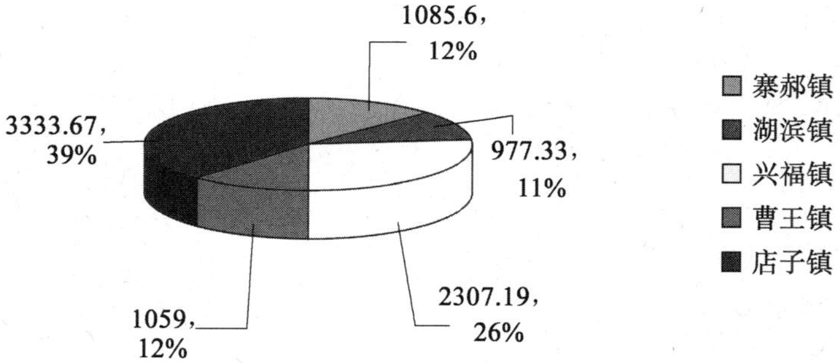

图 2-25 褐土总可利用面积(hm^2)

土壤有机质均在 15.3g/kg 以上，其中寨郝镇最高，为 16.9g/kg；其次为湖滨镇，为 16.2g/kg；最低为店子镇，为 15.4g/kg。

有效磷含量方面，寨郝镇最高，为 46.6g/kg；其次为店子镇，为 41.6g/kg；最低为兴福镇，为 26.2g/kg。

土壤 pH 均在 7.5～7.7，最高为湖滨镇，为 7.7；其次为店子镇、寨郝镇，为 7.6；曹王镇、兴福镇为 7.5。

速效钾均在 129mg/kg 以上，其中曹王镇最高，为 171mg/kg；其次为兴福镇，为 156mg/kg；最低为寨郝镇，为 129mg/kg。

水解氮均在 102mg/kg 以上，其中寨郝镇最高，为 113mg/kg；其次为湖滨镇，为 108mg/kg；最低为店子镇，为 102mg/kg。

有效铜均在 0.8mg/kg 以上，其中曹王镇最高，为 1.06mg/kg；其次为湖滨镇，为 1.03mg/kg；最低为兴福镇，为 0.8mg/kg。

有效锌在0.77mg/kg以上，其中店子镇最高，为1.08mg/kg；其次为湖滨镇，为1.07mg/kg；最低为店子镇，为0.77mg/kg。

有效硼均在0.83mg/kg以上，其中湖滨镇最高，为1.13mg/kg；其次为寨郝镇，为1.07mg/kg；最低为兴福镇，为0.83mg/kg。

有效铁均在5mg/kg以上，其中湖滨镇最高，为5.79mg/kg；其次为寨郝镇，为5.66mg/kg；最低为兴福镇，为5.02mg/kg。

有效锰均在9.29mg/kg以上，其中兴福镇最高，为22.76mg/kg；其次为店子镇，为16.92mg/kg；最低为湖滨镇，为9.29mg/kg。

（二）潮褐土土属

全县潮褐土土属主要分布在寨郝镇、湖滨镇、店子镇，其中寨郝镇为413.6hm^2，占全县该土属面积的18%；湖滨镇为1355.73hm^2，占57%；店子镇为583.13hm^2，占25%（见图2-26）。

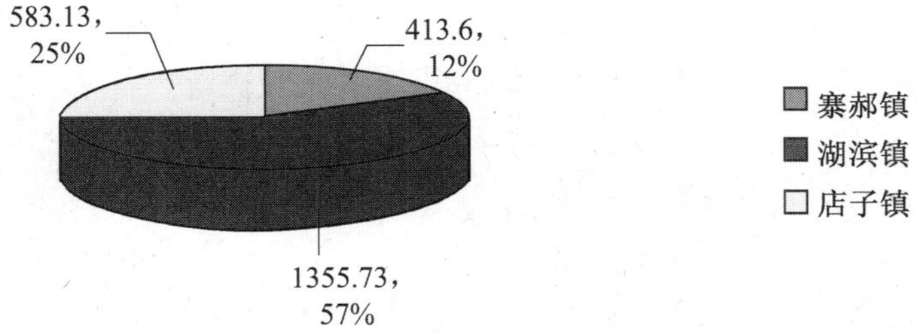

图2-26　潮褐土总可利用面积（hm^2）

该土属土壤有机质均在17g/kg以上，其中寨郝镇最高，为19.7g/kg；其次为湖滨镇，为18.1g/kg；最低为店子镇，为17.4g/kg。

有效磷含量方面，寨郝镇最高，为42.3g/kg；其次为湖滨镇，为36g/kg；最低为店子镇，为17.4g/kg。

土壤pH均在7.7～7.9，最高为店子镇，为7.9，其次为湖滨镇，为7.8，最低为寨郝镇，为7.7。

速效钾均在161mg/kg以上，其中店子镇最高，为214mg/kg；其次为寨郝镇，为208mg/kg；最低为湖滨镇，为161mg/kg。

水解氮均在121mg/kg以上，其中湖滨镇最高，为139mg/kg；最低为寨郝镇、店子镇，为121mg/kg。

有效铜均在1.98mg/kg以上，其中湖滨镇最高，为2.8mg/kg；其次为寨郝镇，为2.18mg/kg；最低为店子镇，为1.98mg/kg。

有效锌在0.95mg/kg以上，其中寨郝镇最高，为1.3mg/kg；其次为湖滨镇，为0.98mg/kg；最低为店子镇，为0.95mg/kg。

有效硼均在1.03mg/kg以上，其中店子镇最高，为1.11mg/kg；其次为湖滨镇，为1.09mg/kg；最低为寨郝镇，为1.03mg/kg。

有效铁均在6.34mg/kg以上，其中湖滨镇最高，为7.37mg/kg；其次为寨郝镇，为7.1mg/kg；最低为店子镇，为6.34mg/kg。

有效锰均在12.72mg/kg以上，其中湖滨镇最高，为18.55mg/kg；其次为店子镇，为15.66mg/kg；最低为寨郝镇，为12.72mg/kg。

（三）冲积潮土土属

全县潮土土属主要分布在寨郝镇、湖滨镇、店子镇，其中寨郝镇为1016.27hm²，占全县该土属面积的38%；湖滨镇为527.67hm²，占20%；店子镇为1147.2hm²，占42%（见图2-27）。

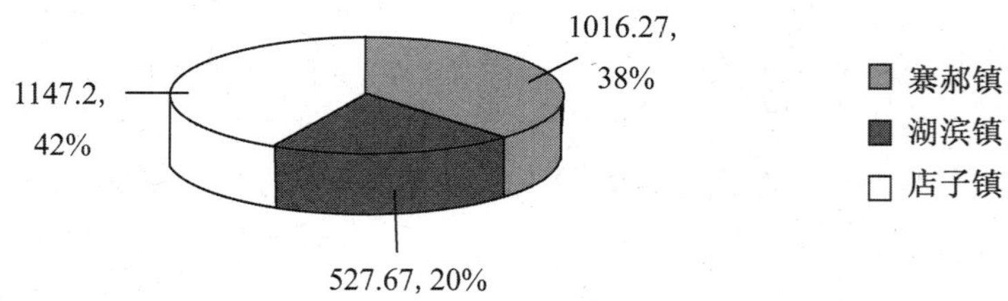

图2-27　冲积潮土总可利用面积（hm²）

有机质均在18.4g/kg以上，其中店子镇、寨郝镇最高，为19.2g/kg；最低为湖滨镇，为18.4g/kg。

有效磷含量方面，店子镇、寨郝镇最高，为53.9g/kg；其次为湖滨镇，为41.3g/kg。

土壤pH均在8～8.1，最高为店子镇、寨郝镇，为8，其次为湖滨镇，为8.1。

土壤速效钾均在183mg/kg以上，其中店子镇、寨郝镇最高，为211mg/kg；其次为湖滨镇，为183mg/kg。

土壤水解氮均在113mg/kg以上，其中店子镇、寨郝镇最高，为127mg/kg；湖滨镇最低，为113mg/kg。

有效铜均在1.37mg/kg以上，其中湖滨镇最高，为1.43mg/kg；其次为寨郝镇，为1.37mg/kg；最低为店子镇，为1.37mg/kg。

有效锌在0.87mg/kg以上，其中寨郝镇、店子镇最高，为0.9mg/kg；其次为湖滨镇，为0.87mg/kg。

有效硼均在1.02mg/kg以上，其中湖滨镇最高，为1.12mg/kg；其次为寨郝镇，为1.02mg/kg；最低为店子镇，为1.02mg/k。

有效铁均在6.37mg/kg以上，其中店子镇、寨郝镇为7.13mg/kg，湖滨镇为6.37mg/kg。

有效锰均在11.54mg/kg以上，其中店子镇、寨郝镇为13.02mg/kg；湖滨镇为11.54mg/kg。

（四）滨海潮土土属

全县滨海潮土土属主要分布在博兴镇、吕艺镇、原陈户镇、寨郝镇、纯化镇、庞家镇、湖滨镇、蔡寨乡，其中博兴镇为6410.93hm²，占全县该土属面积的24%；吕艺镇为7241.87hm²，占27%；原陈户镇为5800.4hm²，占22%；寨郝镇为416.07hm²，占2%；纯化镇为1879.6hm²，占7%；庞家镇为3440.2hm²，占13%；湖滨镇为399hm²，1%；蔡寨镇为1126.53hm²，占4%（见图2-28）。

该土属土壤有机质均在12.5g/kg以上，其中博兴镇最高，为17.8g/kg；其次为湖滨镇，为 17.6g/kg；最低为纯化镇，为 12.5g/kg。

该土属有效磷含量方面，博兴镇最高，为 45.8g/kg；其次为湖滨镇，为 41.9g/kg；最低为原陈户镇，为 28.1g/kg。

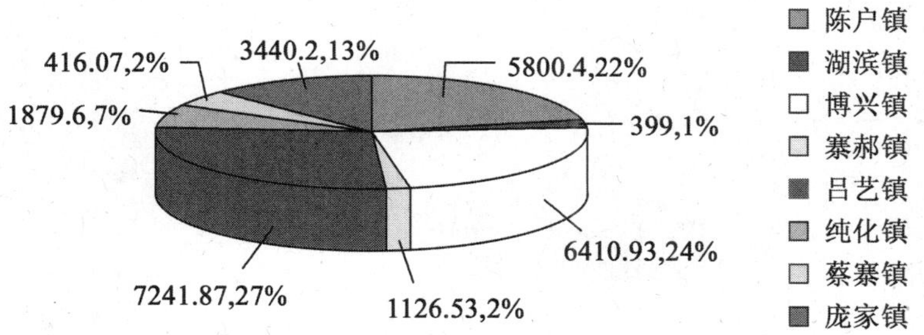

图 2-28　滨海潮土总可利用面积(hm^2)

土壤 pH 均在 7.8～8，最高为吕艺镇、陈户镇、庞家镇、湖滨镇，为 8，其次为纯化镇、博兴镇，为 7.9，寨郝镇、蔡寨镇为 7.8。

速效钾均在 125mg/kg 以上，其中博兴镇最高，为 259mg/kg；其次为湖滨镇，为 220mg/kg；最低为纯化镇，为 125mg/kg。

水解氮均在 86mg/kg 以上，其中吕艺镇最高，为 115mg/kg；其次为寨郝镇，为 112mg/kg；纯化镇最低，为 85mg/kg。

有效铜均在 1.23mg/kg 以上，其中湖滨镇最高，为 3.52mg/kg；其次为原陈户镇，为 3.04mg/kg；最低为蔡寨镇，为 1.23mg/kg。

有效锌在 0.69mg/kg 以上，其中湖滨镇最高，为 0.9mg/kg；其次为博兴镇，为 0.85mg/kg；最低为蔡寨镇，为 0.69mg/kg。

有效硼均在 0.9mg/kg 以上，其中蔡寨镇最高，为 1.29mg/kg；其次为纯化镇，为 1.13mg/kg；最低为吕艺镇，为 0.9mg/k。

有效铁均在 6.1mg/kg 以上，其中原陈户镇最高，为 8.15mg/kg；其次为寨郝镇，为 7.46mg/kg；最低为湖滨镇，为 6.1mg/kg。

有效锰均在 10.89mg/kg 以上，其中原陈户镇最高，为 19.41mg/kg；其次为湖滨镇，为 18.98mg/kg；最低为庞家镇，为 10.89mg/kg。

(五)滨海盐化潮土土属

全县滨海盐化潮土土属主要分布在原乔庄乡、博兴镇、吕艺镇、原陈户镇、纯化镇、庞家镇、蔡寨乡，原乔庄乡为 5137.33hm^2，占全县该土属面积的 32%；博兴镇为 522.4hm^2，占 3%；吕艺镇为 1134hm^2，占 7%；原陈户镇为 2115.9hm^2，占 14%；纯化镇为 3857.87hm^2，占 25%；庞家镇为 929.53hm^2，占 6%；蔡寨镇为 1973.73hm^2，占 13%(见图 2-29)。

该土属土壤有机质均在 10.1g/kg 以上，其中博兴镇最高，为 15.1g/kg；其次为庞家镇，为 14.9g/kg；最低为原乔庄乡，为 10.1g/kg。

该土属土壤有效磷含量方面，吕艺镇最高，为 56.7g/kg；其次为庞家镇，为44.9g/kg；最低为原陈户镇，为 27.7g/kg。

土壤 pH 均在 7.7～8，最高为吕艺镇、原陈户镇，为 8，其次为纯化镇为 7.9，蔡寨镇、乔庄镇为 7.7。

速效钾均在 115mg/kg 以上，其中原陈户镇最高，为 184mg/kg；其次为博兴镇，为 181mg/kg；最低为原乔庄乡，为 115mg/kg。

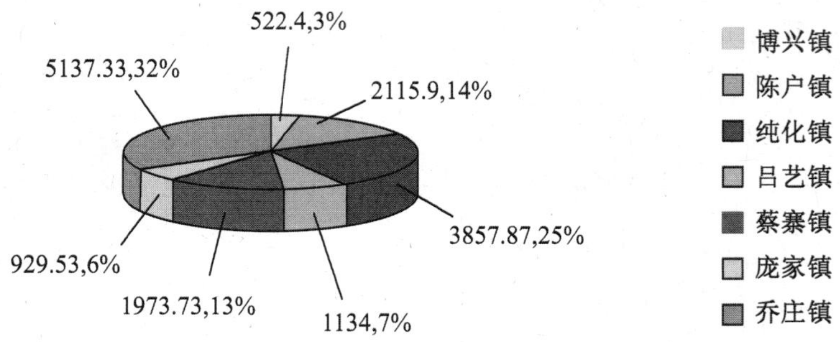

图 2-29　滨海盐化潮土总可利用面积(hm^2)

水解氮均在 80mg/kg 以上，其中吕艺镇最高，为 106mg/kg；其次为博兴镇，为 105mg/kg；原乔庄乡最低，为 80mg/kg。

有效铜均在 1.01mg/kg 以上，其中博兴镇最高，为 3.51mg/kg；其次为原陈户镇，为 1.99mg/kg；最低为庞家镇，为 1.01mg/kg。

有效锌在 0.66mg/kg 以上，其中庞家镇最高，为 0.85mg/kg；其次为博兴镇，为 0.74mg/kg；最低为原陈户镇，为 0.66mg/kg。

有效硼均在 1mg/kg 以上，其中原乔庄乡最高，为 1.38mg/kg；其次为蔡寨乡，为 1.33mg/kg；最低为吕艺镇，为 1mg/kg。

有效铁均在 6.3mg/kg 以上，其中蔡寨乡最高，为 8.36mg/kg；其次为原陈户镇，为 8.26mg/kg；最低为吕艺镇，为 6.3mg/kg。

有效锰均在 9.65mg/kg 以上，其中博兴镇最高，为 16.01mg/kg；其次为原陈户镇，为 14.14mg/kg；最低为原乔庄乡，为 9.65mg/kg。

(六)滨海潮盐土土属

全县滨海潮盐土土属主要分布在原乔庄乡、原陈户镇、庞家镇，其中庞家镇为 842.2hm^2，占全县该土属面积的 45%；原陈户镇为 709.33hm^2，占 37%；原乔庄乡为 347.67hm^2，占 18%(见图 2-30)。

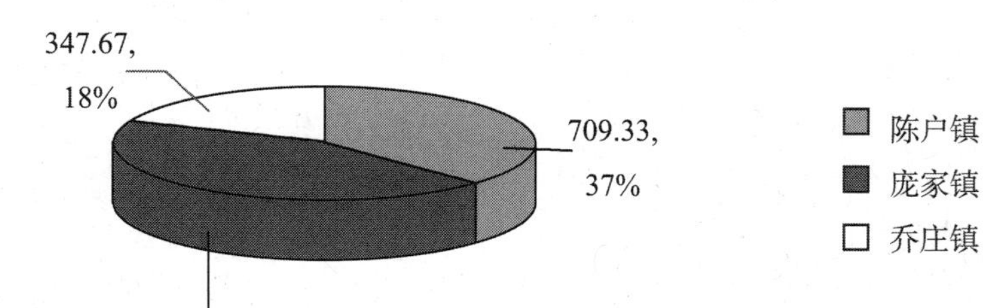

图 2-30　滨海潮盐土总可利用面积(hm^2)

该土属土壤有机质均在12.2g/kg以上，其中原乔庄乡最高，为14.5g/kg；其次为庞家镇，为13.8g/kg；最低为原陈户镇，为12.2g/kg。

该土属土壤有效磷含量方面，原陈户镇最高，为32.3g/kg；其次为庞家镇，为25.8g/kg；最低为原乔庄乡，为22.2g/kg。

土壤pH均在7.6～7.7，最高为原陈户镇，为7.7，其次为原乔庄乡，为7.6。

速效钾均在120mg/kg以上，其中原乔庄乡最高，为150mg/kg；其次为庞家镇，为134mg/kg；最低为原陈户镇，为120mg/kg。

水解氮均在85mg/kg以上，其中原陈户镇最高，为98mg/kg；其次为庞家镇，为91mg/kg；原乔庄乡最低，为85mg/kg。

有效铜均在0.96mg/kg以上，其中原陈户镇最高，为1.92mg/kg；其次为庞家镇，为1.23mg/kg；最低为原乔庄乡，为0.96mg/kg。

有效锌在0.63mg/kg以上，其中原乔庄乡最高，为0.72mg/kg；其次为庞家镇，为0.72mg/kg；最低为原陈户镇，为0.63mg/kg。

有效硼均在1mg/kg以上，其中原乔庄乡最高，为1.13mg/kg；其次为庞家镇，为1.1mg/kg；最低为原陈户镇，为1mg/kg。

有效铁均在5.09mg/kg以上，其中原陈户镇最高，为9.11mg/kg；其次为庞家镇，为5.92mg/kg；最低为原乔庄乡，为5.09mg/kg。

有效锰均在10.35mg/kg以上，其中原陈户镇最高，为15.21mg/kg；其次为庞家镇，为10.54mg/kg；最低为原乔庄乡，为10.35mg/kg。

（七）黑土裸露砂姜黑土土属

全县黑土裸露砂姜黑土土属土壤主要分布在兴福镇、店子镇、湖滨镇，其中湖滨镇为289.4hm²，占该土属面积的38.38%；兴福镇为161.53hm²，占21.42%；店子镇为304hm²，占40.32%（见图2-31）。

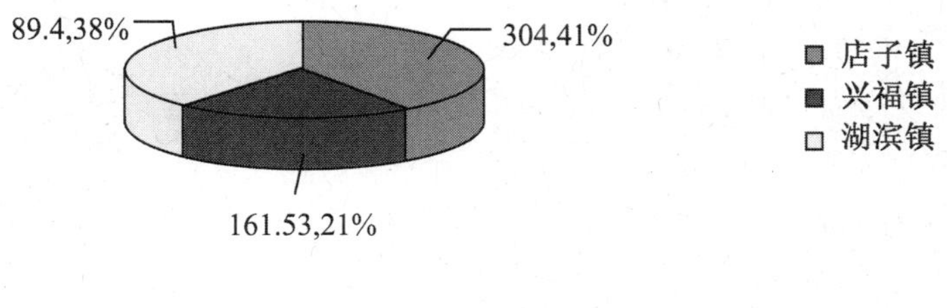

图2-31　黑土裸露砂姜黑土总可利用面积（hm²）

土壤有机质均在17.6g/kg以上，其中湖滨镇最高，为18.4g/kg；其次为店子镇，为17.9g/kg；最低为兴福镇，为17.6g/kg。

有效磷含量方面，湖滨镇最高，为22.7g/kg；其次为店子镇，为16.9g/kg；最低为兴福镇，为14g/kg。

土壤pH均在7.4～8，最高为湖滨镇，为8，其次为兴福镇，为7.8，店子镇也为7.8。

速效钾均在120mg/kg以上，其中店子镇最高，为184mg/kg；其次为湖滨镇，为171mg/kg；最低为兴福镇，为120mg/kg。

水解氮均在 94mg/kg 以上，其中湖滨镇最高，为 106mg/kg；其次为店子镇，为 100mg/kg；兴福镇最低，为 94mg/kg。

有效铜均在 0.94mg/kg 以上，其中湖滨镇最高，为 1.77mg/kg；其次为店子镇，为 0.94mg/kg。

有效锌均在 0.85mg/kg 以上，其中湖滨镇最高，为 0.88mg/kg；店子镇最低，为 0.85mg/kg。

有效铁均在 10.68mg/kg 以上，其中店子镇最高，为 12.6mg/kg；其次为湖滨镇，为 10.68mg/kg。

有效锰均在 7.46mg/kg 以上，其中店子镇最高，为 9.36mg/kg；其次为湖滨镇，为 7.46mg/kg。

（八）薄覆盖砂姜黑土土属

全县薄覆盖砂姜黑土土属土壤主要分布在兴福镇、曹王镇、湖滨镇，其中曹王镇为 3003.27hm²，占该土属面积的 66.39%；兴福镇为 1469.94hm²，占 32.47%；湖滨镇为 51.53hm²，占 1.14%（见图 2-32）。

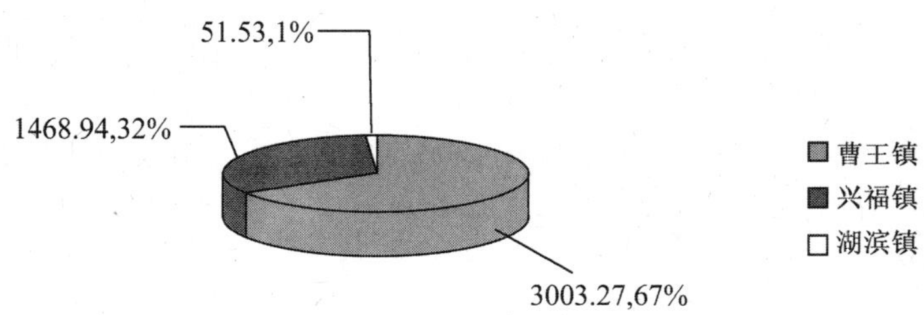

图 2-32　薄覆盖砂姜黑土总可利用面积（hm²）

土壤有机质均在 15.7g/kg 以上，其中曹王镇最高，为 17.4g/kg；其次为兴福镇，为 16.4g/kg；最低为湖滨镇，为 15.7g/kg。

有效磷含量方面，曹王镇最高，为 28.4g/kg；其次为兴福镇，为 26.9g/kg；最低为湖滨镇，为 16.3g/kg。

土壤 pH 均在 7.8～8，最高为湖滨镇，为 8，兴福镇为 7.8。

速效钾均在 128mg/kg 以上，其中店子镇最高，为 175mg/kg；其次为曹王镇，为 173mg/kg；最低为兴福镇，为 138mg/kg。

水解氮均在 99mg/kg 以上，其中曹王镇最高，为 170mg/kg；其次为湖滨镇，为 155mg/kg；兴福镇最低，为 128mg/kg。

有效铜均在 0.54mg/kg 以上，其中湖滨镇最高，为 1.12mg/kg；其次为兴福镇，为 0.76mg/kg；最低为曹王镇，为 0.54mg/kg。

有效锌在 0.72mg/kg 以上，其中兴福镇最高，为 1.13mg/kg；其次为曹王镇，为 1.03mg/kg；最低为湖滨镇，为 0.72mg/kg。

有效铁均在 5.91mg/kg 以上，其中湖滨镇最高，为 9.4mg/kg；其次为兴福镇，为 9.33mg/kg；最低为曹王镇，为 5.91mg/kg。

有效锰均在6.1mg/kg以上，其中兴福镇最高，为8.28mg/kg；其次为曹王镇，为7.78mg/kg；最低为湖滨镇，为6.1mg/kg。

（九）厚覆盖砂姜黑土土属

全县厚覆盖砂姜黑土土属土壤主要分布在店子镇，共602.93hm^2。

有机质为16.4g/kg，有效磷为27mg/kg，pH为7.5，速效钾为156mg/kg，水解氮为86mg/kg，有效铜为0.75mg/kg，有效锌为1.19mg/kg，有效铁为10.52mg/kg，有效锰为9.02mg/kg。

全县主要土属的化学指标如表2-47至表2-55所示。

六、全县不同质土壤理化性状分析

从全县土壤表层质地来分，境内土壤可分为砂壤、轻壤、中壤、重壤4个种类，其中轻壤面积最大，其次是重壤、中壤，砂壤面积最小。

（一）砂壤土

砂壤土主要分布在乔庄、纯化镇黄河沿岸，其他镇亦有零星分布，面积为5825.73hm^2，占全县农用地面积的8.17%。该土松散、干燥、性热，发小苗，有前劲，保水、保肥力差，养分易流失。

（二）轻壤土

各镇均有分布，面积为27435.67hm^2，占全县农用地面积的38.48%。该土具有一定的保水、保肥能力，通气、透水性良好。

（三）中壤土

亦称“小红土”，遍布全县各镇，面积为17058.83hm^2，占全县农用地面积的23.93%。该土砂黏比较适当，兼有砂性土和黏性土的长处，保水、保肥性好，水、热、气、肥协调，肥力平缓。

（四）重壤土

重壤土主要分布在博兴镇、原陈户镇、吕艺镇、店子镇、湖滨镇、庞家镇，面积为20971.6hm^2，占全县农用地面积的29.42%。该土质地黏重，保水、保肥力强，透水、透气力差，性冷，不发小苗，有后劲。

全县不同土壤表层质地可利用面积如图2-33所示。

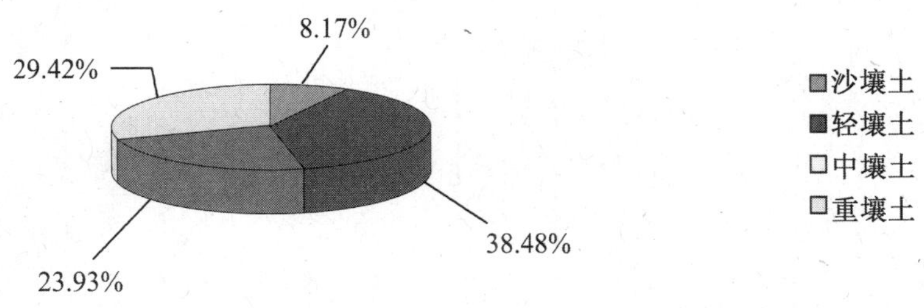

图2-33　全县不同土壤表层质地可利用面积

表 2-47　全县褐土土属表层土壤化学指标分析表

乡　镇	土属	总可利用面积（hm^2）	pH	有机质（g/kg）	有效磷（mg/kg）	速效钾（mg/kg）	水解氮（mg/kg）	全氮（g/kg）	缓效钾（mg/kg）	有效铜（mg/kg）	有效锌（mg/kg）	有效铁（mg/kg）	有效锰（mg/kg）	有效硼（mg/kg）
寨郝镇	Bd_4	1085.6	7.6	16.9	46.6	129	113	1.07	851	1.02	1.07	5.66	13.34	1.07
湖滨镇	Bd_4	977.3	7.7	16.2	35.1	132	108	1.18	736	1.03	0.77	5.79	9.29	1.13
兴福镇	Bd_4	2307.2	7.5	15.4	26.2	156	102	1.04	826	0.8	1	5.02	22.76	0.83
曹王镇	Bd_4	1059	7.5	15.6	37.4	171	102	0.84	789	1.06	0.97	5.49	16.89	0.92
店子镇	Bd_4	3333.7	7.6	15.4	41.6	150	111	0.9	754	0.98	1.08	5.4	16.92	0.94

表 2-48　全县潮褐土土属表层土壤化学指标分析表

乡　镇	土属	总可利用面积	pH	有机质（g/kg）	有效磷（mg/kg）	速效钾（mg/kg）	水解氮（mg/kg）	全氮（g/kg）	缓效钾（mg/kg）	有效铜（mg/kg）	有效锌（mg/kg）	有效铁（mg/kg）	有效锰（mg/kg）	有效硼（mg/kg）
寨郝镇	Bf_4	413.6	7.7	19.7	42.3	208	121	1.36	827	2.18	1.3	7.1	12.72	1.03
湖滨镇	Bf_4	1355.7	7.8	18.1	36	161	139	1.19	830	2.8	0.98	7.37	18.55	1.09
店子镇	Bf_4	582.1	7.9	17.4	32.9	214	121	1.1	909	1.98	0.95	6.34	15.66	1.11

表 2-49　全县潮土土属表层土壤化学指标分析表

乡　镇	土属	总可利用面积	pH	有机质（g/kg）	有效磷（mg/kg）	速效钾（mg/kg）	水解氮（mg/kg）	全氮（g/kg）	缓效钾（mg/kg）	有效铜（mg/kg）	有效锌（mg/kg）	有效铁（mg/kg）	有效锰（mg/kg）	有效硼（mg/kg）
寨郝镇	Cb_2	1016.3	8.1	19.2	53.9	211	127	1.14	791	1.37	0.9	7.13	13.02	1.02
湖滨镇	Cb_2	527.7	8	18.4	41.2	183	113	1.14	895	1.43	0.87	6.37	11.54	1.12
店子镇	Cb_2	1147.2	8.1	19.2	53.9	211	127	1.14	791	1.37	0.9	7.13	13.02	1.02

表 2-50 全县滨海潮土土属表层土壤化学指标分析表

乡镇	土属	总可利用面积	pH	有机质(g/kg)	有效磷(mg/kg)	速效钾(mg/kg)	水解氮(mg/kg)	全氮(g/kg)	缓效钾(mg/kg)	有效铜(mg/kg)	有效锌(mg/kg)	有效铁(mg/kg)	有效锰(mg/kg)	有效硼(mg/kg)
博兴镇	Cb_3	6410.9	7.9	17.8	45.8	259	112	1.39	1044	3.02	0.85	6.47	18.92	1.06
吕艺镇	Cb_3	7241.9	8	15.4	41.3	176	115	1.04	949	1.5	0.74	6.97	12.37	0.9
陈户镇	Cb_3	5800.4	8	16.4	28.1	211	97	1.14	1003	3.04	0.78	8.15	19.41	1.05
寨郝镇	Cb_3	416.1	8	16.7	36.8	198	112	1.1	984	2.15	0.77	7.46	14.83	0.92
纯化镇	Cb_3	1879.6	7.9	12.5	30.7	125	86	0.98	856	1.24	0.82	6.34	11.6	1.13
庞家镇	Cb_3	3440.2	8	15.3	36.8	198	95	1.04	1019	1.53	0.71	6.23	10.89	1.06
湖滨镇	Cb_3	399	8	17.6	41.9	220	111	1.26	1006	3.52	0.9	6.1	18.98	1.05
蔡寨乡	Cb_3	1126.5	7.8	12.8	37.7	171	88	0.83	877	1.23	0.69	7.41	11.04	1.29

表 2-51 全县盐化潮土土属表层土壤化学指标分析表

乡镇	土属	总可利用面积	pH	有机质(g/kg)	有效磷(mg/kg)	速效钾(mg/kg)	水解氮(mg/kg)	全氮(g/kg)	缓效钾(mg/kg)	有效铜(mg/kg)	有效锌(mg/kg)	有效铁(mg/kg)	有效锰(mg/kg)	有效硼(mg/kg)
寨郝镇	Cc5	183.2	8.2	16.4	22.7	177	115	0.95	919	1.35	0.8	5.7	11.02	1.04

表 2-52 全县滨海盐化潮土土属表层土壤化学指标分析表

乡镇	土属	总可利用面积	pH	有机质(g/kg)	有效磷(mg/kg)	速效钾(mg/kg)	水解氮(mg/kg)	全氮(g/kg)	缓效钾(mg/kg)	有效铜(mg/kg)	有效锌(mg/kg)	有效铁(mg/kg)	有效锰(mg/kg)	有效硼(mg/kg)
乔庄镇	Cc_6	5137.3	7.7	10.1	34.1	115	80	0.66	752	1.08	0.66	7.18	9.65	1.38
博兴镇	Cc_6	522.4	8	15.1	30.3	181	105	1.31	993	3.51	0.74	7.32	16.01	1
吕艺镇	Cc_6	1134	8	13.9	56.7	178	106	0.95	969	1.3	0.71	6.3	10.81	1
陈户镇	Cc_6	2115.9	8	14.7	27.7	184	94	1.06	1028	1.99	0.66	8.26	14.14	1.11
纯化镇	Cc_6	3857.9	7.9	11.6	37.8	129	87	0.87	833	1.21	0.74	6.59	11.33	1.1
庞家镇	Cc_6	929.5	7.8	14.9	44.9	123	92	0.92	925	1.01	0.85	7.62	9.89	1.12
蔡寨镇	Cc_6	1973.7	7.7	12.8	32.4	146	87	0.85	839	1.37	0.71	8.36	10.72	1.33

表 2-53 全县湿潮土土属表层土壤化学指标分析表

乡镇	土属	总可利用面积	pH	有机质(g/kg)	有效磷(mg/kg)	速效钾(mg/kg)	水解氮(mg/kg)	全氮(g/kg)	缓效钾(mg/kg)	有效铜(mg/kg)	有效锌(mg/kg)	有效铁(mg/kg)	有效锰(mg/kg)	有效硼(mg/kg)
湖滨镇	Ce_{10}	521.1	8.1	19.9	19.1	207	132	1.38	914	3.04	1.41	7.64	19.04	1.04

表 2-54 全县滨海潮盐土土属表层土壤化学指标分析表

乡镇	土属	总可利用面积	pH	有机质 (g/kg)	有效磷 (mg/kg)	速效钾 (mg/kg)	水解氮 (mg/kg)	全氮 (g/kg)	缓效钾 (mg/kg)	有效铜 (mg/kg)	有效锌 (mg/kg)	有效铁 (mg/kg)	有效锰 (mg/kg)	有效硼 (mg/kg)
乔庄镇	Db_3	347.7	7.6	14.5	22.2	150	85	0.73	830	0.96	0.72	5.09	10.35	1.13
陈户镇	Db_3	709.3	7.7	12.2	32.3	120	98	0.92	879	1.92	0.63	9.11	15.21	1
庞家镇	Db_3	842.2	7.6	13.8	25.8	134	91	0.9	971	1.23	0.72	5.92	10.54	1.1

表 2-55 全县砂姜黑土土属表层土壤化学指标分析表

乡镇	土属	可利用面积 (hm^2)	pH	水溶性盐分总量 (g/kg)	有机质 (g/kg)	全氮 (g/kg)	碱解氮 (mg/kg)	有效磷 (mg/kg)	缓效钾 (mg/kg)	速效钾 (mg/kg)	有效铁 (mg/kg)	有效锰 (mg/kg)	有效铜 (mg/kg)	有效锌 (mg/kg)
店子镇	Ga_1	304	7.4	0.36	17.9	1.08	100	16.9	887	184	12.6	9.36	0.94	0.85
兴福镇	Ga_1	161.5	7.8	0.31	17.6	1.3	94	14		120				
湖滨镇	Ga_1	289.4	8	0.36	18.4	1.3	106	22.7	781	171	10.68	7.46	1.77	0.88
曹王镇	Ga_2	3003.7	8	0.34	17.4	1.07	95	28.4	686	170	5.91	7.78	0.54	1.03
兴福镇	Ga_2	1468.9	7.8	0.27	16.4	1	96	26.9	662	128	9.33	8.28	0.76	1.13
湖滨镇	Ga_2	51.5	8	0.14	15.7	0.91	78	16.3	725	155	9.4	6.1	1.12	0.72
店子镇	Ga_3	602.9	7.5	0.32	16.4	1.02	86	27	788	156	10.52	9.02	0.75	1.19

通过对全县不同质地土壤0～20cm耕层养分指标进行分析，同时与1982年第二次土壤普查成果对比分析，全县土壤养分变化及分布情况如下：

土壤pH方面，中壤最高，为7.9，其次为重壤土，为7.8，第三位为砂壤，为7.7，最低为轻壤，为7.6。从土壤pH分布看，表层质地黏重，pH高。

全县表现出次生盐渍化现象。从不同土壤质地比较，砂壤全盐含量最高，为0.44g/kg，其次为轻壤，为0.39g/kg，中壤为0.34g/kg，重壤为0.27g/kg。全县轻壤、砂壤盐化程度高于中壤、重壤，轻壤土种主要分布在北部乡镇，属黄河决口冲积扇形区，土壤质地轻，土体构型多为均质砂、均质壤、厚砂腰，潜水水位较高且矿化度高，地表地势低洼，排水不畅，容易形成盐渍化。全县中壤、重壤质地土壤多分布在北支新河以南，土体构型以厚黏腰、厚黏心为主，处于黄河冲积扇前缘和太沂山脉冲积扇前缘，立地条件好，但有次生盐渍化趋势。

土壤有机质与第二次土壤普查对比均有提高，不同质地比较，重壤最高，为17.5g/kg，其次为中壤，为15g/kg，轻壤为13.3g/kg，砂壤为9.9g/kg。与1982年比较，增幅最大的为重壤，由12.1g/kg提高至17.5g/kg，提高44.1%，其次为轻壤，由9.7g/kg提高至13.3 g/kg，提高36.7%，第三为砂壤，由7.3g/kg提高至9.9g/kg，提高35.5%，中壤由11.1 g/kg提高至15g/kg，提高34.9%。

土壤水解氮在不同土壤质地间对比，重壤含量最高，为99mg/kg，其次为中壤，为88mg/kg，最低为砂壤，为61mg/kg，轻壤为79mg/kg。与第二次土壤普查对比，提高幅度较大，重壤由33mg/kg提高至99mg/kg，提高203.5%，中壤由35mg/kg提高至88 mg/kg，提高150.8%，轻壤由31mg/kg提高至79mg/kg，提高155%，砂壤由23mg/kg提高至61mg/kg，提高163.6%，增幅最大的为重壤和砂壤。由此可知，全县耕地水解氮养分水平提高较快，适应了粮棉增产的地力水平要求。

土壤速效钾在不同土壤质地间对比，重壤含量最高，为186mg/kg，其次为中壤，为158mg/kg，最低为砂壤，为110mg/kg，轻壤为145mg/kg。与第二次土壤普查对比，是所有养分指标中提高幅度最大的，重壤由67mg/kg提高至186mg/kg，提高177.1%，中壤由63mg/kg提高至158mg/kg，提高150%，轻壤由46mg/kg提高至145mg/kg，提高215.3%，砂壤由62mg/kg提高至110mg/kg，提高76.7%，增幅最大的为重壤和轻壤。由此可知全县耕地速效钾养分水平提高较快，适应了粮棉增产的地力水平要求。

土壤有效铁在不同土壤质地间对比，重壤含量为12.23mg/kg，中壤为11.76mg/kg，轻壤为11.31mg/kg，砂壤为13.11mg/kg，土壤有效铁含量在不同土壤质地间差别较大，砂壤最高，中壤最低。

土壤有效锰在不同土壤质地间对比，重壤含量为9.99mg/kg，中壤为8.77mg/kg，轻壤为8.68mg/kg，砂壤为8.7mg/kg，重壤含量最高。

土壤有效铜在不同土壤质地间对比，重壤含量为1.49mg/kg，中壤为1.48mg/kg，轻壤为，1.33mg/kg，砂壤为1.02mg/kg。

土壤有效锌在不同土壤质地间对比，重壤含量为1.08mg/kg，中壤为1.12mg/kg，轻壤为1.13mg/kg，砂壤为1.07mg/kg，砂壤含量最高，中壤最低。

对不同土壤质地土壤主要养分指标和物理指标对比分析可知（见表2-56），全县土壤水解氮比第二次土壤普查时各土种含量明显提高，不同土壤质地的水解氮含量明显不同，

表 2-56 全县不同质地土壤 0～20cm 主要养分指标对比表

表层质地	可利用面积(hm^2)	pH	水溶性盐分总量(g/kg)	有机质(g/kg)		水解氮(mg/kg)		有效磷(mg/kg)		速效钾(mg/kg)		N∶P∶K		有效铁(mg/kg)	有效锰(mg/kg)	有效铜(mg/kg)	有效锌(mg/kg)
				2010 年	1982 年	2010 年	1982 年	2010 年	1982 年	2010 年	1982 年	2010 年	1982 年				
砂壤表	5825.73	7.7	0.44	9.9	7.3	61	23	19.95	5	110	62	1∶0.32∶1.79	1∶0.22∶2.7	13.11	8.70	1.02	1.07
轻壤表	27435.67	7.6	0.39	13.3	9.7	79	31	19.14	8.2	145	46	1∶0.24∶1.84	1∶0.27∶1.5	11.31	8.68	1.33	1.13
中壤表	17058.83	7.9	0.34	15	11.1	88	35	23.45	8.2	158	63	1∶0.26∶1.78	1∶0.23∶1.8	11.76	8.77	1.48	1.12
重壤表	20971.6	7.8	0.27	17.5	12.1	99	33	25.6	6.1	186	67	1∶0.26∶1.87	1∶0.19∶2.1	12.23	9.99	1.49	1.08

土壤质地	可利用面积(hm^2)	pH	水溶性盐分总量(g/kg)	有机质(g/kg)	全氮(g/kg)	碱解氮(mg/kg)	有效磷(mg/kg)	速效钾(mg/kg)	缓效钾(mg/kg)	有效铁(mg/kg)	有效锰(mg/kg)	有效铜(mg/kg)
砂壤表	5825.73	7.7	0.44	9.9	0.67	61	19.95	110	661	13.11	8.7	1.02
轻壤表	27435.67	7.7	0.39	13.3	0.92	79	19.14	145	795	11.31	8.68	1.33
中壤表	17058.83	7.9	0.34	15	1.02	88	23.45	158	799	11.76	8.77	1.48
重壤表	20971.6	7.8	0.27	17.5	1.22	99	25.6	186	886	12.23	9.99	1.49

重壤最高，其后依次为中壤、轻壤、砂壤。有效磷在重壤中提升最大，肥力改善最快。速效钾比第二次土壤普查时各土种含量明显提高，是各养分指标中变化最大的，不同土壤质地速效钾含量明显不同，重壤最高，其后依次为中壤、轻壤、砂壤。土壤有机质比第二次土壤普查时各土种含量明显提高，不同土壤质地有机质含量明显不同，重壤最高，其后依次为中壤、轻壤、砂壤。

不同土壤质地间全氮变化与有机质基本相同；全盐含量则以砂壤土为最高；土壤 pH 在不同土壤质地中变化基本相同，表现为明显提高。不同土壤质地的物理性状指标均表现出基本相同的变化趋势，容重增高，总孔隙度下降，毛管孔隙度下降，非毛管孔隙度上升。不同土壤质地土壤物理性状下降，速效养分指标虽有明显改善，但速效养分间提升不同步比例明显失调，速效钾提升幅度较大，有富营养趋势，pH 均为 7.2～8.4 与第二次土壤普查时均为 7.2～7.6 相比，表现为土壤有碱化趋势，与不合理施肥有明显关系。

第三节　土地利用状况

一、土地利用现状

1988 年以来，由于城镇建设加快，交通、居民、工矿用地的增加以及农村产业结构调整，土地利用类型发生了明显变化。2008 年，博兴县土地总面积为 90070hm^2，其中已利用土地面积为 85742.55hm^2，占总面积的 95.2%；未利用土地面积为 4327.45hm^2，占总面积的 4.8%(见表 2-57)。

(一)农用地

农用地总面积为 68083.7hm^2，占全县土地总面积的 75.59%。

1. 耕地

耕地包括灌溉水田、水浇地、旱地、菜地等。2008 年，全县耕地面积为 44733.3hm^2，占全县土地总面积的 49.67%。

2. 园地

园地包括果园、桑园和其他园地等。2008 年，全县园地面积为 3539.04hm^2，占土地总面积的 3.93%。

3. 林地

林地包括有林地、灌木林、疏木林、造林、苗圃等。2008 年，全县林地面积为 6106.8hm^2，占全县土地总面积的 6.78%。

4. 其他农用地

其他农用地包括禽畜饲养、农田道路、坑塘、水产养殖、农田水利、田坎谷场等，共计 13704.56hm^2，占全县土地总面积的 15.22%。

(二)建设用地

总面积为 14798.5hm^2，占全县土地总面积的 16.43%。

1. 居民点及工矿建设用地

总面积为 12813.35hm^2，占全县土地总面积的 14.23%。

表 2-57　　　　　　　　　　　　博兴县土地利用现状表

农用地(hm^2)			建设用地(hm^2)			未利用地(hm^2)	
耕地	灌溉水田	646.68	居民点及工矿	建制镇用地	1445	未利用地	荒草地
	望天田	0		农村居民点	7880.75		盐碱地
	水浇地	42569.19		独立工矿	3311.6		沙地
	旱　地	155.51		特殊用地	176		其他
	菜　地	1361.72	运输	铁路	203		
园地	果园	2528.24		公路	647		
	桑园	501.2	水利设施	水库水面	547.3		
	其他	509.6		水工建筑	588		
林地	有林地	1500		河流水面	1326.1		
	灌木林	150	其他水域占地	苇地	1230.7		
	林地	3106.8		滩涂	303.4		
	造林	500					
	苗圃						
其他	畜禽饲养	592.92					
	农村道路	2534.4					
	坑塘	1149.3					
	水产养殖	1398.74					
	农田水利	7460.7					
	田坎谷场	568.5					

2. 铁路、公路交通用地

合计面积为 $850hm^2$，占全县土地总面积的 0.94%。

3. 水利设施用地

水利设施用地包括水库水面、水工建筑等，合计面积为 $1135.3hm^2$，占全县土地总面积的 1.26%。

（三）河流水面、苇地、滩涂等其他水域

占地面积为 $2860.2hm^2$，占全县土地总面积的 3.18%。

（四）未利用土地

未利用土地包括荒草地、盐碱地、砂地等，共计 $4327.45hm^2$，占全县土地总面积的 4.8%。

二、土地利用现状指标

人均土地＝土地总面积÷人口总数＝$0.186hm^2$

土地农业利用率＝农业用地总面积÷土地总面积＝75.59%

土地非农业利用率＝非农业用地÷土地总面积＝24.41%

沟林路渠占地比率＝沟林路渠用地÷耕地总面积＝1∶4.86

复种指数＝全年农作物总播种面积÷耕地面积＝1.5

农林牧用地结构比例＝耕地面积：林地面积：牧地面积＝75.45：10.25：1

抗旱灌溉面积比率＝有效灌溉面积÷耕地面积＝99.27％

平均每亩耕地化肥施用量＝化肥施用量÷耕地面积＝28($kg/667m^2$)

每亩耕地耗电度数＝农业生产用电总数÷耕地面积＝141.1($kW·h/667m^2$)

三、土利用现状中存在的问题

从当前土地利用现状来看，土地利用中存在的主要问题为：一是耕地日益减少。随着社会的发展，耕地面积在大量的减少，同时全县人口却在急剧增长，各项建设不可避免地仍要占用耕地，人地矛盾将更加突出。据相关资料显示，1983 年，全县耕地总面积为 61665.07hm^2，总人口为 42.89 万人，人均耕地面积为 0.1438hm^2。但是随着社会的发展，至 2008 年底，全县耕地总面积减少到 44733.3hm^2，人口增加到 48.3568 万人，人均耕地面积减少到 0.0925hm^2，人均减幅为 35.67％。1983 年，全县居民点和工矿用地、交通用地面积合计 10279.53hm^2，但是到了 2008 年底，全县居民点和工矿用地、交通用地面积为 13663.35hm^2，增加了 3383.82hm^2，增长 32.92％。二是土地后备资源严重不足。1983 年，全县未利用土地总面积为 5717.8hm^2，其中盐碱地面积为 5681.93hm^2，占未利用土地总面积的 99.4％。但是到了 2008 年底，全县未利用土地减少到 4327.45hm^2，减幅为 23.84％，土地后备资源以荒草地、盐碱地为主。所以，应在认真总结土地改良经验的基础上，进一步做好开发利用。三是农作物布局尚需调整。近几年农作物布局调整取得了重大成效，全县粮、经比例日趋合理。但粮、菜比例仍有很大的调整余地，应努力扩大蔬菜面积，提高耕地产出效益。四是耕地重用轻养，缺乏可持续性利用理念，特别是作物施肥技术落后。蔬菜地、粮田年平均总施肥用量大大超过作物吸收量，既破坏了土壤结构和土壤养分平衡，又导致土壤碱化和盐渍化。必须从大农业观点出发，做到因土种植，提高生态效益和经济效益。

随着城市化进程的加快和经济建设的快速发展，城市建设、工矿企业用地及交通建设、水利设施占地的不断增加，使耕地面积逐年减少，农业生产可利用面积逐渐萎缩变小，发展空间受到限制。因此，加大种植制度改革和种植业内部结构调整力度，大力推广间作套种、立体种植及一年两收、两年多收等高产高效、轮作换茬栽培技术模式，提高土地的生产能力，增加作物产量和提高农业经济效益。在使耕地得到充分利用的同时，加大农田沟渠路林基础建设投入，努力推广秸秆还田、节水灌溉、测土配方施肥等技术，实现传统农业向现代农业的转变，促进农业的可持续发展。

第四节　耕地利用与管理

一、耕地利用现状

(一)耕地利用与管理回顾

博兴县第一次土壤普查于 1959 年进行，第二次土壤普查于 1981 年 10 月至 1982 年 8

月进行。通过普查，查清了土地资源、土壤类型分布及理化性质，总结了作物高产土壤的条件，摸清了低产土壤的面积分布及障碍因素，编绘了全县的地貌、土壤、土地利用现状、土地评级、土壤改良利用分区、表层质地及土体构型和土壤有机质、全氮、水解氮、有效磷、速效钾含量分布图，编写了《博兴县土壤志》等。

第二次土壤普查科学系统地分析论述了自然条件和人为生产活动对土壤发生发育的影响，各类土壤的生成、发育、特性、分类及分布，全面评述土壤肥力状况和生产性能，科学地对土壤资源进行质量评价，分析了存在的问题，制定了土壤改良利用分区规划和因地制宜土壤改良培肥的措施，并认真总结了形成高产田的土壤条件，为其后磷肥的大面积推广应用、氮磷配合施用、配方施肥和秸秆还田技术的推广应用提供了科学依据。

20 世纪 80 年代中后期后，博兴县逐年加大对农业的投入，进行土地改良、开发利用、综合治理。近年来，通过国家农业综合开发及土地整理等项目的实施，基本达到了田成方、林成网、路相通、渠相连，沟、渠、田、林、路统一规划，旱、涝、风、沙、碱综合治理的要求，实现旱能浇、涝能排，土地平整，田间面貌整齐美观，农业生态环境良好，田间小气候得到改善。抗御低温、霜冻、风、雹、旱、涝等自然灾害的能力显著增强，土地风蚀化、盐碱化问题得到较大程度的解决，土壤结构、养分含量明显改善和提高。同时，农业产业化程度明显提高，农业生产条件得到根本改善，可持续发展能力显著增强，基本实现了农田林网化，农药、化肥施用标准化，水土流失、水资源紧缺等环境危害初步得到扭转。同时通过推广秸秆还田、测土配方施肥、良种良法配套等科学技术，农业科技水平进一步提升，农业产业化程度明显提高，对因地制宜合理利用耕地、科学保养管理耕地起到了极大的促进作用。

（二）耕地利用现状

据统计，2008 年底全县耕地面积为 44733.3hm^2，其中灌溉水田面积为 646.88hm^2，种植作物以水稻为主，占全县耕地总面积的 1.45%；水浇地面积为 42569.19hm^2，种植作物以粮棉为主，占全县耕地总面积的 95.16%；旱地面积为 155.51hm^2，作物以棉花为主，占全县耕地总面积的 0.35%；菜地面积为 1361.72hm^2，占全县总耕地面积的 3.04%（见图 2-34）。

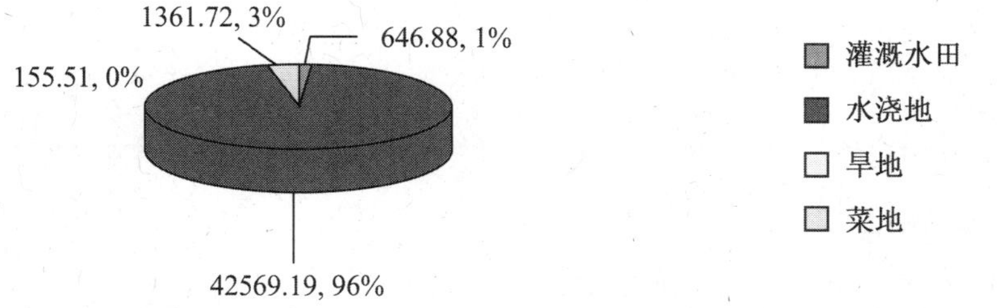

图 2-34　全县耕地利用情况图（hm^2）

二、耕地施肥状况分析

肥料是植物的粮食，合理施用有机肥料和化学肥料，对不断培肥地力和提高作物产量起着重要的作用。因为肥料不仅能营养作物，而且能协调土壤中水、肥、气、热条件，提高土壤肥力，增加农作物产量和农产品品质。

新中国成立以来，博兴县农业生产的提高与增施肥料、扩大施肥面积密切相关，肥料在农业生产中的投入比例占40%左右。但是，施入土壤的化学肥料大部分不能被作物吸收。一般情况下，氮肥的当季利用率为25%～35%，磷肥为15%～25%，钾肥为50%左右。未被作物吸收的肥料，在土壤中发生挥发、淋溶和固定。肥料的损失很大程度上与不合理施肥有关。

施肥不仅要根据作物营养特点，而且还要考虑外界环境条件，包括生物、土壤、肥料、灌溉、沉降及栽培技术等因素，要把它们当作一个整体，运用现代科技来研究合理施肥的理论和技术，以发挥肥料增产的最大效益。

（一）主要作物施肥状况及肥效

肥料是提供作物正常生长的必需营养元素并兼有改变土壤性质、提高土壤肥力功能的物质。在农业生产的发展中，肥料的作用是十分明显的。一方面提高作物的产量和改善作物的品质，满足人们生活需要和日益增长的工业需求，另一方面提高土壤肥力，使农业生产得以持续发展。

博兴县历年肥料投入总量统计如表2-58所示。

表 2-58

年　份	氮肥(N)(吨)	磷肥(P_2O_5)(吨)	钾肥(K_2O)(吨)
1999	10387	6657	2504
2000	12101	8921	3562
2001	14331	7941	3399
2002	13165	7266	3306
2003	12440	7505	3152
2004	10734	6559	3445
2005	9656	5822	3496
2006	9967	5542	3993
2007	9615	6355	3642
2008	8855	5721	3205

为了摸清全县农业生产中单位耕地面积的肥料投入情况，对粮田、棉田、菜田中的有机肥、化肥投入进行了农户施肥情况调查。

1.农业生产肥料投入状况

2006～2008年，共对7490户农民进行了施肥情况调查(棉花产量为皮棉)，调查结果如表2-59所示 。

表 2-59

年份	作物	调查农户数（个）	调查农户作物面积（hm^2）	作物产量（$kg/667m^2$）	肥料成本（元/$667m^2$）	有机肥投入		折纯化肥投入（$kg/667m^2$）		
						施用地块比例（%）	施用量（$kg/667m^2$）	N	P_2O_5	K_2O
2006	冬小麦	507	126	447	162.7	6.3	1120	24.18	17.81	12.21
	夏玉米	2446	591	567	100.9	0.2	546	18.19	7.9	7.3
	棉花	962	205	74.6	149	13.5	1756	24.0	8.6	4.1
	露天蔬菜	71	26	5015	355	42	2200	48.5	25.1	24.7
	保护地蔬菜	31	7	8268	556.1	100	3286	82.53	41.62	40.9
2007	夏玉米	1032	284	581.4	103.5	0	0	18.3	8.01	7.24
	棉花	871	426	75.7	152.5	11.6	1364	23.85	9.05	4.02
2008	夏玉米	1162	337	527.4	166.2	0.6	1145	19.7	7.95	5.27
	棉花	386	70	76.9	230.3	14.3	2187	22.8	8.5	4.05

(1)有机肥料投入状况

根据有机肥的资源特性、性质功能和积制方法，有机肥分为粪尿肥、堆沤肥、秸秆肥、绿肥、土杂肥、饼肥、海肥、腐殖酸、农业城镇废弃物品和沼气肥等多种。有机肥在为作物提供全面营养、刺激生长、提高作物抗旱耐涝能力、促进土壤微生物繁殖、改良土壤结构、增强土壤的保肥供肥及缓冲能力、提高肥料利用率等方面发挥着重要作用。

1990 年，全县耕地面积为 $4.67\times10^4 hm^2$，有机肥投入总量为 1677995.01 吨，其中粪尿类为 1251004.1 吨，饼肥为 15160 吨，堆(沤)肥为 214000.25 吨，杂肥为 115976.91 吨，绿肥为 11698.75 吨，三废为 70155 吨。当年耕地平均有机肥投入量为 2397.14 $kg/667m^2$。但是近年来，随着经济形势和农业产业结构及生产方式的变化，博兴县有机肥品种、数量和利用状况都发生了深刻变化。此次调查的有机肥主要是指禽畜粪尿肥、土杂肥、堆沤肥种类。

1)粮棉农业生产中有机肥投入情况。

2006 年，调查农户施肥状况共 4017 户，其中冬小麦种植农户 507 户，种植面积为 $126hm^2$，有机肥施用地块面积比例仅为 6.3%，施用有机肥的地块投入量为 $1120kg/667m^2$。调查种植夏玉米农户 2446 户，种植面积为 $591hm^2$，有机肥施用地块面积比例仅为 0.2%，施用有机肥的地块投入量为 $546kg/667m^2$。调查种植棉花农户 962 户，种植面积为 $205hm^2$，有机肥施用地块面积比例仅为 13.5%，施用有机肥的地块投入量为 $1756kg/667m^2$。

2007 年，调查农户施肥状况共 1915 户。调查种植夏玉米农户 1032 户，种植面积为 $284hm^2$，有机肥施用地块面积比例为 0%。调查种植棉花农户 871 户，种植面积为 $426hm^2$，有机肥施用地块面积比例为 11.6%，施用有机肥的地块投入量为 $1364kg/667m^2$。

2008年，调查农户施肥状况共1558户，其中夏玉米种植农户1162户，种植面积为337hm^2，有机肥施用地块面积比例仅为0.6%，施用有机肥的地块投入量为1145kg/667m^2。调查种植棉花农户386户，种植面积为70hm^2，有机肥施用地块面积比例仅为14.3%，施用有机肥的地块投入量为2187kg/667m^2。

2)蔬菜生产中有机肥投入情况。

2006年，调查露天蔬菜种植农户72户，以露天芹菜种植为主，种植面积为26hm^2，有机肥施用地块比例为42%，施用有机肥的地块投入量为2200kg/667m^2。调查保护地蔬菜种植农户31户，以越冬大棚番茄种植为主，种植面积为7hm^2，有机肥施用地块比例为100%，平均投入量为3286kg/667m^2。

(2)化肥投入状况

化肥是化学肥料的简称，是指用化学和物理方法制成的含有一种或几种农作物生长需要的营养元素的肥料。只含有一种可标明含量的营养元素的化肥称为“单元肥料”，如氮肥、磷肥、钾肥以及次要常量元素肥料和微量元素肥料。含有氮、磷、钾三种营养元素中的两种或三种且可标明其含量的化肥，称为“复合肥料”或“混合肥料”。它不仅能提高土壤肥力，而且也是提高作物单位面积产量的重要措施，是农业生产中最基础而且也是最重要的物质投入。统计结果表明，全县大田作物施用的肥料品种主要以磷酸二铵、尿素、碳铵、复合肥、冲施肥、氯化钾、硫酸钾等为主。

1)粮棉农业生产中化肥投入情况。

2006年，调查冬小麦种植农户507户，种植面积为126hm^2，平均单产为447kg/667m^2，折纯化肥投入量为N 24.18kg/667m^2，P_2O_5 17.81kg/667m^2，K_2O 12.21kg/667m^2。调查种植夏玉米农户2446户，种植面积为591hm^2，平均单产为567kg/667m^2，折纯化肥投入量为N 18.19kg/667m^2，P_2O_5 7.9kg/667m^2，K_2O 7.3kg/667m^2。调查种植棉花农户962户，种植面积为205hm^2，平均单产皮棉76kg/667m^2，折纯化肥投入量为N 24kg/667m^2，P_2O_5 8.6kg/667m^2，K_2O 4.1kg/667m^2。

2007年，调查种植夏玉米农户1032户，种植面积为284hm^2，平均单产为581.4kg/667m^2，折纯化肥投入量为N 18.3kg/667m^2，P_2O_5 8.01kg/667m^2，K_2O 7.24 kg/667m^2。调查种植棉花农户871户，种植面积为426hm^2，平均单产皮棉75.7 kg/667m^2，折纯化肥投入量为N 23.85kg/667m^2，P_2O_5 9.05kg/667m^2，K_2O 4.02kg/667m^2。

2008年，调查夏玉米种植农户1162户，种植面积为337hm^2，平均单产为527.4kg/667m^2，折纯化肥投入量为N 19.7kg/667m^2，P_2O_5 7.95kg/667m^2，K_2O 5.27kg/667m^2。调查棉花种植农户386户，种植面积为70hm^2，平均单产皮棉为76.9kg/667m^2，折纯化肥投入量为N 22.8kg/667m^2，P_2O_5 8.5kg/667m^2，K_2O 4.05kg/667m^2。

2)蔬菜生产中化肥投入情况。

2006年，调查露天蔬菜种植农户72户，以露天芹菜种植为主，种植面积为26hm^2，平均单产为5015kg/667m^2，折纯化肥投入量为N 48.5kg/667m^2，P_2O_5 25.1kg/667m^2，K_2O 24.7kg/667m^2。调查保护地蔬菜种植农户31户，以越冬大棚番茄种植为主，种植面积为7hm^2，平均单产为8268kg/667m^2，折纯化肥投入量为N 82.53kg/667m^2，P_2O_5 41.62kg/667m^2，K_2O 40.9kg/667m^2。

2. 施肥效应

2006～2008 年，博兴县分别在小麦、玉米的不同土壤、不同地力水平地块中安排了肥料“3414”试验，根据试验结果，分别得出测土配方施肥以及农户常规施肥的氮、磷、钾肥料的利用率（见表 2-60）。

表 2-60　肥料利用率统计表

年份	作物	肥料	测土配方施肥		常规施肥		全县总体	
			面积（$\times 10^4$ hm^2）	利用率（%）	面积（$\times 10^4$ hm^2）	利用率（%）	面积（$\times 10^4$ hm^2）	利用率（%）
2006	玉米	N	0.3	26.2	2.4	22.7	2.7	23.1
		P	0.3	28.6	2.4	20.9	2.7	21.8
		K	0.3	32.4	2.4	22.8	2.7	23.9
2007	小麦	N	2	27.6	1.2	22.3	3.2	25.6
		P	2	24.6	1.2	20.7	3.2	23.1
		K	2	29.8	1.2	18.5	3.2	25.5
	玉米	N	1.3	34.1	1.4	30.2	2.7	32.1
		P	1.3	37.7	1.4	25.4	2.7	31.4
		K	1.3	34.5	1.4	28.7	2.7	31.5
2008	小麦	N	2.7	32.1	0.9	21.6	3.6	29.4
		P	2.7	33.6	0.9	16.6	3.6	29.3
		K	2.7	43.1	0.9	23.3	3.6	38.1
	玉米	N	2	34.9	1.2	19.8	3.2	29.2
		P	2	38.7	1.2	26.3	3.2	34.1
		K	2	46.7	1.2	42.6	3.2	45.2

由表 2-60 看出，在小麦生产中，应用测土配方施肥技术的地块的氮、磷、钾肥平均利用率分别由 2007 年的 27.6%、24.6%、29.8%提高到 2008 年的 32.1%、33.6%、43.1%；在玉米生产中，应用测土配方施肥技术的地块的氮、磷、钾肥平均利用率分别由 2006 年的 26.2%、28.6%、32.4%提高到 2008 年的 34.9%、38.7%、46.7%。

自测土配方施肥技术推广以来，全县小麦、玉米的肥料利用率得到有效提升，小麦的氮、磷、钾肥平均利用率分别由 2007 年的 25.6%、23.1%、25.5%提高到 2008 年的 29.4%、29.3%、38.1%；玉米的氮、磷、钾肥平均利用率分别由 2006 年的 23.1%、21.8%、23.9%提高到 2008 年的 29.2%、34.1%、45.2%。

（二）存在的主要问题与建议

2006～2008 年，对 7490 户农民进行的施肥情况综合调查表明，测土配方施肥技术推广以前，大部分农民施肥相对盲目，施肥模式比较单一，化肥浪费现象严重。在小麦种植上，一般亩施磷酸二铵20～30kg、氯化钾（硫酸钾）10～20kg、碳酸氢铵50kg或尿素20～30kg，用作基肥于耕翻时进行撒施，或者单用复合肥40～50kg，于耕翻时进行撒施或随播种一起施用，再在浇冻水和（或）返青起身期随浇水撒施尿素25～30kg作为追肥；全县农民种植玉米很少施用有机肥和中微量元素肥料，氮、磷、钾以复合肥为主，一般亩施45％的复合肥10kg左右作种肥，另用50～75kg碳铵或20～30kg尿素于喇叭口期作追肥；全县农民在棉花种植管理上，一般亩施磷酸二铵15～20kg、氯化钾（硫酸钾）10～20kg作基肥，于耕翻时进行撒施，或者单用复合肥40～50kg，于耕翻时进行撒施或随播种一起施用，于蕾期沟施尿素15～20kg作为追肥。随着测土配方施肥技术在全县的开展和推广，农民施肥习惯有了很大改变，农民开始注重科学施肥、配方用肥。通过对配方肥用户进行调查，配方肥推广满意度在95％以上。

1.存在的主要问题

经调查分析，博兴县目前在肥料施用中还存在诸多问题和误区。

一是重用地、轻养地，重化肥、轻有机肥。有机肥与化肥同等重要，也是不可代替。有机肥料、无机肥料和生物肥料配合施用，对作物稳产、高产，培肥地力，增强农业后劲，改善农田生态环境，缓解化肥比例失调等具有重要意义。与1990年全县耕地平均有机肥投入量为2397.14kg/667m^2相比，现在的农业生产中，有机肥的投入严重不足。除去保护地蔬菜栽培、露地蔬菜种植有部分地块和棉田有小比例的面积施用少量有机肥外，绝大部分的小麦、玉米、棉花等大田生产不采用有机肥。

近几年来，土壤有机质的提高主要与推广农作物秸秆还田机械化技术有很大关系。这种技术就是用秸秆粉碎机将玉米、小麦、棉花等作物收获后的作物秸秆就地粉碎，均匀地抛撒在地表，随即耕翻入土，使之腐烂分解，达到大面积培肥地力的一项农机化技术。现在全县小麦高留茬技术推广面积比例在98％以上，玉米收获后秸秆粉碎还田面积比例在60％左右，也有15％左右的棉花面积推广秸秆还田技术。而1990年，全县农作物秸秆还田率仅为15％。据资料，秸秆还田后的土壤随还田年数的不同，有机质可增加0.025％～0.15％，土壤容重降低0.057～0.167g/cm^3，孔隙度增加2％～6％，土质疏松，通气性提高，犁耕比阻减少，储存水分、养分能力增强。

二是盲目、随众性是当前肥料施用中的主要问题。不是以产定肥、按需配肥，而是买啥用啥、有啥上啥、没有不上的随机性，主要表现为受传统观念的束缚，科学施肥原理、技术的缺乏，缺乏以肥定产及施肥重要性的认识，单纯片面追求高产出、低投入，以致造成用肥不对路、产量低、效益差的结果，在生产实践中盲目施肥。

如棉花生产，2006～2008年的农户施肥调查表明，采用传统施肥时，每亩纯氮投入量平均为22.8～24kg，五氧化二磷平均为8.5～9.05kg，氧化钾平均为4.1kg。与全县棉花生产的实际需求相比，氮肥的投入量较大，浪费严重；但是钾肥的投入严重不足，约为中低产田钾肥推荐施肥量的50％。

三是肥料施用方法不当。突出表现为肥料施用时深度不够，追肥时普遍存在撒施现象；肥料施用的时间不当，如小麦生长前期肥料施用量偏大，造成冬前旺长，田间群体大，越冬安全系数低、后期脱肥、肥料利用率低等。

四是肥料结构不合理，土壤养分失衡。肥料品种结构不合理主要表现为有机肥与化肥施用数量及比例不相适应。农业生产实践表明，有机肥投入仍在继续下降。肥料品种结构不合理还表现为化肥中氮、磷、钾、锌、硼、锰等营养元素的施用极不合理。单纯施用化肥造成土壤板结，破坏土壤结构，生产力低下，养分间不平衡，普遍重视施用氮、磷肥，轻视钾肥施用，忽视中微量元素施用。

2.几点建议

一是用地与养地相结合，投入与产出相平衡。要使作物—土壤—肥料形成物质和能量的良性循环，必须坚持用养结合，投入产出相平衡。破坏或消耗土壤肥力，就意味着降低农业再生产的能力。

二是有机与无机结合。土壤有机质是土壤肥沃程度的重要指标。增施有机肥可以增加土壤有机质含量，改善土壤理化生物性状，提高土壤保水、保肥能力，增强土壤微生物的活性，促进化肥利用率的提高。因此，必须坚持多种形式的有机肥料投入，才能够培肥地力，实现农业可持续发展。

三是大量、中量、微量元素配合。各种营养元素的配合是科学施肥的重要内容，随着产量的不断提高，在耕地高度集约利用的情况下，必须进一步强调氮、磷、钾肥的相互配合，并补充必要的中微量元素，才能获得高产、稳产。

四是积极推广测土配方施肥技术，根据土样化验结果，制定推广适合各种作物不同区域、不同地力、不同产量水平的施肥配方。

全县玉米种植的肥料配方建议：(1)氮 26－磷 6－钾 8，养分总含量 40%，适合全县土壤肥力水平较高的玉米田作追肥施用，建议每亩用量为 40kg(可采用一次追肥法，于玉米小喇叭口后 10～15 天一次性施入；或二次法分别在玉米定苗期 10kg/667m^2、小喇叭口后 10～15 天 30kg/667m^2施入)；(2)氮 15－磷 10－钾 15，养分总含量 40%，适合作种肥，建议每亩种肥用量不超过 10kg、苗期追肥 20～25kg，适合兴福、曹王、湖滨、店子等镇的玉米田中施用。

全县小麦种植的肥料配方建议：(1)氮 14－磷 18－钾 10，养分总含量为 42%，适合博兴县小清河以南的土壤养分较为均衡的地块。建议每亩小麦产量为 400～450kg 的地块每亩底肥用量为 45kg，产量为 450～500kg 的地块每亩底肥用量为 50kg，500～550kg 以上产量的地块每亩底肥用量为 60kg。(2)氮 16－磷 20－钾 6，养分总含量为 42%，适合博兴县小清河沿岸及以北的地块，用量同配方(1)。(3)氮 16－磷 18－钾 6，养分总含量为 40%，适合博兴县小清河以南的土壤养分较为均衡的地块，用量同配方(1)。(4)氮 15－磷 20－钾 5，养分总含量为 40%，适合博兴县小清河沿岸及以北的地块，用量同配方(1)。(5)氮 15－磷 22－钾 5，养分总含量为 40%，适合博兴县小清河沿岸及以北的地块，用量同配方(1)。按以上用量施用磷、钾肥可以满足小麦整个生育期生长需要，氮肥投入占到总量的 40%左右，农户可结合小麦长势，选择在春季起身期、拔节期结合浇水追施氮肥，每亩追施尿素 20kg。

全县棉花种植的肥料配方建议：氮 18－磷 17－钾 8，养分总含量为 43%。博兴县棉区主要集中在小清河以北的乔庄、纯化、陈户、吕艺、庞家等镇，是土壤盐渍化程度相对高的耕地，此配方是一种通用型配方。建议每亩产皮棉 75～90kg 的地块底肥用量为 40～45kg，产皮棉 90～110kg 的地块每亩底肥用量为 50～60kg。以上配方磷、钾肥已可以满足棉花生长需要，氮肥投入占到全年总量的30%～40%，农户可结合棉花长势，选择在棉花蕾期和花铃期分别每亩追施尿素8～10kg、15～20kg。

五是创新科学施肥技术推广服务模式，多措并举，发挥农技推广网络优势，广泛推广配方肥和测土配方施肥技术。通过构建县、乡、村三级技术推广网络，设立示范田、示范方，利用电视、广播、集中培训、科技大集等各种宣传渠道以多种方式引导农民科学施肥。

六是加强肥料市场监管。博兴县农业、工商等执法部门进一步加强对全县肥料市场的监督检查，严厉打击坑农害农事件，严防制售假冒伪劣肥料流入市场，切实保障广大农民的切身利益。

第三章 样品采集与分析

第一节 土壤样品布点与采集

土壤样品的采集是土壤分析工作的一项重要环节。采集有代表性的样品，是使测定结果能如实反映其所代表的区域或地块客观情况的先决条件。采集样品地点的确定与采样点数的多少直接关系到耕地质量评价的精确度，掌握布点、采样等技术是土壤分析工作的基础。

一、采样点布设

采样点布设是土壤测验的基础，采样点布设是否合理关系到地力调查的准确性和代表性，所以，能够合理地布设采样点至关重要。博兴县按照《耕地地力调查与质量评价技术规程》的技术规范要求，充分考虑地形地貌、土壤类型与分布、肥力高低、作物种类等，同时兼顾空间分布的均匀性，平均每 $10hm^2$ 耕地采集 1 个土样，每个土样采集 15 个分样点，保证土样具有典型性、代表性和均匀性。

根据耕地地力评价单元的概念，将土地利用现状图与土壤图结合，叠加形成耕地地力评价单元图和应用评价单元图。综合分析全县的作物种植类型和面积，根据评价单元的个数以及面积和总采样点数，初步确定每个评价单元的采样点数。然后在各评价单元中，根据地形地貌、土壤类型与分布、肥力高低、图斑大小、种植制度、产量水平等因素，统计各因素点位数，并对原点位进行修正，确定实际采样点位。

二、采样方法

(一)大田土样采样方法

采样时间为现有前茬作物收获后(或大田作物收获前几天)、下茬作物尚未施用底肥或种植以前，以保证所采土样能真实地反映地块的地力和质量状况。

1. 调查

通过向农民了解本村的农业生产情况，确定具有代表性的田块，田块面积要求在 $667m^2$ 以上，并在采样田块的中心用 GPS 进行定位。按照调查表格的内容逐项对确定采样田块的户主进行调查、填写。调查严格遵循实事求是的原则，对那些说不清楚的农户，通过访问地力水平相当、位置基本一致的其他农户或对实物进行核对推算，达到内容准确、齐全。

2.取样

先对取土人员进行取土前培训，取样工具采用不锈钢土钻(铁、锰等微量元素采用木铲)，达到厚薄、宽窄、数量均匀的要求。采样深度为0～20cm。地块取样路线采用"S"形取样，每个地块取15个分样点，各分样点充分混合后，四分法留取1.5kg组成一个土壤样品，挑出根系、秸秆、石块、虫体等杂物后装入塑料袋中。用铅笔填写两张标签，内外各一张，注明采样编号、采样地点、采样人、采样日期等。采样的同时，填写采样地块基本情况调查表和农户施肥情况调查表。

(二)蔬菜地土样采样方法

蔬菜保护地采样时间为主导蔬菜收获后的晾棚期间，露天菜地在主导蔬菜收获后、下茬蔬菜施肥前采样。

通过调查询问已确定采样田块(塑料大棚、露天菜地)的户主，对调查表格内容逐项进行填写，并在该田块里采集土样。耕层采样深度为0～20cm，采用"S"形均匀随机采取15个分样点。按照蔬菜地的沟、垄面积比例确定沟、垄取土点位的数量，土样充分混合后，四分法留取1.5kg。其他同大田土样采集。

按以上操作规程，博兴县在2006年大田取样3915个，蔬菜地取样102个，共4017个，2007年大田取样1915个，2008年大田取样1558个，三年共完成土壤取样7490个，圆满完成了计划任务。

三、田间调查

田间调查主要是通过两种方式来完成的，一种是收集和分析相关学科已有的调查成果和资料，另一种是野外实际调查和测定。

调查的内容基本上可分为三个方面：自然成土因素的调查研究、土壤剖面形态的观察研究和农业生产条件的调查研究。

(一)自然成土因素的调查研究

该项调查主要是通过收集和分析相关学科已有的调查成果和资料来完成的。通过咨询当地气象站，获得积温、无霜期、降水等相关资料，借助土壤第二次普查成果和其他相关资料，辅以实地考察和专家分析，掌握实际的海拔高度、坡度、地貌类型、成土母质等自然成土因素。

(二)土壤剖面形态的观察研究

结合土壤第二次普查的结果，通过对土壤剖面的实际调查和测定，基本掌握博兴县内各地区不同土壤的土层厚度、土壤质地、土壤干湿度、土壤孔隙度、土壤排水状况、土壤侵蚀情况、土壤pH等相关信息。

(三)农业生产条件的调查研究

根据《耕地地力调查与质量评价技术规程》野外调查的要求和对大田、蔬菜地的污染情况的调查，设计了采样地块基本情况调查表和农户施肥情况调查表两种调查表格。调查的主要内容有采样地点、采样方法、户主姓名、采样地块面积、当前种植作物、前茬种植作物、作物品种、土壤类型、采样深度、立地条件、剖面性状、土地排灌状况、污染情况、种植制度、种植方式、设施类型、投入(肥料、农药、种子、机械、灌溉、农膜、人工、其他)费用情况及产销收入情况。为确保调查内容的准确性、一致性，保证调查过程的万无一失，根据表格设计内容，编制了调查表格的填表说明，对调查人员进行专项培训。在实际操作过程中，要求工作人员必须现场取样、现场调查，以确保调查内容的真实有效。共完成野外调查表 16166 份，完成率为 100%。

四、取样与测试技术创新

（一）取样方法和工具

采样前做好采样点的布置，合理安排采样路线，实行图纸标注和实际取样定位相结合的原则，统一采用“S”形采样路线，随机取样 1～15 点混合。由于使用了不锈钢取土钻，保证了每个取样点的深度相同、取样量的多少相同，确保了样品的代表性。样品采用两层塑料袋套装，标签放于两袋夹层之间，防止标签受潮破损。

（二）新技术在取样中的应用

采纳图上定位、现场定点的方法。以土壤图（土种）与土地利用现状图或行政区划图（村）的叠加图斑为采样单元（落实到图上），采样人员带着图到实地，在位于采样单元相对中心位置的典型地块定点取样。这样做法的好处是可以先在图上观察样点分布的均匀度。田间调查人员根据在图上确定的点位到田间应用 GPS 定位取样。记录经纬度，精确到 0.1″。GPS 正确使用是保证数据准确性的重要前提，在调查前一定要对有关技术人员进行集中培训，并相互校验即将使用的 GPS，为保证定位精度，定位仪要专人操作。GPS 在取土中的应用，大大提高了野外取样点定位的准确性，提高了取土效率。不锈钢取土钻的应用，保证了各样点的取土深度、取土量一致。

第二节　土壤样品制备

在样品处理过程中，将样品摊在木质盘中，摊成薄薄的一层，置于干净整洁的室内通风处自然风干，严禁暴晒，并注意防止酸、碱等气体及灰尘的污染。风干过程中经常翻动土样并将大土块捏碎以加速干燥，同时剔除土壤以外的侵入体。同时对经常进出晾晒室的人员配发拖鞋，要求进出样品室要换鞋，防止对样品造成污染。另外在样品处理时，采用机械粉碎与人工研磨相结合，加快样品处理速度。风干后的土样按照不同的分析要求研磨过筛，充分混匀后，装入土样袋中备用。土袋外标记室内编号，土袋内放标签一张，写明编号、采样地点、土壤名称、采样深度、样品粒径、采样日期、采样人及制样时间、制样人等项目。制备好的样品妥善储存，避免日晒、高温、潮湿和酸碱等气体的污染。全部分析工作结束，分析数据核实无误后，一般试样用磨口塞的广口瓶或塑料瓶保存三个月至一年，以备必要时查核之用。

第三节 植株样品采集与制备

一、植株样品的采集

（一）粮食作物植株样品

由于粮食作物生长的不均一，采用多点取样，避开田边 2m，按“S”形采样法采样。在采样区内采取 15 个分样点的样品组成一个混合样。籽实样品 1kg 左右，装入纸袋。采集完整植株样品 2kg 左右，用塑料纸包扎好。

（二）棉花样品

棉花样品包括茎秆，空桃壳、叶片、籽棉等部分。样株选择和采样方法同粮食作物。按样区采集籽棉，第一次采摘后将籽棉放在通透性较好的网袋中晾干（晒干），以后每次收获时装入网袋中，各次采摘结束后，将同一取样袋中的籽棉作为该采样区籽棉混合样。

二、植株样品的制备

粮食籽实样品及时晒干脱粒，充分混匀后用四分法缩分至所需量。需要洗涤的，时间上不宜过长并及时风干。要定期进行风干处理，以防止样品变质、虫咬。用不污染样品的工具将籽实粉碎，用 0.5mm 筛子过筛制成待测样品。

完整的植株样品先洗干净，根据作物生物学特性差异，采用能反映特征的植株部位，用不污染待测元素的工具剪碎样品，充分混匀后用四分法缩分至所需的量，制成鲜样或于 60℃烘箱中烘干后粉碎备用。

第四节 样品分析与质量控制

分析化验是进行耕地地力调查工作的重要组成部分，是掌握耕地地力和农业环境质量信息、进行农业生产和耕地质量管理的基础，是解决耕地障碍和农业环境质量问题不可或缺的重要手段，同时也是耕地地力调查工作中最容易出现误差的环节和数据信息的直接来源。当采集的样品送达实验室后，对每一个样品的分析化验都要经过样品制备→样品前处理→分析测试→数据处理→检测报告整理五个环节，每个环节都与分析质量密切相关。因此，对每一个环节都要强化技术管理，对分析化验的全过程进行严格的质量控制，以确保分析结果的真实有效。

一、分析化验项目

土壤及植株样品分析测定严格按照农业部《耕地地力调查与质量评价技术规程》进行。三年共测得有效数据 47239 项次，其中 pH 7472 个，有机质 7472 个，有效磷 7472 个，速效钾 7472 个，缓效钾 2172 个，全氮 2172 个，水解氮 2172 个，中量元素 1950 个，微量元素 10835 个。为验证样品化验结果的准确性和科学性，对每批样品都做了平行控制，对每天化验样品都插测了参比样，每 30～50 个加测参比样 2 个。

二、分析方法

根据农业部《耕地地力调查与质量评价技术规程》提供的测试要求，各项测定方法具体如下：

土壤有机质测定方法	油浴加热重铬酸钾氧化容量法
土壤有效磷测定方法	碳酸氢钠浸提—钼锑抗比色法
土壤有效钾测定方法	乙酸铵浸提—火焰光度计法
土壤 pH 测定方法	电位法
土壤缓效钾测定方法	硝酸提取—火焰光度计法
土壤水解氮测定方法	碱解扩散法
土壤全氮测定方法	凯氏蒸馏法
土壤有效硼测定方法	沸水浸提—甲亚胺—H 比色法
土壤锌、铁、锰、铜测定方法	DTPA 浸提—原子吸收分光光度法
土壤有效硫测定方法	磷酸盐—乙酸浸提—硫酸钡比浊法
土壤交换性钙、镁测定方法	乙酸铵交换—原子吸收分光光度法
土壤有效钼测定方法	草酸—草酸铵浸提—极谱法

分析化验项目主要由博兴县土肥站化验室完成，化验分析与质量控制严格按照农业部《耕地地力调查与质量评价技术规程》和《博兴县耕地地力调查与质量评价实施方案》等有关规定执行。

三、分析质量控制

（一）化验室

自耕地地力评价项目工作开展以来，博兴县的化验室面积由 2005 年的 96m^2 扩大到 2006 年的 340m^2，在原有仪器设备的基础上，通过省统一招标和邀标，投资 260 万元又购置了原子吸收分光光度计等精密仪器，使精密仪器增至 30 余台，满足了化验需求；按标准新购买操作台、药品柜、器皿柜、晾土架等设备，设置了土样存放室、样品前处理室、操作室、浸提室、药品储藏室、危险品存放室、分析室等。实验室布局合理，设施配套，仪器均满足承担项目的检测质量要求，主要承担土壤有机质、大量元素、pH、全盐、中微量元素等常规分析。年测试能力由 2005 年的 3500 项次提高到 2008 年的 36000 项次，提高了 10 倍以上。通过测试技术、仪器设备的改进，大大提高了工作效率和化验质量。

（二）人员

博兴县农业局按照要求，重新整合技术力量按照要求，将土肥站工作人员由原来的 4 人增加到 7 人，各个化验室都配备相应水平的专业技术人员，并进行了专业培训，使检测水平达到任务要求的标准，且人人持证上岗。其中高级 1 人，中级 4 人，初级 2 人。

（三）质量控制

根据化验室的检验工作程序，针对影响检测质量的因素，加强化验室、计量和样品管理，对可能影响检验质量的环节制定相关程序文件，确保样品和计量的真实和准确；改善监测环境，对检验质量有影响的环境条件进行监控并做好记录；加强人员培训，严格执行标准或规程，规范操作；加强内外部质量考核和监督，掌握检验工作质量。为减少系统误差，每次试验都设置空白试验和对比试验，并对相关仪器进行校准。同时为避免发生分析测试方面的差错事故和化验室之间的结果不一致，对发放的标准物质按规定的方法进行检测，及时发现并校准试验各环节中出现的误差。以上工作为获得真实有效的化验数据建立了良好的基础。

四、测试技术创新

测试过程是一个要求严格但又比较复杂的过程。在工作中，通过不断摸索、总结经验和改进测试技术，来提高工作效率。在磷和微量元素的测试过程中，分别使用紫外分光光度计和原子吸收分光光度计，采用自动进样，使进样均匀，读数稳定准确。原子吸收分光光度计终端连接计算机，实现了数据自动计算和记录。

由于样品的数量大、分析化验的项次多，为及时完成分析化验任务，在保证化验分析结果准确的基础上，利用智能恒温振荡器、紫外分光光度计和原子吸收分光光度计等先进仪器，实现了化验批量分析，人均日分析样品 100 项次。同时，仪器终端都配有计算机，并安装有相关的信息处理模块，保证了分析结果及时准确的计算统计。

第四章　土壤理化性状及分析

由于地带性、地域性的生物气候和地理环境影响，造成了博兴县土壤的多样化。全县土壤共分 4 个土类，7 个亚类，11 个土属，共 67 个土种。作物种植一般为一年两作或一年一作。由于受土壤类型、种植制度、农民施肥习惯等综合因素的影响，土壤养分含量也高低不同。根据土壤测试结果，针对土壤的有机质、水解氮、有效磷、速效钾等多项指标进行分析、分级统计。2006～2008 年共取样 7490 个，调查农户 7490 余户，对有机质、大量元素、pH 等进行了系统检测。对 106 个点的耕层土壤进行了容重、孔隙度等物理性状的分析；对 650 个点的中量元素和 2037 个点的微量元素进行了检测分析。通过系统汇总，充分掌握了全县耕地土壤的养分状况、分布范围、面积，可有效地指导全县农业生产。

土壤养分含量是可变因素，在其比例协调的情况下，含量与作物产量呈正相关，即养分含量高，作物产量也高，反之则低。通过对全县耕层土壤样品的常规化验分析，基本摸清了博兴县土壤养分状况，找出了高产土壤适宜的氮、磷、钾配比及低产土壤在养分方面的限制因素，为博兴县合理施肥，夺取当季、全年高产及用地养地培肥土壤等方面提供了科学依据。2006～2008 年全县土壤化验数据汇总如表 4-1 至表 4-5 所示。

表 4-1　　全县土壤化验数据汇总

项　目	样本数	平均	最小	最大
全氮(g/kg)	2172	1.01	0.08	2.17
水解氮(mg/kg)	2172	102	2	314
有效磷(mg/kg)	7472	37.6	0	411.3
速效钾(mg/kg)	7472	168	11	870
缓效钾(mg/kg)	2172	870	248	1538
pH	7472	7.7	7.2	8.2
有机质(g/kg)	7472	15.3	0.2	50.1
有效铜(mg/kg)	2037	1.6	0	28.62
有效锰(mg/kg)	2037	13.97	0.3	79.4
有效铁(mg/kg)	2037	6.59	0.3	28
有效锌(mg/kg)	2037	0.85	0.14	11.36
有效硼(mg/kg)	2037	1.04	0.43	2.56

续表

项　目	样本数	平均	最小	最大
有效硫(mg/kg)	650	79.5	1.6	886.9
交换性钙(mg/kg)	650	7789	3912	12163
交换性镁(mg/kg)	650	718	332	842
有效钼(mg/kg)	650	0.1	0.04	0.2

表 4-2　　潮土类土壤化验数据汇总

项　目	样本数	平均	最小	最大
全氮(g/kg)	1421	1.01	0.08	2.17
水解氮(mg/kg)	1421	99	2	314
有效磷(mg/kg)	4371	35.6	0.1	411.3
速效钾(mg/kg)	4371	167	11	870
缓效钾(mg/kg)	1421	916	275	1538
pH	4371	7.7	7.4	8.2
有机质(g/kg)	4371	14.4	0.7	40.6
有效铜(mg/kg)	1331	1.79	0	28.62
有效锰(mg/kg)	1331	13.14	3.4	37.4
有效铁(mg/kg)	1331	7.12	0.3	28
有效锌(mg/kg)	1331	0.84	0.14	6.4
有效硼(mg/kg)	1331	1.09	0.43	2.56
有效硫(mg/kg)	341	110.8	10.2	886.9
交换性钙(mg/kg)	341	7975	5308	12163
交换性镁(mg/kg)	341	722	332	842
有效钼(mg/kg)	341	0.1	0.04	0.2

表 4-3　　褐土类土壤化验数据汇总

项　目	样本数	平均	最小	最大
全氮(g/kg)	500	1.03	0.11	2.17
水解氮(mg/kg)	500	111	2	259
有效磷(mg/kg)	2114	42.0	0.2	349.4
速效钾(mg/kg)	2114	174	14	771
缓效钾(mg/kg)	500	810	383	1510

续表

项　目	样本数	平均	最小	最大
pH	2114	7.3	7.8	8.1
有机质(g/kg)	2114	16.6	1.8	50.1
有效铜(mg/kg)	464	1.21	0.16	27.04
有效锰(mg/kg)	464	16.07	0.3	79.4
有效铁(mg/kg)	464	5.7	0.7	14.2
有效锌(mg/kg)	464	0.88	0.18	11.36
有效硼(mg/kg)	464	0.96	0.47	2.32
有效硫(mg/kg)	122	25.6	1.6	150.6
交换性钙(mg/kg)	122	7145	3912	8635
交换性镁(mg/kg)	122	702	370	823
有效钼(mg/kg)	122	0.09	0.04	0.15

表 4-4　砂姜黑土类土壤化验数据汇总

项　目	样本数	平均	最小	最大
全氮(g/kg)	178	0.98	0.512	1.59
水解氮(mg/kg)	178	102	66	159
有效磷(mg/kg)	768	38.8	0	232
速效钾(mg/kg)	768	170	23	600
缓效钾(mg/kg)	178	661	248	1090
pH	768	7.8	8	8.2
有机质(g/kg)	768	16.8	1.1	45.9
有效铜(mg/kg)	173	1.21	0.12	18.02
有效锰(mg/kg)	173	15.7	3.6	26.7
有效铁(mg/kg)	173	4.7	1.4	16.1
有效锌(mg/kg)	173	0.84	0.14	5.04
有效硼(mg/kg)	173	0.85	0.52	1.38
有效硫(mg/kg)	93	20.7	12.6	39
交换性钙(mg/kg)	93	8575	7578	11890
交换性镁(mg/kg)	93	674	590	800
有效钼(mg/kg)	93	0.1	0.07	0.15

表 4-5 盐土土类土壤化验数据汇总

项　目	样本数	平均	最小	最大
全氮(g/kg)	73	0.954	0.36	1.99
水解氮(mg/kg)	73	91	51	142
有效磷(mg/kg)	219	31.6	1.1	133.6
速效钾(mg/kg)	219	140	40	500
缓效钾(mg/kg)	73	896	438	1260
pH	219	7.2	7.6	8
有机质(g/kg)	219	13.27	0.2	29.4
有效铜(mg/kg)	69	1.6	0.3	18.42
有效锰(mg/kg)	69	11.4	6.5	25.2
有效铁(mg/kg)	69	7	2.1	14.2
有效锌(mg/kg)	69	0.88	0.34	6.4
有效硼(mg/kg)	69	1.07	0.6	1.93
有效硫(mg/kg)	94	94.7	14.7	278.4
交换性钙(mg/kg)	94	7804	6093	8893
交换性镁(mg/kg)	94	669	560	770
有效钼(mg/kg)	94	0.11	0.09	0.13

从化验分析数据可以看出，全县土壤各种养分含量的变幅较大，氮、磷、钾、微量元素相对比较丰富，但差异悬殊，且缺素面积大，对满足作物生长发育的需要及促进平衡增产是极不利的，必须根据这次测试结果对全县的肥料施用统一进行规划，找出不同区域、不同作物、不同土壤的最小养分率。根据最小养分率及对产量要求合理施用化学肥料，真正做到低成本、高效益。博兴县主要土壤养分指标变化趋势如图 4-1 所示。

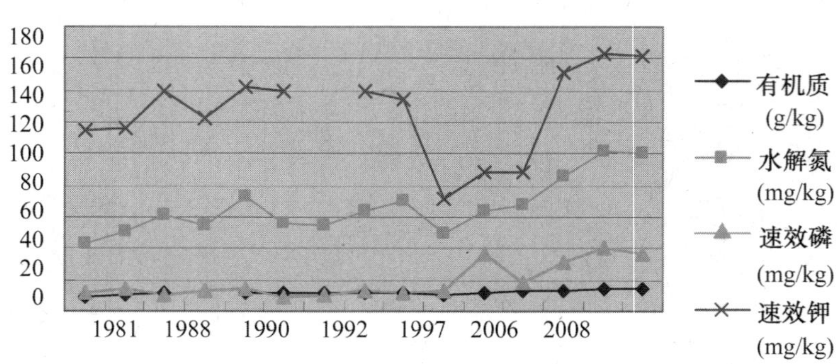

图 4-1　博兴县 1981～2008 年主要土壤养分指标变化趋势图

第一节 土壤物理性状

一、土壤容重

经过对全县106个土样的测定，全县耕层土壤（0～20cm）平均容重为1.48g/cm³，不同土壤类型的容重分别为：褐土土类为1.21～1.71g/cm³，平均为1.41g/cm³；潮土土类为1.13～1.73g/cm³，平均为1.48g/cm³；盐土土类为1.47～1.69g/cm³，平均为1.58g/cm³；砂姜黑土土类为1.15～1.73g/cm³，平均为1.44g/cm³。

与第二次土壤普查结果对比，不同土壤类型土壤容重有不同程度的增加。如取自店子镇辛张村西北、小清河南250m处的剖面⊗03117属潮土土类，潮土亚类，潮土土属，重壤表厚黏心冲积潮土土种。0～20cm耕层土壤容重为1.27g/cm³，比第二次土壤普查时的1.11g/cm³提高了0.16g/cm³。

二、土壤孔隙度

经过对全县106个土样的测定，全县耕层土壤（0～20cm）平均孔隙度为44.26％，不同土壤类型的孔隙度分别为：褐土土类为35.5％～54.3％，平均为46.73％；潮土土类为34.7％～57.4％，平均为44.05％；盐土土类为36.2％～44.5％，平均为40.52％；砂姜黑土土类为34.7％～56.6％，平均为45.49％。

与第二次土壤普查结果对比，不同土壤类型土壤孔隙度有不同程度的降低。如取自店子镇辛张村西北、小清河南250m处的剖面⊗03117属潮土土类，潮土亚类，潮土土属，重壤表厚黏心冲积潮土土种。0～20cm耕层土壤孔隙度为52.1％，比第二次土壤普查时的58.8％降低了6.7％。

第二节 土壤有机质和pH

一、土壤有机质

土壤有机质是土壤的重要组成部分，与土壤的发生演变、肥力水平和许多属性都有密切的关系。土壤有机质中含有作物生长所需的各种养分，可直接或间接地为作物生长提供氮、磷、钾、钙、镁、硫和各种微量元素；有机质能改善土壤理化性状，影响和制约土壤结构形成及通气性、渗透性、缓冲性、交换性和保水、保肥性，是评价耕地地力的重要指标。对耕作土壤来说，培肥的中心环节就是增施各种有机肥。实行秸秆还田，可保持和提高土壤有机质含量。

（一）土壤有机质含量及分级

土壤有机质的积累与矿化是土壤与生态环境之间物质和能量循环的一个重要环节。据近三年农田施肥状况调查，90％的粮田不施或很少施有机肥，但因为秸秆还田推广面积大（小麦秸秆还田面积占98％，玉米秸秆还田面积占到60％以上），土壤有机质有所提升，但仍不足，85%以上的棉田不施或很少施有机肥，这是造成部分农田有机质偏低的主要原因。

2006～2008 年共化验分析土壤有机质土样 7472 个：平均含量为 15.2g/kg，标准差为 4.28，高于 20g/kg 的 862 个，占 11.54%；15～20g/kg 的 3122 个，占 41.78%；12～15g/kg的 1862 个，占 24.92%；10～12g/kg 的 782 个，占 10.46%；8～10g/kg 的 458 个，占 6.13%；6～8g/kg 的 257 个，占 3.44%；低于 6g/kg 的 129 个，占 1.73%。具体分级面积情况如表 4-6 所示。

表 4-6　土壤有机质分级情况

级　别	1	2	3	4	5	6	7
标准(g/kg)	>20	15～20	12～15	10～12	8～10	6～8	<6
等级面积(hm^2)	4377.4	39270.5	31092.2	8331.5	4791.7	2206.7	
占总面积比例(%)	4.86	43.6	34.52	9.25	5.32	2.45	

注：总面积指博兴县土地总面积，共 90070hm^2，下同。

耕层土壤有机质高于 20g/kg 的土地面积为 4377.4hm^2，占全县土地总面积的 4.86%；15～20g/kg 的面积为 39270.5hm^2，占 43.6%；12～15g/kg 的面积为 31092.2hm^2，占 34.52%；10～12g/kg 的面积为 8331.5hm^2，占 9.25%；8～10g/kg 的面积为 4791.7hm^2，占 5.32%；6～8g/kg 的面积为 2206.7hm^2，占 2.45%。

1982 年土壤普查时，全县土壤有机质平均含量为 10.31g/kg，范围为 2.19～21.2 g/kg。经过二十多年的耕作，特别是秸秆还田技术的大面积推广，极大地提升了有机质含量水平。当前全县耕地有机质平均含量为 15.2g/kg，提高了 4.89g/kg(见图 4-2)。

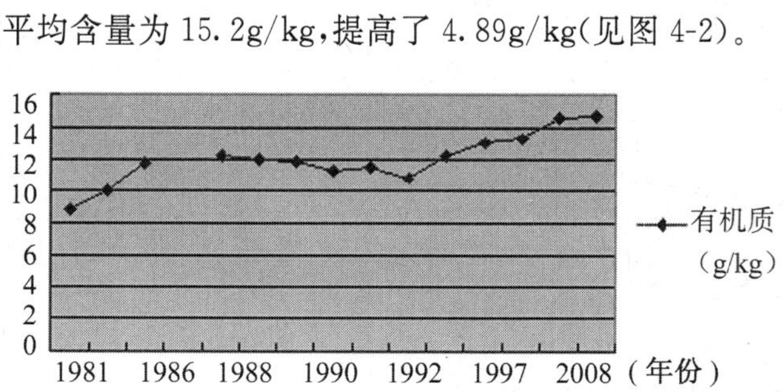

图 4-2　博兴县 1981～2008 年土壤有机质变化趋势图

(二)增加土壤有机质含量的途径

土壤有机质的含量取决于年合成量和年矿化量的相对大小，当合成量大于矿化量时，有机质含量会逐步增加，反之，将会逐步降低。土壤有机质矿化量主要受土壤温度、湿度、通气状况、有机质含量等因素影响。一般来说，土壤温度低、通气性差、湿度大时，土壤有机质矿化量较低；相反，土壤温度高、通气性好、湿度适中时，则有利于土壤有机质的矿化。农业生产中应注意创造条件，减少土壤有机质矿化量。保护地栽培条件下，土壤长期处于高温多湿条件，有机质易矿化，含量提高缓慢。这是保护地有机质含量偏低的一个主要原因，适时通风降温、减少盖膜时间将有利于土壤有机质的积累。

增加有机物质施入量是人为增加土壤有机质含量的主要途径，其方法主要有秸秆还田、增施有机肥、施用有机无机复混肥三个方面。

二、土壤 pH

土壤的酸碱度是土壤形成过程中综合因子作用的结果，参与土壤的许多化学反应，是土壤肥力的重要指标之一。土壤的酸碱度对土壤养分的转化，特别是对磷和微量元素的有效性有很大影响。在酸性土壤或石灰性土壤中，磷常被铁、铝和钙固定为无效态。土壤过酸或过碱均不利于有益微生物的活动，从而影响到土壤中氮素和部分磷素养分的释放。

(一)土壤 pH 及分级

2006～2008 年共化验分析土壤 pH 土样 7472 个，平均 pH 为 7.8，标准差为 4.28，其中高于 8 的 189 个，占 2.53%；7.5～8 的 7253 个，占 97.07%；7～7.5 的 30 个，占 0.4%。有 97.07%的 pH 为 7.5～8。博兴县具体分级面积情况如表 4-7 所示。

表 4-7　土壤 pH 分级情况

级　别	1	2	3	4	5	6
标　准	>8	7.5～8	7～7.5	6.5～7	5.5～5	<5.5
等级面积(hm^2)	513.4	89556.6	0	0	0	0
占总面积比例(%)	0.57	99.43	0	0	0	0

全县土壤 pH 高于 8 的面积为 513.4hm^2，占全县土地总面积的 0.57%；pH 为 7.5～8 的面积为 89556.6hm^2，占全县土地总面积的 99.43%。

(二)主要作物适宜的土壤 pH 范围

不同作物对土壤酸碱性的适应性有很大差异，但大部分作物适宜在中性至微酸性土壤条件下生长，pH 为 5.5～7.5，表 4-8 列出了在博兴县境内主要农作物、蔬菜和林果植物所需的 pH 范围。

表 4-8　主要农作物、蔬菜和林果植物所需的 pH 范围

植　物	pH 范围	植　物	pH 范围	植　物	pH 范围
水稻	6～7.5	甘蓝	6～7	洋槐	6～8
小麦	6.3～7.6	山药	6.5～7.5	白杨	6～8
玉米	6～7.5	西瓜	6～7.5	桑	6～8
高粱	6～8.5	白菜	6～7	银杏	6.5～7.5
棉花	6～8	油菜	6～8	苹果	6～8
大豆	6～7	胡萝卜	5.7～7	桃	6～8
花生	5～7	菠菜	6～8	梨	6～8
地瓜	5～6	辣椒	5.5～6.5	枣	5.5～6.5
番茄	6～7	南瓜	5.5～6.5	槐	6～7
黄瓜	5.5～6.8	萝卜	5.5～6.5	石榴	4.5～8.2

注：华中农学院宜昌分院编《土壤肥料学》，湖北土壤学会编《土壤》、《中国主要树种造林技术》。

测土配方施肥不仅限于氮、磷、钾等肥料的科学施用，对实现农业生产高产、高效和环境安全更具有现实意义。

(三)影响土壤酸碱度的因素与调节

影响土壤 pH 的因素很多。掺入土壤中的介质类型、不同种类有机物的类型和特性、肥料和雨水等都会对 pH 产生一定的影响。此外，土壤中的微量元素和微生物种群的种类也会对 pH 产生一定影响，但相对作用较小些。

在农业生产上，土壤中 pH 的调节主要视所种植作物属于喜酸性还是喜碱性的需要而定。事实上，大部分作物适生于中性土壤，即 pH 在 6～7 即可。但也确实有一些作物例外，它们更适生于偏酸性或偏碱性的土壤中。作物的丰产性只有使土壤保持在适合的 pH 范围内时，才可以正常呈现其优势，在农业生产上一定要注意这个特点。

当土壤中的 pH 偏离较大时，一般以农业用石灰来提高土壤的 pH，以适量施用硫磺或其复配剂来降低 pH。生产上小幅度调节 pH 时，可以通过浇水和定向施肥来直接改变土壤溶液的 pH。

(四)土壤酸碱性对土壤养分有效性的影响

土壤酸碱性通过影响矿质盐分的溶解度而影响养分的有效性，土壤中大量、中量、微量元素的有效性均随土壤溶液的酸碱度的不同而发生着明显变化。同时，土壤酸碱性还制约微生物活动，对有机质的矿化过程也有一定的影响。有机质在酸性条件下分解较慢，但以中性和微碱性最适宜。固氮根瘤菌在 pH 降至 6 以下时固氮能力明显下降。土壤酸碱性对磷酸盐的形态和有效性影响较大。土壤 pH 低于 5.5 时，磷酸根与铁、铝结合形成闭蓄态磷酸铁、铝而失去有效性。土壤 pH 在 5.6～7 时，磷酸盐的有效性最大。土壤酸碱性也影响着钾的吸附量，酸性土和盐基饱和度低的土壤其交换性钾含量低于中性土和盐基饱和度大的土壤。土壤酸碱性对土壤微量元素的有效性影响非常明显，钼的有效性随土壤 pH 的降低而减小，硼的有效性在 pH 的一定范围内随 pH 的升高而增加，铁、锰、锌的有效性随 pH 的降低而增加。

第三节　土壤大量元素状况

一、土壤氮素

(一)耕层土壤全氮含量

氮是作物生长不可缺少的重要元素。全氮是指土壤中氮素的含量。1982 年土壤普查时，全县土壤平均全氮含量为 0.75g/kg，变幅为 0.53～1.08g/kg。

2006～2008 年土壤全氮测试结果为：有效数据 2172 个，平均为 1.01g/kg，标准差为 0.34，其中高于 1.5g/kg 的 154 个，占 7.09%；1.2～1.5g/kg 的 435 个，占 20.03%；1～1.2g/kg 的 530 个，占 24.4%；0.75～1g/kg 的 573 个，占 26.38%；0.5～0.75g/kg 的 346 个，占 15.93%；0.3～0.5g/kg 的 90 个，占 4.14%；低于 0.3g/kg 的 44 个，占 2.03%。具体分级面积情况如表 4-9 所示。

表 4-9 土壤全氮分级情况

级别	1	2	3	4	5	6	7
标准(g/kg)	>1.5	1.2～1.5	1～1.2	0.75～1	0.5～0.75	0.3～0.5	<0.3
等级面积(hm^2)	1531.19	16852.1	26840.86	34055.47	9502.39	1288	
占总面积比例(%)	1.70	18.71	29.80	37.81	10.55	1.43	

全县耕层土壤全氮高于 1.5g/kg 的土地面积为 1531.19hm^2，占全县土地总面积的 1.7%；1.2～1.5g/kg 的面积为 16852.1hm^2，占 18.71%；1～1.2g/kg 的面积为 26840.86hm^2，占 29.8%；0.75～1g/kg 的面积为 34055.47hm^2，占 37.81%；0.5～0.75 g/kg 的面积为 9502.39hm^2，占 10.55%；0.3～0.5g/kg 的面积为 1288hm^2，占 1.43%。全县耕层土壤全氮平均含量较 1982 年土壤普查时提高 0.26g/kg，增幅为 34.67%(见图 4-3)。

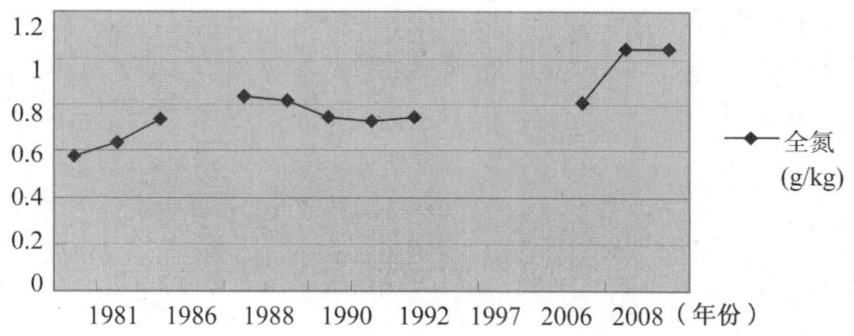

图 4-3 博兴县 1981～2008 年土壤全氮变化趋势图

(二)耕层土壤水解氮含量

土壤中的氮素主要以有机态存在，约占土壤全氮量的 90%，而这些含量的土壤氮素主要以大分子化合物的形式存在于土壤有机质中，作物很难吸收利用，属迟效性氮。其余部分则以小分子有机态或铵态、硝态和亚硝态等形式的无机态存在，一般占土壤全氮的 10%以下，可以被植物直接吸收利用。

土壤中的铵态氮和硝态氮是被作物直接吸收的无机态氮，也称为“速效氮”，通常用碱解法测定其含量，故又称为“水解氮”。土壤水解氮的含量水平常作为衡量土壤供氮水平的指标。水解氮含量与全氮量呈明显的正相关。

农田土壤氮素含量较高与当地氮肥施用是直接相关的。为获得高产，农民不惜加大化肥投入量，化肥品种以尿素、磷酸二铵、过磷酸钙和复合肥(15－15－15)为主，其中磷酸二铵、过磷酸钙和复合肥主要以基肥施入为主，尿素以追肥为主，有机肥以鸡粪、猪粪和土杂肥为主，主要以基肥撒施方式施入。博兴县农田氮肥的连续高量投入，对当地农业生产的可持续发展造成一定影响。由于氮肥过量施用，造成其他微肥的缺少和农业面源污染问题日益严重。

土壤水解氮测试结果：有效数据 2172 个，平均为 98mg/kg，标准差为 30.6，其中高于 150mg/kg 的 119 个，占 5.48%；120～150mg/kg 的 350 个，占 16.12%；90～120mg/kg 的 812 个，占 37.38%；75～90mg/kg 的 401 个，占 18.46%；60～75mg/kg 的 257 个，占

11.83%；45～60mg/kg 的 152 个，占 7%；30～45mg/kg 的 67 个，占 3.09%；低于 30mg/kg的 14 个，占 0.64%。具体分级面积结果如表 4-10 所示。

表 4-10　　土壤水解氮分级面积情况

级　别	1	2	3	4	5	6	7	8
范围(mg/kg)	>150	120～150	90～120	75～90	60～75	45～60	30～45	<30
耕地面积(hm^2)	594.46	12726.89	51988.4	18050.03	5818.52	891.69		
占总面积比例(%)	0.66	14.13	57.72	20.04	6.46	0.99		

全县耕层土壤水解氮含量较高，其中高于 150mg/kg 含量的土地面积为 594.46hm^2，占全县土地总面积的 0.66%；120～150mg/kg 的面积为 12726.89hm^2，占 14.13%；90～120 mg/kg 的面积为 51988.4hm^2，占 57.72%；75～90mg/kg 的面积为 18050.03hm^2，占 20.04%；60～75mg/kg 的面积为 5818.52hm^2，占 6.46%；45～60mg/kg的面积为 891.69hm^2，占 0.99%。全县耕层土壤水解氮平均含量为 98mg/kg，较 1982 年土壤普查时的 33mg/kg 提高 65mg/kg，增幅较大(见图 4-4)。

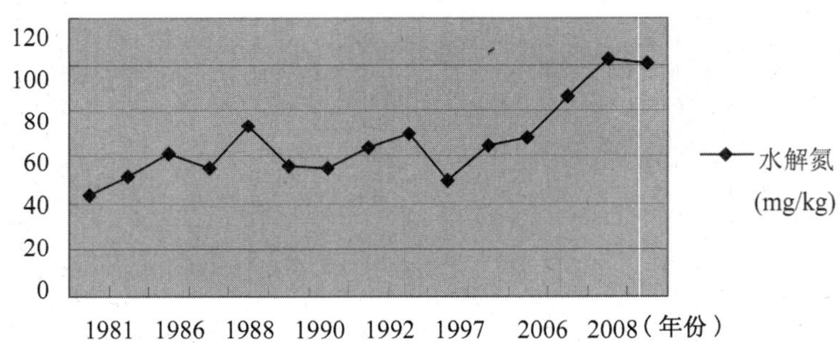

图 4-4　博兴县 1981～2008 年土壤水解氮变化趋势图

二、土壤磷素

耕层土壤中的磷一般以无机磷和有机磷两种形态存在，通常有机磷占全磷量的 20%～50%，无机磷占全磷的 50%～80%。无机形态的磷中易溶性磷酸盐及土壤胶体吸附的磷酸根离子和有机形态磷中易矿化的部分被称为“土壤有效磷”，占土壤总磷量的 10%左右。土壤有效磷含量是衡量土壤养分容量和强度水平的重要指标。

2006～2008 年共化验分析土壤有效磷土样 7472 个，平均含量为 37.6mg/kg，标准差为 29.19，其中高于 120mg/kg 的 151 个，占 2.02%；80～120mg/kg 的 322 个，占 4.31%；50～80mg/kg 的 1143 个，占 15.3%；30～50mg/kg 的 2230 个，占 29.84%；20～30mg/kg 的 1713 个，占 22.93%；15～20mg/kg 的 870 个，占 11.64%；10～15mg/kg 的 584 个，占 7.82%；5～10mg/kg 的 310 个，占 4.15%；低于 5mg/kg 的 149 个，占 1.99%。有 46.54%的含量为 5～30mg/kg。具体分级面积如表 4-11 所示。

表 4-11　　土壤有效磷含量分级面积情况

级　别	1	2	3	4	5	6	7	8	9
范围(mg/kg)	>120	80～120	50～80	30～50	20～30	15～20	10～15	5～10	<5
耕地面积(hm^2)	0	315.25	8736.79	49979.84	25318.68	4305.35	855.67	558.43	
占总面积比例(%)	0	0.35	9.7	55.49	28.11	4.78	0.95	0.62	

全县土壤有效磷含量呈较丰富状态。其中含量为 80～120mg/kg 的土地面积为 315.25hm^2，占全县土地总面积的 0.35%；50～80mg/kg 的面积为 8736.79hm^2，占 9.7%；30～50mg/kg 的面积为 49979.84hm^2，占 55.49%；20～30mg/kg 的面积为 25318.68hm^2，占 28.11%；15～20mg/kg 的面积为 4305.35hm^2，占 4.78%；10～15 mg/kg的面积为 855.67hm^2，占 0.95%；5～10mg/kg 的面积为 558.43hm^2，占 0.62%。

1982 年土壤普查时，全县有效磷平均含量为 7.743mg/kg，范围为 0.9～50mg/kg。经过 20 多年的耕作，特别是大量磷肥(过磷酸钙、磷酸二铵)的施用，使大量磷素得以积累，极大地抬升了土壤有效磷的含量。当前全县土地平均有效磷的含量为 37.6mg/kg，是 1982 年土壤普查时的 4.86 倍(见图 4-5)。

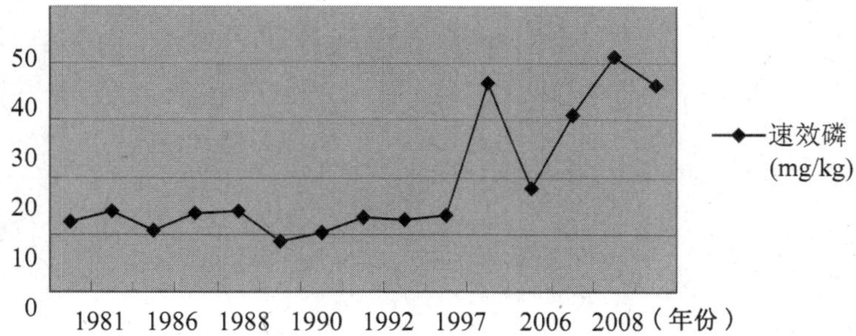

图 4-5　博兴县 1981～2008 年土壤有效磷变化趋势图

三、土壤钾素

(一)土壤缓效钾测试结果

有效数据 2172 个，平均含量为 870mg/kg，标准差为 186.26，高于 1200mg/kg 的 75 个，占 3.45%；900～1200mg/kg 的 878 个，占 40.42%；750～900mg/kg 的 626 个，占 28.82%；500～750mg/kg 的 554 个，占 25.51%；300～500mg/kg 的 36 个，占 1.66%；低于 300mg/kg 的 3 个，占 0.14%。具体分级如表 4-12 所示。

表 4-12　　土壤缓效钾含量分级情况

级　别	1	2	3	4	5	6
范围(mg/kg)	>1200	900～1200	750～900	500～750	300～500	<300
分类面积(hm^2)	117.09	43728.99	29957.28	16266.64		
占总面积比例(%)	0.13	48.55	33.26	18.06		

全县土壤缓效钾含量高于1200mg/kg的土地面积为117.09hm^2，占全县土地总面积的0.13%；900～1200mg/kg的面积为43728.99hm^2，占48.55%；750～900mg/kg的面积为29957.28hm^2，占33.26%；500～750mg/kg的面积为16266.64hm^2，占18.06%。

（二）土壤速效钾测试结果

有效数据7472个，平均含量为168mg/kg，标准差为65.22，其中高于300mg/kg的186个，占2.48%；200～300mg/kg的1294个，占17.32%；150～200mg/kg的1782个，占23.85%；120～150mg/kg的1512个，占20.24%；100～120mg/kg的952个，占12.74%；75～100mg/kg的1099个，占14.71%；50～75mg/kg的558个，占7.47%；低于50mg/kg的89个，占1.19%。有92.57%的含量在50～250mg/kg，具体分级面积如表4-13所示。

表4-13　　土壤速效钾含量分级情况

级　别	1	2	3	4	5	6	7	8
范围(mg/kg)	＞300	200～300	150～200	120～150	100～120	75～100	50～75	＜50
分类面积(hm^2)	1324.03	20364.83	29119.63	23724.44	9961.74	4665.63	909.71	
占总面积比例(%)	1.47	22.61	32.33	26.34	11.06	5.18	1.01	

全县土壤速效钾高于300mg/kg的面积为1324.03hm^2，占全县土地总面积的1.47%；200～300mg/kg的面积为20364.83hm^2，占22.61%；150～200mg/kg的面积为29119.63hm^2，占32.33%；120～150mg/kg的面积为23724.44hm^2，占26.34%；100～120mg/kg的面积为9961.74hm^2，占11.06%；75～100mg/kg的面积为4665.63hm^2，占5.18%；50～75mg/kg的面积为909.71hm^2，占1.01%。

土壤速效钾含量是衡量土壤供钾水平的重要指标。土壤速效钾含量受人为耕作的影响较大，不同土壤类型间差异比较明显。地势平坦、耕层质地适宜、有良好水浇条件的土壤，由于大量施用化肥，速效钾含量相对较高。无水浇条件、肥料施用少的土壤，含量较低。

1982年全县土壤普查时速效钾含量幅度为39～62.8mg/kg，平均为56.592 mg/kg。与1982年相比，全县土壤耕层土壤速效钾含量上升较快，平均含量增加了1.97倍，其中高于150mg/kg、处于丰富水平的面积占全县土地总面积56.41%，该等级平均含量达到299.04mg/kg；100～150mg/kg、处于中等水平的面积占37.4%；100mg/kg以下的占6.19%（见图4-6）。

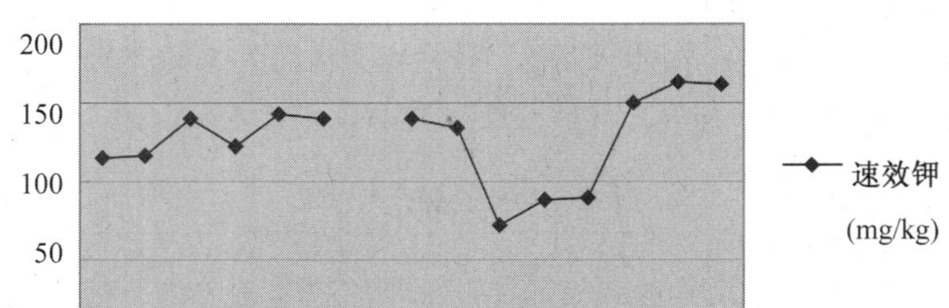

图4-6　博兴县1981～2008年土壤速效钾变化趋势图

第四节 土壤中微量元素状况

一、土壤有效铁测试结果

有效数据2037个，平均为6.59mg/kg，标准差为2.71，其中高于20mg/kg的3个，占0.15%；10～20mg/kg的171个，占8.39%；4.5～10mg/kg的1404个，占68.93%；2.5～4.5mg/kg的449个，占22.53%。具体分级如表4-14所示。

表4-14 土壤有效铁含量分级情况

级别	1	2	3	4	5
范围(mg/kg)	>20	10～20	4.5～10	2.5～4.5	<2.5
分类面积(hm^2)	0	1513.18	82846.39	5710.44	
占总面积比例(%)	0	1.68	91.98	6.34	

土壤有效铁含量为10～20mg/kg的面积为1513.18hm^2，占全县土地总面积的1.68%；4.5～10mg/kg的面积为82846.39hm^2，占91.98%；2.5～4.5mg/kg的面积为5710.44hm^2，占6.34%。

二、土壤有效锰测试结果

有效数据2037个，平均为13.97mg/kg，标准差为6.25，其中高于30mg/kg的58个，占2.85%；15～30mg/kg的554个，占27.2%；5～15mg/kg的1394个，占68.43%；1～5mg/kg的30个，占1.47%；低于1mg/kg的1个，占0.05%。具体分级如表4-15所示。

表4-15 土壤有效锰含量分级情况

级别	1	2	3	4	5	6
范围(mg/kg)	>30	15～30	5～15	2.5～4.5	1～5	<1
分类面积(hm^2)	315.25	29506.93	60247.82			
占总面积比例(%)	0.35	32.76	66.89			

土壤有效锰含量高于30mg/kg的面积为315.25hm^2，占全县土地总面积的0.35%；15～30mg/kg的面积为29506.93hm^2，占32.76%；5～15mg/kg的面积为60247.82hm^2，占66.89%。

三、土壤有效铜测试结果

有效数据2037个，平均为1.6mg/kg，标准差为1.64，其中高于1.8mg/kg的394个，占19.34%；1～1.8mg/kg的991个，占48.65%；0.2～1mg/kg的641个，占31.47%；0.1～0.2mg/kg的6个，占0.29%；低于0.1的5个，占0.25%。具体分级如表4-16

所示。

表 4-16　　土壤有效铜含量分级情况

级　别	1	2	3	4	5
范围(mg/kg)	>1.8	1～1.8	0.2～1	0.1～0.2	<0.1
分类面积(hm^2)	19410.09	52654.92	18004.99		
占总面积比例(%)	21.55	58.46	19.99		

土壤有效铜含量高于 1.8mg/kg 的面积为 19410.09hm^2，占全县土地总面积的 21.55%；1～1.8mg/kg 的面积为 52654.92hm^2，占 58.46%；0.2～1mg/kg 的面积为 18004.99hm^2，占 19.99%。

四、土壤有效锌测试结果

有效数据 2037 个，平均为 0.85mg/kg，标准差为 0.52，其中高于 3mg/kg 的 12 个，占 0.59%；1～3mg/kg 的 439 个，占 21.55%；0.5～1mg/kg 的 1351 个，占 66.32%；0.3～0.5mg/kg的 200 个，占 9.82%；低于 0.3mg/kg 的 35 个，占 1.72%。具体分级如表 4-17 所示。

表 4-17　　土壤有效锌含量分级情况

级　别	1	2	3	4	5
范围(mg/kg)	>3	1～3	0.5～1	0.3～0.5	<0.3
分类面积(hm^2)	0	16879.12	71722.74	1468.14	
占总面积比例(%)	0	18.74	79.63	1.63	

五、土壤有效硼测试结果

有效数据 2037 个，平均为 1.04mg/kg，标准差为 0.27，其中高于 2mg/kg 的 11 个，占 0.54%；1～2mg/kg 的 1077 个，占 52.87%；0.5～1mg/kg 的 942 个，占 46.25%；0.2～0.5mg/kg的 7 个，占 0.34%。具体分级面积如表 4-18 所示。

表 4-18　　土壤有效硼含量分级情况

级　别	1	2	3	4	5
范围(mg/kg)	>2	1～2	0.5～1	0.2～0.5	<0.2
分类面积(hm^2)	72.06	53645.69	36352.25		
占总面积比例(%)	0.08	59.56	40.36		

土壤有效硼含量高于 2mg/kg 的面积为 72.06hm^2，占全县土地总面积的 0.08%；1～2mg/kg的面积为 53645.69hm^2，占 59.56%；0.5～1mg/kg 的面积为 36352.25hm^2，

占 40.36%。

六、土壤有效硫测试结果

有效数据 650 个，平均为 79.5mg/kg，标准差为 122.56，其中高于 100mg/kg 的 134 个，占 20.62%；75～100mg/kg 的 29 个，占 4.46%；60～75mg/kg 的 33 个，占 5.08%；45～60mg/kg 的 47 个，占 7.23%；30～45mg/kg 的 121 个，占 18.62%；15～30mg/kg 的 204 个，占 31.38%；低于 15mg/kg 的 82 个，占 12.62%。

七、土壤交换性钙测试结果

有效数据 650 个，平均为 7789mg/kg，标准差为 942.34，其中高于 6000mg/kg 的 633 个，占 97.38%；4000～6000mg/kg 的 14 个，占 2.15%；低于 4000mg/kg 的 3 个，占 0.46%。

八、土壤交换性镁测试结果

有效数据 650 个，平均为 718mg/kg，标准差为 88.36，其中高于 600mg/kg 的 595 个，占 91.54%；400～600mg/kg 的 43 个，占 6.62%；低于 400mg/kg 的 12 个，占 1.85%。

九、土壤有效钼测试结果

有效数据 650 个，平均为 0.1mg/kg，标准差为 0.03，其中高于 0.15mg/kg 的 34 个，占 5.23%；0.1～0.15mg/kg 的 326 个，占 50.15%；低于 0.1mg/kg 的 290 个，占 44.62%。

十、土壤有效铁、有效锰、有效铜、有效硼、有效锌、有效钙、有效镁、有效硫、有效钼评价

从耕地土壤微量元素养分含量看，土壤有效硼、有效铜含量均略高于适宜值上限，土壤有效锰含量在适宜值下限上，土壤有效铁、有效锌含量则在适宜值下限，因此铁和锌成为作物的限制因子，在施肥上应注意铁肥和锌肥的施用，以提高作物的产量和品质(见表 4-19)。

表 4-19　全县土壤中微量元素养分指标与作物需要限值(2006～2008 年数据)

	有效铁(mg/kg)	有效锰(mg/kg)	有效铜(mg/kg)	有效硼(mg/kg)	有效锌(mg/kg)
全县平均	6.59	13.97	1.6	1.04	0.85
适宜值下限	10	10	0.2	0.5	1.6
适宜值上限	15	15	1	1	3
临界值	5	7	0.1	0.5	0.5

第五节 土壤养分变化及原因分析

一、土壤养分变化趋势分析

博兴县各地由于土壤类型、地形地貌、种植制度及农民施肥习惯不同，土壤养分状况也存在着差别。综合土样化验分析结果，以有机质、全氮、水解氮、有效磷和速效钾总体上来衡量，以褐土、潮褐土、潮土养分含量最高，砂姜黑土次之，滨海潮盐土、滨海潮土由于地下水位高，土壤养分随水淋洗造成浪费而含量低。另外，受黄河水位的影响，北部地区土壤 pH 低于南部，由于受种植制度和农民施肥习惯的影响，南部地区的土壤养分高于北部地区。受作物秸秆还田的影响，粮田地块的有机质含量高于棉田地块，而蔬菜地块的水解氮、有效磷、速效钾及微量元素的含量均高于其他种植作物的地块。

二、有机质变化的原因

土壤有机质泛指土壤中来源于生命的物质，土壤中除土壤矿物质以外的物质都可以叫土壤有机质。动植物、微生物残体和施入的有机肥料是土壤有机质的主要来源。土壤中的有机质含量随着人为耕作管理措施的不同及采样时间的不同，都会发生较大的变化。

（一）采样时间

采样时间不同，导致土壤有机质含量差异很大。土壤中的动植物、微生物残体和施入的有机肥因为采样时间不同，矿化度也不同。春季采样时，土壤中的有机物经过一个冬季的矿化，虽然温度很低，矿化作用小，但也有一定的矿化作用。而秋季采样时，由于作物刚刚收获完毕，动植物残体都还未经矿化，以至于土壤中的有机质含量稍高于春季采样。

（二）人为耕作管理措施

人为耕作管理措施是影响土壤有机质含量的一个主要因素。全国第二次土壤普查时，有机质的肥力水平是自然与人工复合作用的结果。自 20 世纪 80 年代以来，中国推行家庭联产承包责任制后，农民的积极性得到了极大的提高，有机肥的施用量逐年增长，而且秸秆还田技术也开始大面积的推广。此时段，有机肥的施入量超过有机质矿化分解的量，所以有机质含量普遍呈上升趋势，有机质含量上升的幅度也最大。如果有机肥投入不足，随着作物产量的不断增加，部分地区的有机质入不敷出，会呈下降的趋势，应注意土壤的培肥管理。

三、土壤耕层无机养分变化的原因

土壤是在一定气候环境条件下形成的活生物体，受形成条件、成土母质、气候、植被、耕作方式等因素的影响。耕层土壤养分有明显的差异，在一定程度上其变化受人为因素的影响较大。根据合理施肥的理论，依据养分归还学说、最小养分律、报酬递减律、最适因子律、因子综合作用律等原理，在农业生产中，为了得到高的产量，就向土壤中施入了大量的肥料，以至于作物在整个生育周期也有可能吸收不了施入的养分。可移动的养分，比如氮会随水流失，而移动性小的磷和钾则残留在土壤中。因此，土壤中的有效养分因为过度施肥而有所增加。

(一)氮素

长期施用化肥，尤其是氮肥，可以提高土壤全氮及水解氮含量。这是因为施氮肥可增加作物根系总量和根分泌物的含量，即增加了归还土壤的有机氮量。有机肥单施能显著提高土壤全氮及水解氮含量，但其作用不如化学氮肥来得快。在有机肥中，厩肥的作用优于绿肥和秸秆，在某些土壤上，即使施用厩肥，土壤有机氮含量也会缓慢下降。有机肥与无机肥配合施用对于提高土壤氮素含量具有重要意义，这既能快速提高土壤中水解氮的含量，又能长久保存土壤氮素。

(二)磷素

磷在植物大量元素中占有重要地位，然而，与其他大量元素相比，土壤磷的含量相对较低。由于磷肥的残效期较长，重施一次磷肥，其后效至少可持续10年以上。多年来，农民认识到了施磷肥对作物的增产作用，加大对磷肥的投入，提高了土壤的有效磷水平。

(三)钾素

土壤钾库极大，即使长期施用钾肥，对土壤全钾的影响也很难测出，但钾肥能显著提高土壤代换离子的含量。近几年来，随着农民种田科技素质的不断提高，农民对钾肥在作物生产中的增产效果认识增加，通过加大对钾肥的投入，提高了土壤中速效钾含量。

四、增加土壤肥力的途径

针对博兴县土壤养分状况，综合小麦、玉米、棉花、蔬菜等主要种植作物的养分需求量，具体制定施肥配方建议：在玉米上应控氮适磷，增施钾肥，高产田块补施锌、铁等微肥，注重养分协调，重视种肥，追肥延后，大力推广配方肥；在小麦上主张适氮稳磷增钾，锌、硼、锰因缺补缺，重施基肥，巧施追肥，高产地块增加追肥的比例；在棉花上，氮、磷、钾科学平衡，稳磷增钾，钙、硫、锌、铁、硼等中微量元素适当增补，土壤施肥与叶面喷肥相结合，注重植株健壮生长，防止徒长。另外，为了改良土壤，减少因化肥过量对土壤的污染，应该注重土杂肥和有机肥的施用量，科学施肥，配方用肥，以提高肥料利用率，改善土壤质地，提高耕地质量。土壤肥力高低直接决定土地生产力的高低，因此又决定农业收入的高低。采取切实有力的对策加以扭转，来提高土壤肥力，增加农民收入。

(一)推广秸秆还田技术，增加有机质

据测定，鲜玉米秸秆中含氮量为0.61%，含磷量为0.27%，含钾量为2.28%，有机质含量为15%。如果每亩还田400kg秸秆，相当于施用土杂肥1280kg，即5.7kg的纯氮，2.7kg的纯磷，6.6kg的纯钾。大量的秸秆还田使秸秆吸收的养分又归还土壤，使土壤中的速效氮、磷、钾和有机质明显的提高，特别是有机质和速效钾更加明显。不仅能够提高土壤肥力，供应作物营养，而且可以防止秸秆田间焚烧后对周围环境产生的污染，还能节省劳力和运输费用。

(二)推广配方施肥等新技术，按需供肥

配方施肥是根据作物需肥规律、土壤供肥性能与肥料效应，产前确定施肥品种、数量、比例及相应科学施肥技术。实践证明，推广测土配方施肥技术，可以提高化肥利用率5%

～10％，增产率一般为10～15％，高的可达20％以上。实行测土配方施肥不但能提高化肥利用率，获得稳产、高产，还能改善农产品质量，是一项增产节肥、节支增收的技术措施。

（三）增施有机肥，有机、无机配合施用

有机肥是含有氮、磷、钾和微量元素的完全肥料，在培肥改土方面有着化肥不可代替的作用。有机肥料不仅能为农作物提供全面营养，促进生长，而且有机肥进入土壤后经过分解与合成，形成土壤有机胶体，它与土壤无机胶体复合促使土壤中形成良好的土壤团粒结构，增强土壤的保水、保肥、供肥能力。有机肥与化肥配合施用，可使化肥利用率大大提高，肥效得到充分发挥，同时化肥用量也可相应减少。

（四）推广施用控制释放肥料

确切意义的控制释放肥料是指那些养分释放速率能与作物需肥规律相一致或基本一致的肥料。这类肥料能最大限度地提高肥料利用率，防止多余养分对环境的污染，推广施用缓释、控释肥料，提高肥料利用率，减少环境污染，同时培肥地力。

第五章　耕地地力评价

耕地是农业生产的基本要素，是农业生产中不可替代的重要生产资料，是保持社会和国民经济可持续发展的重要资源。保护耕地是基本国策之一，因此，及时掌握耕地资源的数量、质量及其变化对于合理规划和利用耕地、切实保护耕地有十分重要的意义。在全面的野外调查和室内化验分析，获取大量耕地地力相关信息的基础上，进行了博兴县耕地地力的综合评价。评价结果对于摸清全县耕地地力的现状及问题提供了帮助，而且为耕地资源的高效和可持续利用提供了重要的科学依据。

第一节　耕地地力评价方法

一、评价的原则、依据

(一)评价的原则

耕地地力就是耕地的生产能力，是在一定区域内一定的土壤类型上耕地的土壤理化性状、所处自然环境条件、农田基础设施及耕作施肥管理水平等因素的总和。根据评价的目的要求，在博兴县耕地地力评价中遵循的基本原则有四条。

1.综合因素研究与主导因素分析相结合的原则

土地是一个自然经济综合体，是人们利用的对象，对土地质量的鉴定涉及自然和社会经济多个方面。耕地地力也是各类要素的综合体现。综合因素研究是指对地形地貌、土壤理化性状、相关社会经济因素之总体进行全面的研究、分析与评价，以全面了解耕地地力状况。主导因素是指对耕地地力起决定作用的、相对稳定的因子，在评价中要着重对其进行研究分析。因此，把综合因素与主导因素结合起来进行评价则可以对耕地地力作出科学准确的评定。

2.共性评价与专题研究相结合的原则

博兴县耕地利用存在水浇地、旱地、灌溉水田等多种类型，而且土壤理化性状、环境条件、管理水平等不同，因此，耕地地力水平有较大的差异。考虑区域内耕地地力的系统性、可比性，针对不同的耕地利用等状况，应选用统一的、共同的评价指标和标准，即耕地地力的评价不针对某一特定的利用类型。另外，为了解不同利用类型的耕地地力状况及其内部的差异情况，还要对有代表性的主要类型进行专题的深入研究。这样，共性评价与专题研究相结合，使整个的评价和研究具有更大的应用价值。

3.定量和定性相结合的原则

土地系统是一个复杂的灰色系统，定量和定性要素共存，相互作用，相互影响。因此，为了保证评价结果的客观合理，宜采用定量和定性评价相结合的方法。在总体上，为了保证评价结果的客观合理，尽量采用定量评价方法，对可定量化的评价因子如有机质等养分含量、土层厚度等按其数值参与计算，对非数量化的定性因子如土壤表层质地、土体构型等则进行量化处理，确定其相应的指数，并建立评价数据库，利用计算机进行运算和处理，尽量避免人为随意性因素的影响。在评价因素筛选、权重确定、评价标准、等级确定等评价过程中，尽量采用定量化的数学模型，在此基础上充分运用人工智能和专家知识，对评价的中间过程和评价结果进行必要的定性调整，定量与定性相结合，从而保证了评价结果的准确合理。

4.采用GIS支持的自动化评价方法的原则

自动化、定量化的土地评价技术方法是当前土地评价的重要方向之一。近年来，随着计算机技术，特别是GIS技术在土地评价中的不断应用和发展，基于GIS的自动化评价方法已不断成熟，使土地评价的精度和效率大大提高。本次耕地地力评价工作通过数据库建立、评价模型及其与GIS空间叠加等分析模型的结合，实现了全数字化、自动化的评价流程，在一定的程度上代表了当前土地评价的最新技术方法。

（二）评价的依据

耕地地力是耕地本身的生产能力，因此，耕地地力的评价依据与此相关的各类自然和社会经济要素，具体包括三个方面。

1.耕地地力的自然环境要素

耕地地力的自然环境要素包括耕地所处的地形地貌条件、水文地质条件、成土母质条件以及土地利用状况等。

2.耕地地力的土壤理化要素

耕地地力的土壤理化要素包括土壤剖面，土体构型，耕层厚度，质地，容重等物理性状；有机质，N、P、K等主要养分，微量元素，pH，交换量等化学性状。

3.耕地地力的农田基础设施条件

耕地地力的农田基础设施条件包括耕地的灌排条件、水土保持工程建设、培肥管理条件等。

二、评价流程

整个评价可分为三个方面的主要内容，按先后的次序分别为：

（1）资料工具准备及数据库建立：根据评价的目的、任务、范围、方法，收集准备与评价有关的各类自然及社会经济资料，进行资料的分析处理。选择适宜的计算机硬件和GIS等分析软件，建立耕地地力评价基础数据库。

（2）耕地地力评价：划分评价单元，提取影响地力的关键因素并确定权重，选择相应评价方法，制定评价标准，确定耕地地力等级。

（3）评价结果分析：依据评价结果，量算各等级耕地面积，编制耕地地力分布图，分析耕地地力问题，提出耕地资源可持续利用的措施建议。

评价的工作流程如图 5-1 所示。

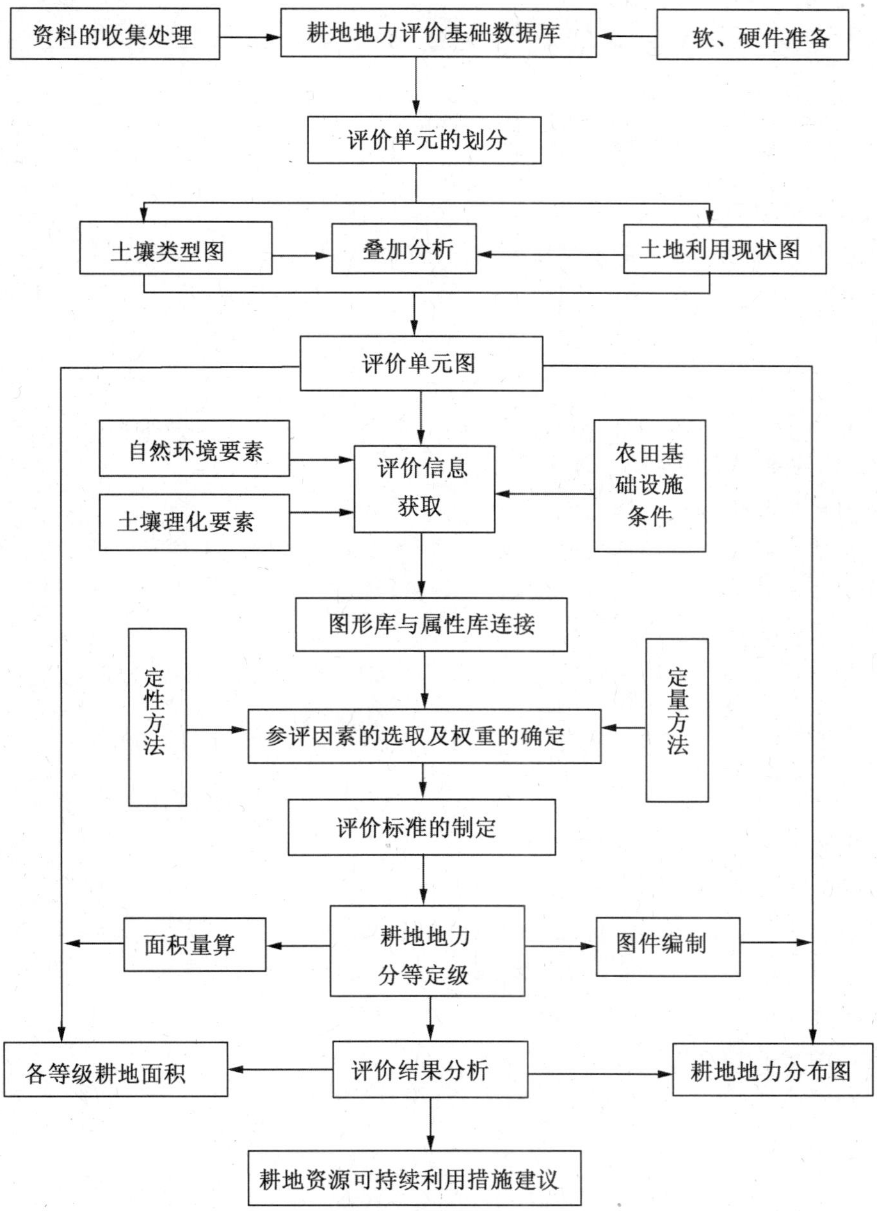

图 5-1　博兴县耕地地力评价流程图

三、软、硬件准备

(一)硬件准备

硬件主要包括高档计算机、A0 幅面数字化仪、A0 幅面扫描仪、喷墨绘图仪等。计算机主要用于数据和图件的处理分析，数字化仪、扫描仪用于图件的输入，喷墨绘图仪用于成果图的输出。

（二）软件准备

一是 Windows 操作系统软件，二是 FOXPRO 数据库管理、SPSS 数据统计分析/ACCESS 数据管理系统等应用软件，三是 MAPGIS、ARCVIEW、ARCMAP 等 GIS 软件。

四、资料的收集、处理

（一）资料的收集

耕地地力评价是以耕地的各性状要素为基础的，因此，必须广泛地收集与评价有关的各类自然和社会经济因素资料，为评价工作作好数据的准备。本次耕地地力评价收集获取的资料主要包括四个方面。

1. 野外调查资料

按野外调查点获取，主要包括地形地貌、土壤母质、水文、土层厚度、表层质地、耕地利用现状、灌排条件、作物产量、管理水平等。

2. 室内化验分析资料

资料包括有机质、全氮、速效氮、全磷、有效磷、速效钾等大量养分含量，交换性钙、交换性镁等中量养分含量，有效锌、有效硼、有效钼等微量养分含量，以及 pH 等。

3. 社会经济统计资料

以行政区划为基本单位的人口、土地面积、作物及蔬菜瓜果面积，以及各类投入产出等社会经济指标数据。

4. 基础及专题图件资料

1∶50000 比例尺的地形图、行政区划图、土地利用现状图、地貌图、土壤图等。

（二）资料的处理

获取的评价资料可以分为定量和定性资料两大部分。为了采用定量化的评价方法和自动化的评价手段，减少人为因素的影响，需要对其中的定性因素进行定量化处理，根据因素的级别状况赋予其相应的分值或数值。另外，对于各类养分等按调查点获取的数据，则需要进行插值处理，生成各类养分图。

1. 定性因素的量化处理

土壤表层质地：考虑不同质地类型的土壤肥力特征以及与植物生长发育的关系，赋予不同质地类别以相应的分值（见表 5-1）。

表 5-1　土壤表层质地的量化处理

质地类别	中壤	轻壤	重壤	砂壤	砂土
分　值	100	95	80	70	55

土体构型：首先以土层质地类别和其在土体中的部位对各类土体构型进行归纳，根据不同的土体构型对植物生长发育的影响，赋予不同土体构型以相应的分值（见表 5-2）。

表 5-2　　土体构型的量化处理

土体构型	壤均质	壤质黏心	黏质壤心	砂质壤心	黏均质	砂质黏心	壤质砂心	砂均质
分　值	100	90	87	80	77	70	65	58

地貌类型:根据不同的地貌类型对耕地地力及作物生长的影响,赋予其相应的分值(见表 5-3)。

表 5-3　　地貌类型的量化处理

地貌类型	缓平坡地	湖沼平原	岗地	洼地	滨海平地
分　值	100	89	80	78	70

矿化度:根据不同的矿化度程度对耕地地力及作物生长的影响,赋予其相应的分值(见表 5-4)。

表 5-4　　矿化度的量化处理

矿化度	＜0.5	0.5～2	2～5	＞5
分　值	100	90	65	40

盐渍化程度:考虑到博兴县的土壤中存在不同的盐渍化,将其盐渍化程度划分为不同的等级,并据其对耕地地力的影响程度进行量化处理(见表 5-5)。

表 5-5　　土壤盐渍化程度的量化处理

盐渍化程度	无	轻度	中度	重度	盐土
分　值	100	85	70	50	30

2.各类养分专题图层的生成

对于土壤有机质、氮、磷、钾、锌、硼、钼等养分数据,首先按照野外实际调查点进行整理,建立以各养分为字段、以调查点为记录的数据库。然后,进行土壤采样样点图与分析数据库的连接,在此基础上插值生成各养分专题图层。

分别对比在 MAPGIS 和 ARCVIEW 环境中的插值结果,发现 ARCVIEW 环境中的插值结果线条更为自然圆滑,更符合实际。因此,本研究中所有养分采样点数据均在 ARCVIEW 环境下操作,利用其空间分析模块功能对各养分数据进行自动的插值处理。经编辑处理后,自动生成各土壤养分专题栅格图层。后续的耕地地力评价也以栅格形式进行,与矢量形式相比,能够将各评价要素信息精确到栅格(像元)水平,保证了评价结果的准确性。图 5-2 和图 5-3 为在 ARCVIEW 环境下插值生成的博兴县土壤有机质、水解氮含量分布栅格图。

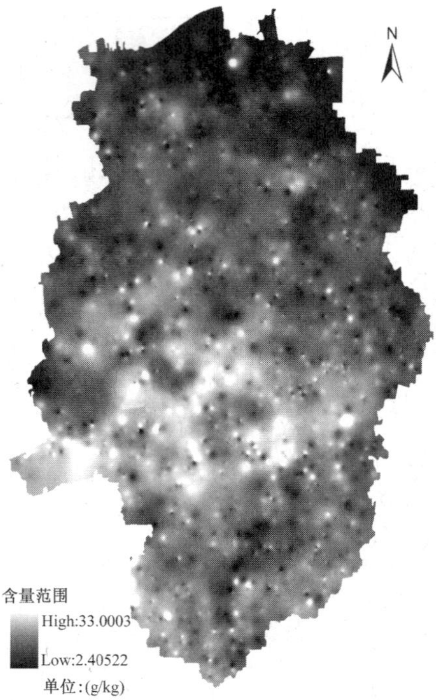

图 5-2　博兴县土壤有机质含量栅格图(1：318500)

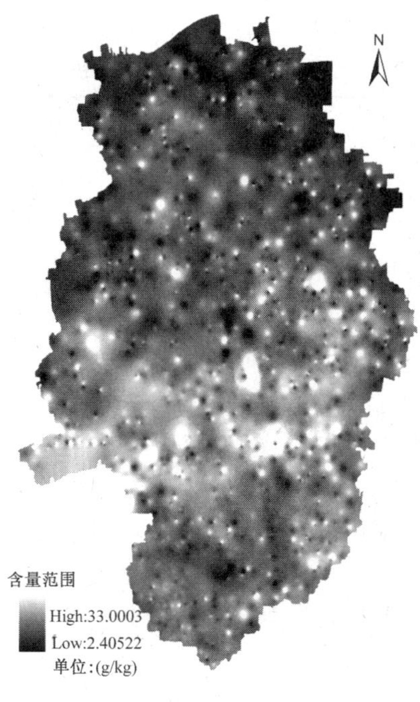

图 5-3　博兴县土壤水解氮含量栅格图(1：318500)

五、基础数据库的建立

（一）基础属性数据库的建立

为更好地对数据进行管理和为后续工作提供方便，将采样点基本情况信息、农业生产情况信息、土壤理化性状化验分析数据等信息以调查点为基本数据库记录进行属性数据库的建立，作为后续耕地地力评价工作的基础。

（二）基础专题图图形库的建立

将经扫描矢量化及插值等处理生成的各类专题图件，在 ARCVIEW 和 MAPGIS 软件的支持下，分别以栅格形式和点、线、区文件的形式进行存储和管理，同时将所有图件统一转换到相同的地理坐标系统下，以进行图件的叠加等空间操作，各专题图图斑属性信息通过键盘交互式输入或通过与属性库挂接读取，构成基本专题图图形数据库。图形库与基础属性库之间通过调查点相互连接。

六、评价单元的划分

评价单元是由对土地质量具有关键影响的各土地要素组成的空间实体，是土地评价的最基本单位、对象和基础图斑。同一评价单元内的土地自然基本条件、土地的个体属性和经济属性基本一致，不同土地评价单元之间，既有差异性，又有可比性。耕地地力评价就是要通过对每个评价单元的评价，确定其地力级别，把评价结果落实到实地和编绘的土地资源图上。因此，土地评价单元划分的合理与否，直接关系到土地评价的结果以及工作量的大小。

目前，对土地评价单元的划分尚无统一的方法，有以土壤类型、以土地利用类型、以行政区划单位、以方里网等多种方法。本次博兴县耕地地力评价土地评价单元的划分采用土壤图、土地利用现状图的叠置划分法，相同土壤单元及土地利用现状类型的地块组成一个评价单元，即“土地利用现状类型—土壤类型”的格式。其中，土壤类型划分到土种，土地利用现状类型划分到二级利用类型，制图区界以博兴县最新土地利用现状图为准。为了保证土地利用现状的现实性，基于野外的实地调查对耕地利用现状进行了修正。同一评价单元内的土壤类型相同，利用方式相同，交通、水利、经营管理方式等基本一致，用这种方法划分评价单元可以反映单元之间的空间差异性，既使土地利用类型有了土壤基本性质的均一性，又使土壤类型有了确定的地域边界线，从而使评价结果更具综合性、客观性，可以较容易地将评价结果落实到实地。

通过图件的叠置和检索，将博兴县耕地地力划分为 6607 个评价单元。

七、评价信息的提取

影响耕地地力的因子非常多，并且它们在计算机中的存储方式也不相同，因此，如何准确地获取各评价单元评价信息是评价中的重要一环。鉴于此，舍弃直接从键盘输入参评因子值的传统方式，采取将评价单元与各专题图件叠加采集各参评因素的信息。具体的做法是：(1)按唯一标志原则为评价单元编号；(2)在 ARCVIEW 环境下生成评价信息空间库和属性数据库；(3)在 ARCMAP 环境下从图形库中调出各化学性状评价因子的专题图，与评价单元图进行叠加计算出各因子的均值；(4)保持评价单元几何形状不变，在耕地资源管理信息系统中直接对叠加后形成的图形的属性库进行“属性提取”操作，以评价单元为基本统计单位，按面积加权平均汇总评价单元立地条件评价因子的分值。

由此，得到图形与属性相连的、以评价单元为基本单位的评价信息，为后续耕地地力的评价奠定了基础。

第二节　参评因素的选取及其权重确定

正确地进行参评因素的选取并确定其权重，是科学地评价耕地地力的前提，直接关系到评价结果的正确性、科学性和社会可接受性。

一、参评因素的选取

参评因素是指参与评定耕地地力等级的耕地的诸属性。影响耕地地力的因素很多，在本次博兴县耕地地力评价中，根据博兴县的区域特点遵循主导因素原则、差异性原则、稳定性原则、敏感性原则，采用定量和定性方法结合，进行参评因素的选取。

(一)系统聚类方法

系统聚类方法用于筛选影响耕地地力的理化性质等定量指标，通过聚类将类似的指标进行归并，辅助选取相对独立的主导因子。利用 SPSS 统计软件进行了土壤养分等化学性状的系统聚类。

从图 5-4 中可以看出，氯离子、全盐、硝态氮、全氮、交换性钙、有效硅、交换性镁、有效硼、有效钼、有效铁、有效锰、有效锌、有效铜、有效硫聚为一组，有效磷、速效钾、水解氮、缓效钾聚为一组，有机质为一组，pH 为一组。

(二)DELPHI 法

用 DELPHI 法进行影响耕地地力的立地条件、物理性状等定性指标的筛选。由土壤农业化学学者、专家及博兴县土肥站工作人员组成的专家组首先对指标进行分类，在此基础上进行指标的选取，并讨论确定最终的选择方案。

综合以上两种方法，在定量因素中根据各因素对耕地地力影响的稳定性以及营养元素的全面性，在聚类分析第一组中选取有效磷、有效锌为参评因素，第二组中选取有效硼为参评因素，第三组中选取速效钾为参评因素，第四组中选取有机质为参评因素。结合专家组选择结果，最后确定灌溉保证率、矿化度、地貌类型、耕层质地、土体构型、盐渍化程度、有机质、大量元素(速效钾、有效磷)、微量元素(有效锌、有效硼)等 11 项因素作为耕地地力评价的参评指标。

二、权重的确定

在耕地地力评价中，需要根据各参评因素对耕地地力的贡献确定权重。确定权重的方法很多，本评价中采用层次分析法(AHP)来确定各参评因素的权重。

层次分析法是在定性方法基础上发展起来的定量确定参评因素权重的一种系统分析方法，这种方法可将人们的经验思维数量化，用以检验决策者判断的一致性，有利于实现定量化评价。

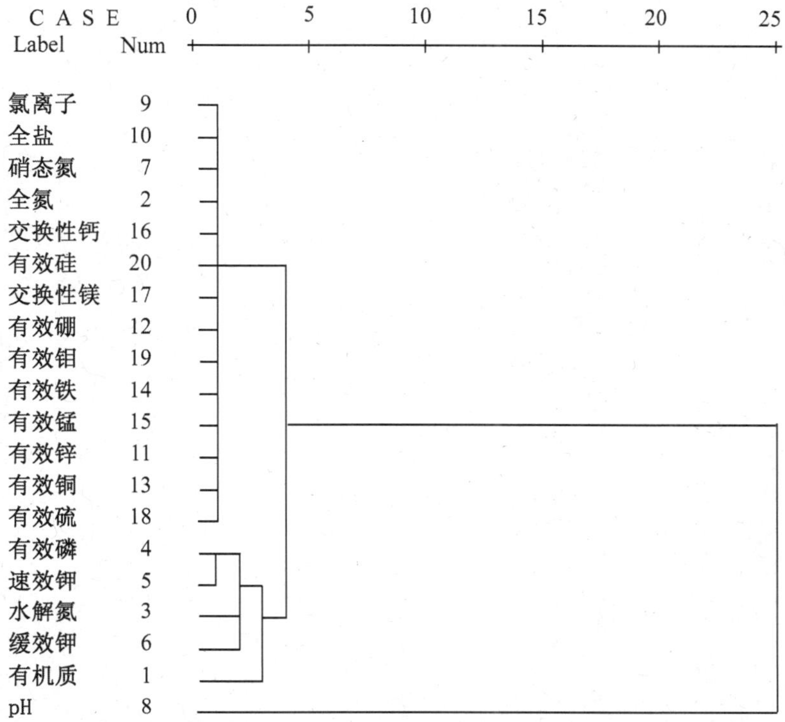

图 5-4　土壤养分等化学性状的聚类分析

AHP 法确定参评因素的步骤如下：

(1)建立层次结构：耕地地力为目标层(G 层)，影响耕地地力的立地条件、物理性状、化学性状为准则层(C 层)，再把影响准则层中各元素的项目作为指标层(A 层)，其结构关系如图 5-5 所示。

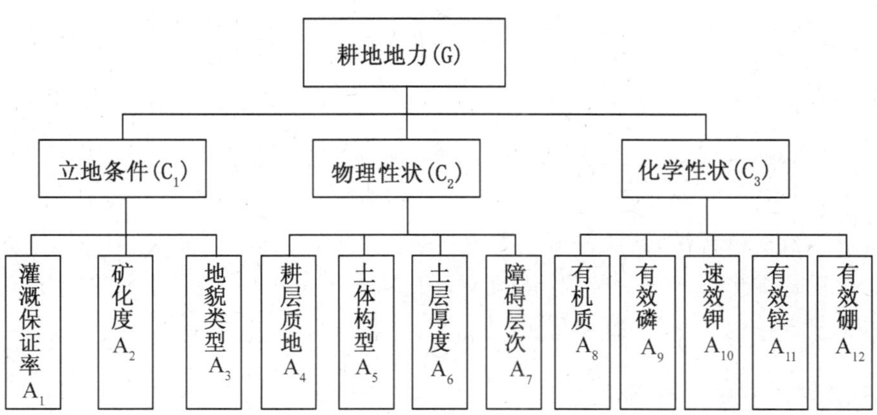

图 5-5　耕地地力影响因素层次结构

(2)构造判断矩阵：根据专家经验，确定 C 层对 G 层以及 A 层对 C 层的相对重要程度，共构成 A、C_1、C_2、C_3 4 个判断矩阵。例如，耕层质地、土体构型、盐渍化程度对耕地物理性状的判断矩阵表示为：

$$C_2=\begin{pmatrix}a_{11} & a_{12} & a_{13}\\ a_{21} & a_{22} & a_{23}\\ a_{31} & a_{32} & a_{33}\end{pmatrix}=\begin{pmatrix}1 & 5 & 3\\ 0.2 & 1 & 0.33\\ 0.33 & 3 & 1\end{pmatrix}$$

其中，a_{ij}（i 为矩阵的行号，j 为矩阵的列号）表示对 C_2 而言，a_i 对 a_j 的相对重要性的数值。

(3)层次单排序及一致性检验：即求取 A 层对 C 层的权数值，可归结为计算判断矩阵的最大特征根对应的特征向量。利用 SPSS 等统计软件，得到各权数值及一致性检验的结果(见表 5-6)。

表 5-6 权数值及一致性检验结果

矩 阵	特征向量					C_I	C_R
矩阵 A		0.3202	0.1226	0.5571		0.009148	0.01577204<0.1
矩阵 C_1		0.6329	0.1058	0.2613		0.020017	0.03451165<0.1
矩阵 C_2		0.6333	0.1061	0.2606		0.01941	0.03346558<0.1
矩阵 C_3	0.5036	0.2307	0.1526	0.0638	0.0492	0.044324	0.0395751<0.1

从表中可以看出，C_R<0.1 时具有很好的一致性。

(4)层次总排序及一致性检验：经层次总排序并进行一致性检验，结果为 $C_I=0$，$C_R=0$，具有满意的一致性，最后计算 A 层对 G 层的组合权数值，得到各因子的权重如表 5-7 所示。

表 5-7 各因子的权重

灌溉保证率	0.2027	耕层质地	0.0777	有机质	0.2806	有效锌	0.0355
矿化度	0.0339	土体构型	0.0130	有效磷	0.1286	有效硼	0.0274
地貌类型	0.0836	盐渍化	0.0320	速效钾	0.0850		

第三节　耕地地力等级的确定

土地是一个灰色系统，系统内部各要素与耕地的生产能力之间关系十分复杂，此外，评价中也存在着许多不严格、模糊性的概念，因此，在评价中引入模糊数学方法，采用模糊评价方法来进行耕地地力等级的确定。

一、参评因素隶属函数的建立

用 DELPHI 法根据一组分布均匀的实测值评估出对应的一组隶属度，然后在计算机中绘制这两组数值的散点图，再根据散点图进行曲线模拟，寻求参评因素实际值与隶属度关系方程，从而建立起隶属函数。各参评因素的分级及其相应的专家赋值和隶属度如表 5-8 所示。

表 5-8　　参评因素的分级及其分值

地貌类型	缓平坡地	湖沼平原	岗地	洼地	滨海平地							
分值	100	89	80	78	70							
隶属度	1.00	0.89	0.80	0.78	0.70							
灌溉保证率	80	70	60	50	30	10	0					
分值	100	90	80	65	40	10	0					
隶属度	1.00	0.90	0.80	0.65	0.40	0.10	0.00					
矿化度	<0.5	0.5～2	2～5	>5								
分值	100	90	65	40								
隶属度	1.00	0.90	0.65	0.40								
有机质	2.0	1.8	1.6	1.4	1.2	1.0	0.8	0.6				
分值	100	98	95	90	84	78	65	50				
隶属度	1.00	0.98	0.95	0.90	0.84	0.78	0.65	0.50				
有效磷	400	300	200	110	80	60	40	30	20	15	10	5
分值	70	80	90	100	98	96	92	90	85	80	60	40
隶属度	0.70	0.80	0.90	1.00	0.98	0.96	0.92	0.90	0.85	0.80	0.60	0.40
速效钾	400	320	240	160	120	100	80	60				
分值	100	98	93	85	82	78	70	50				
隶属度	1.00	0.98	0.93	0.85	0.82	0.78	0.70	0.50				
有效锌	2.0	1.5	1.2	1.0	0.8	0.5	0.3					
分值	100	92	87	85	80	70	55					
隶属度	1.00	0.92	0.87	0.85	0.80	0.70	0.55					
有效硼	1.8	1.5	1.2	1.0	0.8	0.5	0.2					
分值	100	95	87	85	80	70	55					
隶属度	1.00	0.95	0.87	0.85	0.80	0.70	0.55					
耕层质地	中壤	轻壤	重壤	砂壤	砂土							
分值	100	95	80	70	55							
隶属度	1.00	0.95	0.80	0.70	0.55							
土体构型	壤均质	壤质黏心	黏质壤心	砂质壤心	黏均质	砂质黏心	壤质砂心	黏质砂心	砂均质			
分值	100	90	87	80	77	70	65	63	58			
隶属度	1.00	0.90	0.87	0.80	0.77	0.70	0.65	0.63	0.58			

续表

盐渍化	无	轻度	中度	重度	盐土
分值	100	85	70	50	30
隶属度	1.00	0.85	0.70	0.50	0.30

通过模拟共得到正直线型、戒上型、戒下型三种类型的隶属函数，其中有机质、速效钾等属于戒上型隶属函数，土体构型、耕层质地、盐渍化、矿化度等属于正直线型隶属函数，然后根据隶属函数计算各参评因素的单因素评价评语。以有机质为例绘制的散点图和模拟曲线如图 5-6 和图 5-7 所示。

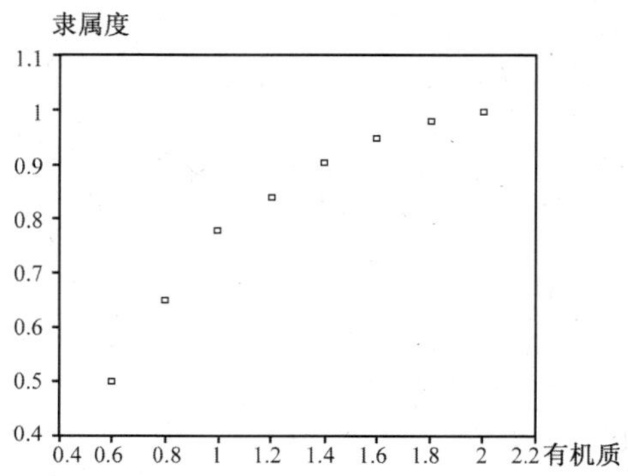

图 5-6　有机质与隶属度关系散点图

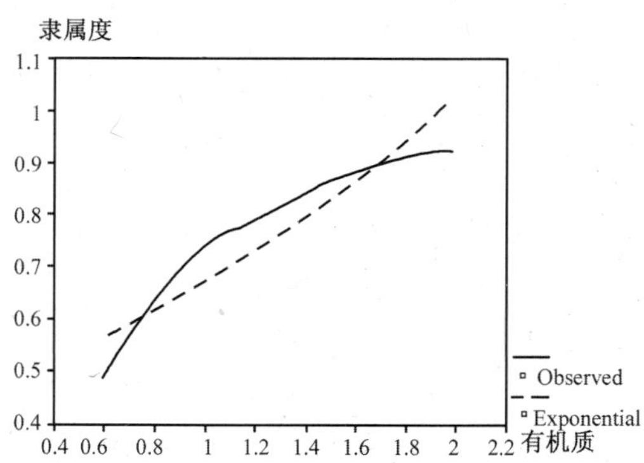

图 5-7　有机质与隶属度关系曲线

其隶属函数为戒上型，形式为：

$$Y=\begin{cases}0 & (x\leqslant x_t)\\ 1/[1+A\times(x-C)^2] & (x_t<x<C)\\ 1 & (C\leqslant x)\end{cases}$$

各参评因素类型及其隶属函数如表 5-9 所示。

表 5-9　　参评因素类型及其隶属函数

函数类型	参评因素	隶属函数	A	C	U_t
戒上型	有机质(g/kg)	$Y=1/[1+A\times(x-C)^2]$	0.543	1.822	0.35
戒上型 <110	有效磷(mg/kg)	$Y=1/[1+A\times(x-C)^2]$	0.0000992	80.159	3
戒下型 >110			0.00000742	111.967	450
戒上型	速效钾(mg/kg)	$Y=1/[1+A\times(x-C)^2]$	0.0000076	327.836	15
戒上型	有效锌(mg/kg)	$Y=1/[1+A\times(x-C)^2]$	0.245	1.924	0.1
戒上型	有效硼(mg/kg)	$Y=1/[1+A\times(x-C)^2]$	0.251	1.879	0.1
正直线型	灌溉保证率(分值)	$Y=A\times x$	0.01	100	0
正直线型	矿化度(分值)	$Y=A\times x$	0.01	100	0
正直线型	土体构型(分值)	$Y=A\times x$	0.01	100	0
正直线型	耕层质地(分值)	$Y=A\times x$	0.01	100	0
正直线型	盐渍化(分值)	$Y=A\times x$	0.01	100	0
正直线型	地貌类型(分值)	$Y=A\times x$	0.01	100	0

二、耕地地力等级的确定

(一)计算耕地地力综合指数

用指数和法来确定耕地的综合指数,公式为:

$$\mathrm{IFI}=\sum F_i\times C_i$$

其中,IFI(Integrated Fertility Index)代表耕地地力综合指数;F_i 为第 i 个因素评语;C_i 为第 i 个因素的组合权重。

具体操作过程:在县域耕地资源管理信息系统中,在“专题评价”模块中编辑立地条件、物理性状和化学性状的层次分析模型以及各评价因子的隶属函数模型,然后选择“耕地生产潜力评价”功能进行耕地地力综合指数的计算。

(二)确定最佳的耕地地力等级数目

计算耕地地力综合指数之后,在耕地资源管理信息系统中选择累积曲线分级法进行评价,根据曲线斜率的突变点(拐点)来确定等级的数目和划分综合指数的临界点,将博兴县耕地地力划分为五个级别,各等级耕地地力综合指数如表 5-10 和图 5-8 所示。

表 5-10　　博兴县耕地地力等级综合指数

IFI	>0.89372	0.85298~0.89372	0.81586~0.85298	0.76522~0.81586	<0.76522
耕地地力等级	一级地	二级地	三级地	四级地	五级地

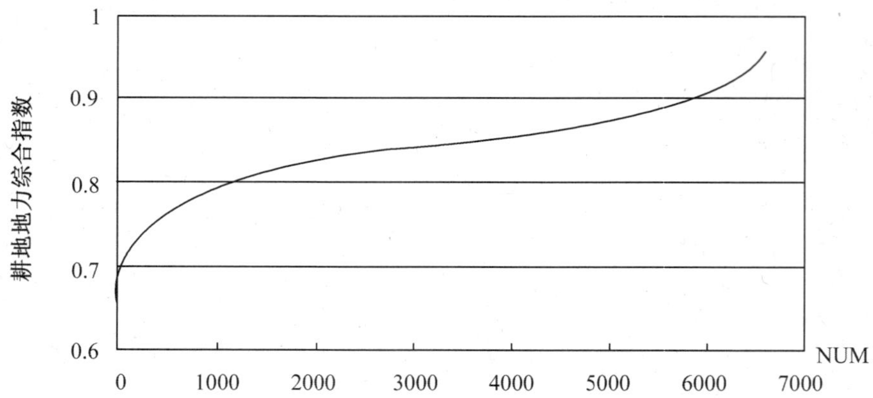

图 5-8 博兴县耕地地力综合指数分布图

三、图件的编制

为了提高制图的效率和准确性，在地理信息系统软件 MAPGIS 的支持下，进行博兴县耕地地力评价图及相关图件的自动编绘处理，其步骤大致分以下几步：扫描矢量化各基础图件→编辑点、线→点、线校正处理→统一坐标系→区编辑并对其赋属性→根据属性赋颜色→根据属性加注记→图幅整饰输出。此外还充分利用 ARCVIEW 和 ARCGIS 强大的空间分析功能，将评价图与其他图件进行叠加，从而生成其他专题图件；将评价图与行政区划图叠加，进而计算各行政区划单位内的耕地地力等级面积等。

（一）专题图地理要素底图的编制

专题地图的地理要素内容是专题图的重要组成部分，用于反映专题内容的地理分布，并作为图幅叠加处理等的分析依据。地理要素的选择应与专题内容相协调，考虑图面的负载量和清晰度，应选择基本的、主要的地理要素。

以博兴县最新的土地利用现状图为基础，对此图进行制图综合处理，选取主要的居民点、交通道路、水系、境界线等及其相应的注记，进而编辑生成 1∶50000 各专题图地理要素底图。

（二）耕地地力评价图的编制

以耕地地力评价单元为基础，根据各单元的耕地地力评价等级结果，对相同等级的相邻评价单元进行归并处理，得到各耕地地力等级图斑。在此基础上，分两个层次进行图面耕地地力等级的表示：一是颜色表示，即赋予不同耕地地力等级以相应的颜色。二是代号表示，用罗马数字Ⅰ、Ⅱ、Ⅲ、Ⅳ、Ⅴ表示不同的耕地地力等级，并在评价图相应的耕地地力图斑上注明。将评价专题图与以上的地理要素图复合，整饰得出博兴县 1∶50000 耕地地力评价图。

（三）其他专题图的编制

对于有机质、速效钾、有效磷、有效锌等其他专题要素地图，则按照各要素的分级分别赋予相应的颜色，同时标注相应的代号，生成专题图层。之后与地理要素图复合，编辑处理生成专题图件，并进行图幅的整饰处理。

四、面积的量算

面积的量算可通过与专题图相对应的属性库的操作直接完成。对耕地地力等级面积的量算则可在 FOXPRO 数据库的支持下，对图件属性库进行操作，检索相同等级的面积，然后汇总得出各类耕地地力等级的面积，根据博兴县图幅理论面积进行计算，得到准确的面积数值。对于不同行政区划单位内部、不同的耕地利用类型等的耕地地力等级面积的统计，则通过耕地地力评价图与相应的专题图进行叠加分析，由其相应属性库统计获得。

第六章　耕地地力分级

本次耕地地力分析按照农业部耕地质量调查和评价的规程及相关标准，结合当地实际情况，选取对耕地地力影响较大、区域内变异明显、在时间序列上具有相对稳定性、与农业生产有密切关系的11个因素建立评价指标体系。以土壤图与土地利用现状图叠加形成评价单元，应用模糊综合评判方法，通过综合分析，将全县耕地共划分为五个等级，根据评价结果进行耕地地力的系统分析。

第一节　耕地地力等级与分布

一、耕地地力等级面积统计

利用MAPGIS软件，对评价图属性库进行操作，检索统计耕地各等级的面积和图幅总面积。以2008年博兴县耕地总面积44733.3hm^2为基准，按面积比例进行平差，统计得出各耕地地力等级面积。

博兴县耕地总面积为44733.3hm^2，各等级耕地比例相对均衡，其中二级地和三级地相对较多，分别占耕地总面积的30%左右；五级地较少，占耕地总面积的5.71%(见表6-1)。

表6-1　　博兴县耕地地力评价结果面积统计

等　级	一级地	二级地	三级地	四级地	五级地	总计
面积(hm^2)	8961.86	13009.68	13540.59	6668.87	2552.31	44733.3
百分比(%)	20.03	29.08	30.27	14.91	5.71	100

二、耕地地力空间分布的分析

(一)耕地地力等级分布

博兴县地处鲁北平原，黄河下游南岸，海拔在20m以下，地形平坦，地下水资源丰富，地下水位为1～70m。耕地面积较大，土层深厚，土壤大多数为潮土和褐土，部分为砂姜黑土和草甸盐土，母质为壤质黄土母质和冲积物，表层质地主要为轻壤、中壤和重壤，少量为砂壤。常年有效积温为4996℃，无霜期为191天，农田基础设施配套良好，灌排能力较好。总体来看，博兴县耕地地力较好，级别之间变化比较明显，具有明显的空间分布规律，耕地地力水平从博兴县南部至北部逐渐递减。一级地主要分布在博兴县南部地区，该区农业基础设施配套成型，测土配方施肥工程也首先在这一区域展开。二级地和三级地主要集中在中部地区，属于只要加大资金投入、完善基础设施、改善生产条件，产量就能大幅提高的中产田类型，有一定的开发潜力。四级地与五级地主要分布在北部地区，耕地盐渍化现象普遍，地力相对较差，属于今后产量可大幅提高的潜在地区。

（二）耕地地力等级的行政区域划分

将耕地地力等级分布图与博兴县行政区划图（2006 年）进行叠加分析，从耕地地力等级行政区域分布数据库中，按权属字段检索出各等级的记录，统计出各级地在各乡镇的分布状况（见表 6-2）。

表 6-2　　博兴县耕地地力等级行政区域分布

乡镇名称		一级地	二级地	三级地	四级地	五级地	合　计
乔庄乡	面积(hm^2)	0	430.86	1613.1	2185.86	1492.1	5721.92
	百分比(%)	0	7.53	28.19	38.20	26.08	100
纯化镇	面积(hm^2)	11.87	385.05	1737.91	1421.95	717.14	4273.92
	百分比(%)	0.28	9.01	40.66	33.27	16.78	100
陈户镇	面积(hm^2)	12.03	2591.87	2444.69	902.75	14.3	5965.64
	百分比(%)	0.2	43.45	40.98	15.13	0.24	100
庞家镇	面积(hm^2)	0	1070.31	1194.63	1133.98	137.67	3536.59
	百分比(%)	0	30.26	33.78	32.07	3.89	100
吕艺镇	面积(hm^2)	78.07	1460.5	3446.96	664.07	30.21	5679.81
	百分比(%)	1.37	25.72	60.69	11.69	0.53	100
博兴镇	面积(hm^2)	280.04	3072.18	1120.01	251.67	160.89	4884.79
	百分比(%)	5.73	62.89	22.93	5.16	3.29	100
店子镇	面积(hm^2)	3105.67	1264.22	571.31	75.58	0	5016.78
	百分比(%)	61.9	25.2	11.39	1.51	0	100
湖滨镇	面积(hm^2)	1684.08	1533.4	1406.01	32.8	0	4656.29
	百分比(%)	36.17	32.93	30.2	0.7	0	100
兴福镇	面积(hm^2)	1640.28	1137.01	5.95	0.21	0	2783.45
	百分比(%)	58.93	40.85	0.21	0.01	0	100
曹王镇	面积(hm^2)	2149.83	64.28	0	0	0	2214.11
	百分比(%)	97.1	2.9	0	0	0	100

一级地所占比例较高的乡镇为店子镇、湖滨镇、兴福镇和曹王镇；二级地、三级地所占比例较高的乡镇为纯化镇、陈户镇、庞家镇、吕艺镇、博兴镇和湖滨镇；四级地、五级所占比例较高的乡镇主要为乔庄乡、纯化镇和庞家镇。

第二节 耕地地力等级分述

一、一级地

(一)面积与分布

一级地综合评价指数高于0.89,粮食作物年产量水平高于14500kg/hm^2,耕地面积为8961.86hm^2,占总耕地面积的20.03%。其中水浇地面积为7841.82hm^2,占一级地面积的87.5%;菜地面积为1047hm^2,占一级地面积的11.68%;旱地面积为73.04hm^2,占一级地面积的0.82%(见表6-3)。

表6-3 一级地各土地利用类型面积

利用类型	评价单元(个)	面积(hm^2)	占耕地总面积(%)	占本级地面积(%)
水浇地	749	7841.82	17.53	87.5
菜地	100	1047	2.34	11.68
旱地	8	73.04	0.16	0.82
总计	857	8961.86	20.03	100

一级地主要分布于店子镇、湖滨镇、兴福镇、曹王镇和博兴镇,其他乡镇也有不同程度的分布。

(二)主要属性

一级地平均海拔为11.32m,地势平坦。土壤类型以褐土和砂姜黑土为主,少量为潮土。土壤表层质地主要为轻壤,少量为中壤、重壤和砂壤,土壤为团粒、微团粒结构,土体构型以壤均质、壤质黏心为主,无明显障碍层次。地貌类型以山前缓平地、河间浅平洼地为主,少量为缓平坡地。土壤理化性状良好,基本无盐渍化现象,可耕性强。地下水平均埋深为25.64m,主要为2g/L以下的弱矿化度水,灌排条件好,灌溉保证率在75%左右。作物主要为一年两作,主要种植作物为小麦—玉米、露地或保护地蔬菜,少部分为一年一熟的棉花,作物年平均产量为993.33kg/667m^2。土壤养分含量均较高(见表6-4)。

表6-4 一级地主要养分含量

项 目	有机质(g/kg)	有效磷(mg/kg)	速效钾(mg/kg)	有效锌(mg/kg)	有效硼(mg/kg)
平均值	16.5	42	173	1.03	0.93
范围值	10.8～23	10.8～229.6	76～443	0.4～3.18	0.55～2.2
含量水平	偏上	中偏上	中偏上	中偏上	中等

（三）存在问题

一是该地区属全县经济较好地区，人们历来注重二、三产业，农业投入比例低于二、三产业投入；二是土壤肥力与高产、高效农业的需求还有一定差距；三是施肥、用药种类与比例不合理；四是灌溉农田时普遍存在大灌、漫灌现象，造成水资源的浪费以及土壤盐化现象的发生；五是该地区经济发达，工矿企业多，点源污染程度有所加重，影响耕地的质量和农产品的品质。

（四）改良利用

一级地是全县综合性能最好的耕地，各项评价指标均属良好型。土层厚，排灌性好，易于耕作，养分含量高，保肥、保水性好，适于各种作物生长。利用方向是发展高产、优质、高效农业，如无公害蔬菜基地、日光温室、反季节瓜果栽培以及优质高产小麦等。为此，应搞好以下工作：农业部门应结合科技入户、配方施肥等工程，加大宣传力度，转变观念，提高认识，加大农业投入，提升农业综合生产能力；增施有机肥，增加土壤有机质含量，实施平衡施肥，防止土壤污染，提高耕地质量；加大检测力度，确保农业灌溉、施肥、用药安全，搞好无公害生产。

二、二级地

（一）面积与分布

二级地综合评价指数为 0.85～0.89，粮食作物年产量水平为 12400～14500kg/hm^2，耕地面积为 13009.68hm^2，占全县总耕地面积的 29.08%，其中灌溉水田面积为 65.72hm^2，占二级地面积的 0.51%；水浇地面积为 12594.11hm^2，占二级地面积的 96.8%；菜地面积为 310.22hm^2，占二级地面积的 2.39%；旱地面积为 39.63hm^2，占二级地面积的 0.3%（见表 6-5）。

表 6-5　　二级地各土地利用类型面积

利用类型	评价单元（个）	面积（hm^2）	占耕地总面积（%）	占本级地面积（%）
灌溉水田	11	65.72	0.15	0.51
水浇地	1799	12594.11	28.15	96.8
菜地	45	310.22	0.69	2.39
旱地	2	39.63	0.09	0.3
总计	1857	13009.68	29.08	100

二级地主要分布在陈户镇、庞家镇、博兴镇、湖滨镇、兴福镇，其他乡镇也有零星分布。

（二）主要属性

二级地平均海拔为 10.87m，土壤类型以潮土和褐土为主，表层质地主要为轻壤、中壤和重壤，土体构型主要为壤质黏心和壤均质。地貌类型以缓平坡地为主，兼有部分河间浅平洼地和山前缓平地。土壤为团粒、微团粒、块状结构，无明显障碍层次。地势平坦，土层厚，土壤理化性状较好，农田配套设施良好，可耕性较强。地下水平均埋深为 7.99m，主要是 2g/L 以下的弱矿化度水，灌排能力较好，灌溉保证率在 50%以上。作物主要为一年两熟，部分一年一熟，作物主要为小麦—玉米、棉花、露地蔬菜，作物年平均产量为839.23kg/667m²。土壤养分含量均比较理想(见表6-6)。

表6-6 二级地主要养分含量

项目	有机质(g/kg)	有效磷(mg/kg)	速效钾(mg/kg)	有效锌(mg/kg)	有效硼(mg/kg)
平均值	17.1	40.2	211	0.91	1.03
范围值	9.8～23.5	9.1～269.1	81～513	0.28～2.67	0.55～1.61
含量水平	偏上	中偏上	偏上	中等	中偏上

(三)存在问题

二级地主要存在的问题是部分耕地环境质量欠佳，土壤偏黏，少部分耕地有盐碱化威胁，采用大水漫灌容易造成并加剧盐渍化的发生，不利于作物的生长。

(四)改良利用

应增施有机肥料，培肥地力；采取深翻土壤等措施，改良土体构型；与农田基础建设相结合，兴修水利，合理灌溉；扩大肥源，培肥土壤；合理轮作，调剂养分，余缺互补。

三、三级地

(一)面积与分布

三级地综合评价指数为0.82～0.85，粮食作物年产量水平为10500～12400kg/hm²，耕地面积为13540.59hm²，占总耕地面积的30.27%。其中灌溉水田面积为294.05hm²，占三级地面积的2.17%；水浇地面积为13242.04hm²，占三级地面积的97.8%；菜地面积为4.5hm²，占三级地面积的0.03%(见表6-7)。

表6-7 三级地各土地利用类型面积

利用类型	评价单元(个)	面积(hm²)	占耕地总面积(%)	占本级地面积(%)
灌溉水田	44	294.05	0.66	2.17
水浇地	2227	13242.04	29.6	97.8
菜地	1	4.5	0.01	0.03
总计	2272	13540.59	30.27	100

三级地主要分布在纯化镇、陈户镇、庞家镇、吕艺镇和湖滨镇，其他乡镇也有零星分布。

(二)主要属性

三级地自然条件较好，地势平坦宽阔，平均海拔为9.68m。土壤主要为潮土，部分为褐土和草甸盐土；耕层质地主要是轻壤、中壤和重壤，土体构型主要为壤质黏心、壤均质，部分为壤质砂心。微地貌类型为缓平坡地、河间浅平洼地。土层厚，土壤团粒、微团粒、块状结构，无明显障碍层次。农田基础设施良好，灌排能力较好，可耕性较强，北部地区的部分土壤有盐渍化现象。地下水平均埋深为3.57m，矿化度多在0.2g/L以下，有部分中、高矿化度水，灌溉保证率为50%。种植制度为一年两作或一年一作，以小麦—玉米、棉花为主，作物年平均产量为701.91kg/667m^2。土壤养分含量均比较理想(见表6-8)。

表6-8　　三级地主要养分含量

项　目	有机质(g/kg)	有效磷(mg/kg)	速效钾(mg/kg)	有效锌(mg/kg)	有效硼(mg/kg)
平均值	14.8	33.3	162	0.74	1.08
范围值	9.2～24.7	6.1～123.8	85～379	0.34～2.66	0.6～2.31
含量水平	中偏上	中偏上	中偏上	中等	中偏上

(三)存在问题

三级地部分耕地中夹杂一些砂心、砂腰构型，容易造成养分的流失；同时有一些黏壤，透水、透气性差，不利于作物的生长；农田灌溉采用漫灌、畦灌方式灌溉，造成水资源浪费；部分土壤有不同程度的盐渍化现象，影响作物的正常生长。

(四)改良利用

搞好农田基本建设，维护和建设水利设施，大力推广节水灌溉；合理耕作与灌溉，逐步消除土壤盐渍化，保障作物的正常生长；深翻耕层，改良土壤结构，减弱不良土体构型对作物生长的影响；增施有机肥料。

四、四级地

(一)面积与分布

四级地综合评价指数为0.76～0.82，作物年产量水平为6330～10500kg/hm^2，耕地面积为6668.86hm^2，占全县总耕地面积的14.91%。其中灌溉水田面积为197.23hm^2，占四级地面积的2.96%；水浇地面积为6471.63hm^2，占四级地面积的97.04%(见表6-9)。

表6-9　　四级地各土地利用类型面积

利用类型	评价单元(个)	面积(hm^2)	占耕地总面积(%)	占本级地面积(%)
灌溉水田	25	197.23	0.44	2.96
水浇地	1172	6471.63	14.47	97.04
总计	1197	6668.86	14.91	100

四级地主要分布在乔庄乡、纯化镇、庞家镇，其他乡镇也有零星分布。

(二)主要属性

四级地分布在博兴县北部地区，平均海拔为8.94m。土壤主要为潮土，表层质地主要是轻壤和中壤，土体构型主要为壤质黏心、壤质砂心和壤均质，土壤为团粒、微团粒、块状结构，无明显障碍层次。地貌类型主要为缓平坡地。土壤中存在大量盐渍化，灌溉保证率为50%。地下水平均埋深为2.66m，矿化度主要在5g/L以下。农田基础设施较好，灌排能力良好。作物以一年一熟和一年两熟为主，主要为棉花、小麦—玉米，作物年平均产量为422.86kg/667m^2。土壤养分含量较理想（见表6-10）。

表6-10 四级地主要养分含量

项　目	有机质(g/kg)	有效磷(mg/kg)	速效钾(mg/kg)	有效锌(mg/kg)	有效硼(mg/kg)
平均值	11.9	29.8	134	0.67	1.13
范围值	8.3～16.2	7～138.3	71～430	0.31～1.41	0.55～2.37
含量水平	中等	中等	中偏上	中等	中偏上

（三）存在问题

该级地土体构型中有较多的壤质黏心、壤质砂心，对土壤通气、透水性能以及保水、保肥性有一定影响，少量为砂质黏心构型；土壤轻度盐化现象较多，影响作物的生长；采用畦灌、漫灌进行灌溉，容易造成并加剧盐渍化的发生。

（四）改良利用

增施有机肥，深耕土壤，从而改良土壤表层质地和土体构型，提高土壤的物理化学性能；利用弱矿化水、淡水资源，采用管灌等方式合理灌溉，避免大灌、漫灌。

五、五级地

（一）面积与分布

五级地综合评价指数低于0.76，作物年产量水平为4440～6330kg/hm^2，耕地面积为2556.28hm^2，占全县总耕地面积的5.71%。其中灌溉水田面积为89.88hm^2，占五级地面积的3.52%；水浇地面积为2423.56hm^2，占五级地面积的94.81%，旱地面积为42.84hm^2，占五级地面积的1.68%（见表6-11）。

表6-11 五级地各土地利用类型面积

利用类型	评价单元(个)	面积(hm^2)	占耕地总面积(%)	占本级地面积(%)
灌溉水田	8	89.88	0.2	3.52
水浇地	405	2419.59	5.41	94.81
旱地	11	42.84	0.1	1.68
总计	424	2552.31	5.71	100

五级地主要分布在乔庄乡、纯化镇，其他乡镇的五级地耕地面积比例在5%以下。

（二）主要属性

五级地位于博兴县北部地区，平均海拔为 9.09m。土壤类型主要为潮土。土壤表层质地以轻壤为主，少量为中壤和重壤，土体构型主要为壤质黏心、壤质砂心和砂壤均质。土壤为团粒、微团粒结构，无明显障碍层次，但有较多的盐渍化现象。地貌类型主要为缓平坡地和决口扇形地。农田基础设施较好，灌排基本满足，采用漫（畦）灌等灌溉方式，灌溉保证率为 50%。地下水平均埋深为 2.46m，矿化度主要为 5g/L 以下的，同时有部分高于 10g/L 的强度矿化水。地表有不同程度的返盐现象，影响作物的出苗和全苗。作物主要为一年一熟，主要为棉花，少量为一年两熟，主要是小麦—玉米/大豆，作物年平均产量为 296.18kg/667m^2。土壤养分中，有机质和速效钾含量偏低（见表 6-12）。

表 6-12　　五级地主要养分含量

项　目	有机质 (g/kg)	有效磷 (mg/kg)	速效钾 (mg/kg)	有效锌 (mg/kg)	有效硼 (mg/kg)
平均值	0.9	32.6	103	0.68	1.21
范围值	0.5～1.3	3.9～97	49～293	0.30～1.57	0.64～1.91
含量水平	中偏下	中偏上	中偏下	中等	中偏上

（三）存在主要问题

一是部分土壤构型为壤质黏心、壤质砂心和砂壤均质，理化性状不良，土壤通透性不好，影响作物生长；二是有机质和速效钾含量较低，对作物产量影响较大；三是土壤存在较多的盐渍化现象。

（四）改良利用

多施用有机肥，搞好过腹还田，提高土壤肥力；深翻耕层，改良土壤结构，改善土壤的通透性；在作物生长的关键阶段适时施用钾肥，促进作物的稳产和增产；合理灌溉，采用工程技术措施、生物措施、物理化学措施改良土壤盐渍化，改善耕地环境。

第七章　耕地资源管理信息系统建设

第一节　项目来源及目的意义

博兴县耕地资源管理信息系统数据库建设工作是农业部沃土工程“科学施用化肥”即测土配方施肥工作的重要组成部分，是国家提升农业科学种田水平，促进粮食稳定生产，保障粮食安全，实现农业科学施肥经常化、普及化的重要工作，是实现农业耕地地力评价成果资料统一化、标准化的重要计划，是实现综合农业信息资料共享的技术手段。博兴县耕地资源管信息系统数据库建设工作是对最新的土地利用现状调查成果，第二次土壤普查的土壤、地貌等成果，本次耕地地力评价工作采集的土壤化学分析等成果进行汇总，建立一个集空间数据库和属性数据库的存储、管理、查询、分析、显示为一体的数据库，为科学种田及施肥、农业的可持续发展、深化农业科学管理工作服务。

一、建库单位组成

为加快博兴县耕地资源管理信息系统数据库建设工作，依据农业部县域耕地资源管理信息系统数据库建设工作要求，由多年来一直从事农业测土施肥研究、耕地地力评价、数据库建设工作并有一定经验的单位组成联合工作组：山东省土壤肥料总站，负责评价及建库工作组织、协调、标准制定、土壤图成果资料的归属核查处理等；山东农业大学资源与环境学院，负责耕地地力评价图、土壤化学微量元素系列图及研究报告编制等；山东天地亚太国土遥感有限公司，负责土地、土壤、矿化度、地貌、灌溉分区等图件扫描矢量化及几何校正处理等编图工作，耕地地力评价所有建库资料统一化、标准化处理，空间数据库和属性数据库建设，耕地地力评价成果图件修改编辑及图件输出、数据库建设报告编制等工作。

二、建库工作的软、硬件环境

（一）主要硬件

P4 3.0 计算机 10 台，HP5000 和 HP3500 绘图仪各一台。

（二）主要软件

MAPGIS 6.7 软件 10 套，ARCGIS 9.2 软件 2 套，县域耕地资源管理信息系统软件 2 套，ENVI 4.6 遥感图像处理与分析软件 1 套。

第二节　建库内容及建库工作中主要问题的处理

一、建库内容

依据农业部耕地地力评价工作数据库建设的要求，博兴县耕地资源管理信息系统数据库建设工作包括空间数据库和属性数据库两部分内容。属性数据库严格按照县域耕地资源管理信息系统数据字典及建库县提供的有关数据编制。空间数据库包括土地利用现状图、土壤图、矿化度含量分布图、灌溉分区图、地形地貌图、耕地地力调查点点位图、耕地地力评价等级图、土壤化学微量元素系列图等。

二、建库工作中的主要问题

博兴县耕地资源管理信息系统数据库建设工作由于涉及的内容多，加之部分资料为第二次土壤普查时的资料，与县域耕地资源管理信息系统数据字典的要求对比后，发现存在以下问题：

(1)第二次土壤普查的成果均为纸介质图，因图纸折叠和自然伸缩的影响，图件变形大，形成较大的误差。

(2)土地利用现状图为 2006 年以前的现状，但近年来交通用地和蔬菜地等出现变化。

(3)博兴县土壤图中的土种名称和编码与山东省土种归属要求、全国土种标准名称与编码等不一致。

(4)博兴县的地貌图为微地貌图，与县域耕地资源管理信息系统数据字典中地貌划分的名称不能一一对应。

(5)同一个县已有资料坐标系不统一问题，如第二次土壤普查图件为 1954 年北京坐标系，土地利用现状图或行政区划图为 1980 年西安坐标系等。

三、建库工作中主要问题的处理

(1)依据 1∶50000 标准分幅地形图，对所有建库的纸介质成果图全部进行几何校正处理，以消除纸介质成果图的误差。

(2)依据较新的航天卫星资料对近年来变化的公路、铁路等进行修改补充。

(3)为使博兴县土种的名称及代码与省标和国标相对应，在耕地资源管理信息系统数据库建设前，首先对土壤图中所有图斑内容进行检查统计，错漏问题交项目县修改及编制土种归属表，最后由省土肥站进行土种归属复查处理。在此基础上编制国标、省标、县土壤名称及代码对比表。为方便县域土壤图的利用和对比，建库后的图中仍保留了原县域土壤图的土种代码，属性挂接为国标代码。

(4)由于县域耕地资源管理信息系统数据字典中划分的地貌名称少，在建库时尽量选择与数据字典中相近的地貌名称进行编码，为方便地貌图的利用和对比，在地貌图中保留了原地貌图的名称和代码，图例中增加了建库数据字典中规定的地貌名称、代码与原地貌名称、代码的对比表，属性挂接为数据字典中规定的地貌名称和代码。

(5)对同一个县已有资料坐标系不统一问题，依据数据库建设要求，所有成果全部统一到高斯—克吕格投影，6度分带，1954年北京坐标系中。

第三节 数据库标准化

一、标准引用

县域耕地资源管理信息系统数据字典中规定的国标及行业有关技术标准：

(1)GB/T 2260—2002 《中华人民共和国行政区划代码》
(2)NY/T 309—1996 《全国耕地类型区、耕地地力等级划分标准》
(3)NY/T 310—1996 《全国中低产田类型划分与改良技术规范》
(4)GB/T 17296—2000 《中国土壤分类与代码》
(5)全国农业区划委员会 《土地利用现状调查技术规程》
(6)国土资源部 《土地利用现状变更调查技术规程》
(7)GB/T 13989—1992 《国家基本比例尺地形图分幅与编号》
(8)GB/T 13923—1992 《国土基础信息数据分类与代码》
(9)GB/T 17798—1999 《地球空间数据交换格式》
(10)GB 3100—1993 《国际单位制及其应用》
(11)GB/T 16831—1997 《地理点位置的纬度、经度和高程的标准表示方法》
(12)GB/T 10113—2003 《分类与编码通用术语》
(13)GB/T 10114—2003 《县级以下行政区划代码编制规则》
(14)GB/T 9648—1988 《国际单位制代码》
(15)农业部 《全国耕地地力调查与评价技术规程》
(16)农业部 《测土配方施肥技术规范(试行)》(2008年)
(17)农业部 《测土配方施肥专家咨询系统编制规范(试行)》
(18)山东省县域土种归属标准
(19)山东省县域耕地地力评价标准等

二、空间坐标系及建库平台

(一)空间数据坐标系

投影：高斯—克吕格，6度分带。1954年北京坐标系，1956年黄海高程系。比例尺：1∶50000。

(二)数据库采集模板和数据库文件格式

为使所有建库资料达到统一化和标准化，以及满足所有成果图件的输出和耕地资源地力评价工作的需要，对建库资料的扫描矢量化和几何校正处理工作均采用MAPGIS平台，数据库的文件格式为MAPGIS的点、线、面文件。待数据库成果评审验收和修改后，将MAPGIS的点、线、面格式转换为Shape格式，由ARCGIS平台进行数据库规范化处理，最后将数据库资料导入县域耕地资源管理信息系统。

第四节 数据库结构

一、空间数据库图层划分

空间数据库图层划分是严格按照县域耕地资源管理信息系统数据字典要求分层的，每层只反映属性相同的内容。博兴县耕地资源管理信息系统数据库建设包括土地利用现状图、第二次土壤普查成果和耕地地力评价等三部分内容，全省空间数据库图层划分情况如表 7-1 所示。

表 7-1 耕地资源信息系统空间数据库分层表

序号	图层代码	图层名称	序号	图层代码	图层名称
1	AD101	行政区划图	18	SP103	耕层土壤有效磷等值线图
2	AD102	县乡村位置图	19	SP104	耕层土壤速效钾等值线图
3	AD103	行政界线图	20	SP105	耕层土壤缓效钾等值线图
4	AD201	辖区边界图	21	SP106	耕层土壤有效锌等值线图
5	AD202	装饰边界图	22	SP108	耕层土壤有效钼等值线图
6	GE103	面状水系图	23	SP109	耕层土壤有效铜等值线图
7	GE104	线状水系图	24	SP110	耕层土壤有效硅等值线图
8	GE105	道路图	25	SP111	耕层土壤有效锰等值线图
9	GE201	坡度图	26	SP112	耕层土壤有效铁等值线图
10	GE203	地貌类型分区图	27	SP201	耕层土壤 pH 等值线图
11	LM102	灌溉分区图	28	SP113	耕层土壤交换性钙等值线图
12	LU101	土地利用现状图	29	SP114	耕层土壤交换性镁等值线图
13	SB101	土壤图	30		耕层土壤有效硫等值线图
14	SB203	地下水矿化度等值线图	31		耕层土壤水解氮等值线图
15	SB302	耕地地力调查点点位图	32		耕地地力评价等级图
16	SP101	耕层土壤有机质等值线图	33		耕层土壤有效硼等值线图
17	SP102	耕层土壤全氮等值线图			

注：本表为山东省统一的分层情况，博兴县为部分图件。

二、属性数据库结构

属性数据结构内容严格按县域耕地资源管理信息系统数据字典及建库县提供的资料编制。属性数据库结构如表 7-2 所示。

表 7-2　耕地资源信息系统属性数据库结构表

图名	属性数据结构	字段类型
	内部标识码:系统内部 ID 号	长整型,9
	实体类型:point,polyline,polygon	文本型,8
行政区划图	实体面积:系统内部自带	双精度,19,2
	实体长度:系统内部自带	长整型,10
	县内行政码:根据国家统计局“统计上使用的县以下行政区划代码编制规则”编制	长整型,6
	内部标识码:系统内部 ID 号	长整型,9
	实体类型:point,polyline,polygon	文本型,8
县乡村位置图	X 坐标:无,Y 坐标:无	双精度,19,2
	县内行政码:根据国家统计局“统计上使用的县以下行政区划代码编制规则”编制	长整型,6
	标注类型:村标注,乡标注,县标注	字符串,6
	内部标识码:系统内部 ID 号	长整型,9
行政界线图	实体类型:point,polyline,polygon	文本型,8
	实体长度:系统内部自带	长整型,10
	界线类型:根据国家基础信息标准(GB/T 13923—92)填写	文本型,40
	内部标识码:系统内部 ID 号	长整型,9
	实体类型:point,polyline,polygon	文本型,8
	实体面积:系统内部自带	双精度,19,2
辖区边界图	实体长度:系统内部自带	长整型,10
	要素代码:依据《国家基础地理信息数据分类与代码》编制要素代码	长整型,5
	要素名称:依据《国家基础地理信息数据分类与代码》编制要素名称	文本型,40
	行政单位名称:单位的实际名称填写	文本型,20
装饰边界图	内部标识码:系统内部 ID 号	长整型,9
	内部标识码:系统内部 ID 号	长整型,9
	实体类型:point,polyline,polygon	文本型,8
	实体面积:系统内部自带	双精度,19,2
	实体长度:系统内部自带	长整型,10
面状水系图	要素代码:依据《国家基础地理信息数据分类与代码》编制要素代码	长整型,5
	要素名称:依据《国家基础地理信息数据分类与代码》编制要素名称	文本型,40
	面状水系码:自定义编码	字符串,5
	面状水系名称:依据 2006 年 10 月版《山东省地图册》编制	字符串,20
	湖泊储水量:依据 1∶300000 地形图	字符串,8

续表

图 名	属性数据结构	字段类型
线状水系图	内部标识码:系统内部 ID 号	长整型,9
	实体类型:point,polyline,polygon	文本型,8
	实体长度:系统内部自带	长整型,10
	要素代码:依据《国家基础地理信息数据分类与代码》编制要素代码	长整型,5
	要素名称:依据《国家基础地理信息数据分类与代码》编制要素名称	文本型,40
	线状水系码:自定义编码	长整型,4
	线状水系名称:依据 2006 年 10 月版《山东省地图册》编制	文本型,20
	河流流量:无	长整型,6
道路图	内部标识码:系统内部 ID 号	长整型,9
	实体类型:point,polyline,polygon	文本型,8
	实体长度:系统内部自带	长整型,10
	要素代码:依据《国家基础地理信息数据分类与代码》编制要素代码	长整型,5
	要素名称:依据《国家基础地理信息数据分类与代码》编制要素名称	文本型,40
	公路代码:根据国家标准《公路路线命名编号和编码规则命名和编号规则》编制	文本型,11
	公路名称:根据国家标准《公路路线命名编号和编码规则命名和编号规则》编制	文本型 20
地貌类型分区图	内部标识码:系统内部 ID 号	长整型,9
	实体类型:point,polyline,polygon	文本型,8
	实体面积:系统内部自带	双精度,19,2
	实体长度:系统内部自带	长整型,10
	地貌类型:数据引自“中国科学院生物多样性委员会地貌类型代码库”(四类码)	文本型,18
灌溉分区图	内部标识码:系统内部 ID 号	长整型,9
	实体类型:point,polyline,polygon	文本型,8
	实体面积:系统内部自带	双精度,19,2
	实体长度:系统内部自带	长整型,10
	灌溉水源:县局提供数据	文本型,10
	灌溉水质:无	文本型,4
	灌溉方法:县局提供数据	文本型,18
	年灌溉次数:县局提供数据	文本型,2
	灌溉条件:无	文本型,4
	灌溉保证率:无	长整型,3
	灌溉模数:无	双精度,5,2
	抗旱能力:无	长整型,3

续表

图　名	属性数据结构	字段类型
土地利用现状图	内部标识码:系统内部 ID 号	长整型,9
	实体类型:point,polyline,polygon	文本型,8
	实体面积:系统内部自带	双精度,19,2
	实体长度:系统内部自带	长整型,10
	地类号:国土资源部发布的《全国土地分类》三级类编码	长整型,3
	平差面积:无	双精度,7,2
土壤图	内部标识码:系统内部 ID 号	长整型,9
	实体类型:point,polyline,polygon	文本型,8
	实体面积:系统内部自带	双精度,19,2
	实体长度:系统内部自带	长整型,10
	土壤国标码:土壤类型国标分类系统编码	长整型,8
地下水矿化度等值线图	内部标识码:系统内部 ID 号	长整型,9
	实体类型:point,polyline,polygon	文本型,8
	实体长度:系统内部自带	长整型,10
	地下水矿化度:依据县级矿化度图实际数据填写	双精度,5,1
耕地地力调查点点位图	内部标识码:系统内部 ID 号	长整型,9
	实体类型:point,polyline,polygon	文本型,8
	X 坐标:北京 54 坐标系	双精度,19,2
	Y 坐标:北京 54 坐标系	双精度,19,2
	点县内编号 AP310102:自定义编号	长整型,8
行政区基本情况数据表	县内行政码 SH110102:根据国家统计局“统计上使用的县以下行政区划	长整型,6
	代码编制规则”编制	字符串,6
	省名称:山东省	字符串,8
	县名称:××市,××区,××县	字符串,18
	乡名称:××乡,××镇,××街道	字符串,18
	村名称:××村,××委员会	字符串 20
	行政单位名称:××市,××区,××县,××乡,××镇,××街道,××	
	村,××委员会	字符串 7
	总人口:无	字符串 7
	农业人口:无	字符串 7
	非农业人口:无	双精度,11,2
	国民生产总值 GNP:无	字符串,20
县级行政区划代码表	行政单位名称:××市,××区,××县,××乡××镇××街道××村	
	××委员会	长整型,6
	县内行政码 SH110102:根据国家统计局“统计上使用的县以下行政区划	
	代码编制规则”编制	长整型 9

续表

图 名	属性数据结构	字段类型
土地利用现状地块数据表	内部标识码:系统内部 ID 号	长整型 9
	地类号:国土资源部发布的《全国土地分类》三级类编码	字符串,3
	地类名称:国土资源部发布的《全国土地分类》三级类名称	字符串,20
	计算面积:无	双精度,7,2
	地类面积:无	双精度,7,2
	平差面积:无	双精度,7,2
	报告日期:无	日期型,10
土壤类型代码表	土壤国标码:土壤类型国标分类系统编码	字符串,8
	土壤国标名:土壤类型国标分类系统名称	字符串,20
耕地地力调查点基本情况及化验结果数据表	灌溉水源:县提供数据	字符串,10
	灌溉方法:县提供数据	字符串,18
	调查点国内统一编号:自定义编号	字符串,14
	调查点县内编号:自定义编号	字符串,8
	调查点自定义编号 AP310103:自定义编号	字符串,40
	调查点类型:耕地地力调查点	字符串,20
	户主联系电话:区号一本地电话号码	字符串,13
	调查人联系电话:区号一本地电话号码	字符串,13
耕地地力调查点基本情况及化验结果数据表	调查人姓名:××××	字符串,8
	调查日期:采集当天日期	日期型,10
	≥0℃积温:无	字符串,5
	≥10℃积温:无	字符串,5
	年降水量:县提供数据	字符串,4
	全年日照时数:无	字符串,4
	光能辐射总量:无	字符串,4
	无霜期:县提供数据	字符串,3
	干燥度 CW210107:无	双精度,4,2
	东经:县提供数据	双精度,9,5
	北纬:县提供数据	双精度,8,5
	坡度:地形坡度海拔:海拔高度	双精度,6,1
	坡向:缺少数据	双精度,4,1
	地形部位:数据引用自《全国耕地类型区、耕地地力等级划分》(NY/T 309—1996)和《全国中低产田类型划分与改良技术规范》(NY/T 310—1996)	字符串,4
	田面坡度:依据田面实际坡度灌溉保证率:无	字符串,50
	排涝能力:无	双精度,4,1
	梯田类型:无	字符串,3
	梯田熟化年限:无	字符串,2
	保护块面积:无	字符串,10
	土壤侵蚀类型:无	字符串,3
	土壤侵蚀程度:无明显侵蚀,轻度侵蚀	双精度,7,2
		字符串,8

续表

图 名	属性数据结构	字段类型
耕地地力调查点基本情况及化验结果数据表	污染源企业名称:无	字符串,20
	污染源企业地址:无	字符串,50
	液体污染物排放量:无	字符串,50
	粉尘污染物排放量:无	双精度,6,1
	污染面积 LE220105:无	双精度,6,1
	污染物类型:无	双精度,9,2
	污染范围:无	字符串,20
	污染造成的损害:无	字符串,40
	距污染源距离:无	字符串,30
	污染物形态:无	字符串,5
	污染造成的经济损失:无	字符串,4
	省名称:山东省	字符串,9
	县名称:××市,××区,××县	字符串,8
	乡名称:××乡,××镇,××街道	字符串,18
	村名称:××村,××委员会	字符串,18
	户主姓名	字符串,8
	土壤类型代码(国标):根据县提供数据填写	字符串,8
	土类名称(县级):县提供数据	字符串,20
	亚类名称(县级):县提供数据	字符串,20
	土属名称(县级):县提供数据	字符串,20
	土种名称(县级):县提供数据	字符串,20
	剖面构型:土层符号代码表、土层后缀符号代码表、剖面构型数据编码表	字符串,10
	是根据《中国土种志》整理	字符串,8
	质地构型:无	字符串,2
	耕层厚度:县提供数据	字符串,10
	障碍层类型:无	字符串,3
	障碍层出现位置:无	字符串,3
	障碍层厚度:无	字符串,30
	成土母质:数据引自农业出版社《土壤调查与制图》(第二版)	字符串,6
	质地:中壤土,重壤土,砂壤土	双精度,4,2
	容重:县提供数据	字符串,2
	田间持水量:县提供数据	双精度,4,1
	pH:依据土壤化学分析 pH 耕地地力等级评价成果填写	双精度,4,1
	CEC:依据土壤化学分析 CEC 值耕地地力等级评价成果填写	双精度,5,1
	有机质:依据土壤化学分析有机质值耕地地力等级评价成果填写	双精度,6,3
	全氮:依据土壤化学分析全氮值耕地地力等级评价成果填写	字符串,5
	全磷:依据土壤化学分析全磷值耕地地力等级评价成果填写	双精度,5,1
	有效磷:依据土壤化学分析有效磷值耕地地力等级评价成果填写	字符串,4
	缓效钾:依据土壤化学分析缓效钾值耕地地力等级评价成果填写	字符串,3

续表

图　名	属性数据结构	字段类型
耕地地力调查点基本情况及化验结果数据表	速效钾:依据土壤化学分析速效钾值耕地地力等级评价成果填写	双精度,5,2
	有效锌:依据土壤化学分析有效锌值耕地地力等级评价成果填写	双精度,4,2
	水溶态硼:依据土壤化学分析水溶态硼值耕地地力等级评价成果填写	双精度,6,2
	有效硅:依据土壤化学分析有效硅值耕地地力等级评价成果填写	双精度,4,2
	有效钼:依据土壤化学分析有效钼值耕地地力等级评价成果填写	双精度,5,2
	有效铜:依据土壤化学分析有效铜值耕地地力等级评价成果填写	双精度,5,1
	有效锰:依据土壤化学分析有效锰值耕地地力等级评价成果填写	双精度,6,1
	有效铁:依据土壤化学分析有效铁值耕地地力等级评价成果填写	双精度,6,1
	交换性钙:依据土壤化学分析交换性钙值耕地地力等级评价成果填写	双精度,5,1
	交换性镁:依据土壤化学分析交换性镁值耕地地力等级评价成果填写	双精度,5,1
	有效硫:依据土壤化学分析有效硫值耕地地力等级评价成果填写	双精度,5,1
	盐化类型:无	字符串,20
	1m 土层含盐量:无	双精度,5,1
	耕层土壤含盐量:无	双精度,5,1
	水解氮:依据土壤化学分析水解性氮值耕地地力等级评价成果填写	双精度,5,3
	旱季地下水位:无	字符串,3
	采样深度:县提供数据	字符串,7
耕层土壤有机质等值线图	内部标识码:系统内部 ID 号	长整型,9
	实体类型:point,polyline,polygon	文本型,10
	实体长度:系统内部自带	长整型,10
	有机质:依据土壤化学分析有机质值耕地地力等级评价成果填写	双精度,5,1
耕层土壤全氮等值线图	内部标识码:系统内部 ID 号	长整型,9
	实体类型:point,polyline,polygon	文本型,10
	实体长度:系统内部自带	长整型,10
	全氮:依据土壤化学分析全氮值耕地地力等级评价成果填写	双精度,4,2
耕层土壤有效磷等值线图	内部标识码:系统内部 ID 号	长整型,9
	实体类型:point,polyline,polygon	文本型,10
	实体长度:系统内部自带	长整型,10
	有效磷:依据土壤化学分析有效磷值耕地地力等级评价成果填写	双精度,5,1
耕层土壤速效钾等值线图	内部标识码:系统内部 ID 号	长整型,9
	实体类型:point,polyline,polygon	文本型,10
	实体长度:系统内部自带	长整型,10
	速效钾:依据土壤化学分析速效钾值耕地地力等级评价成果填写	长整型,3

续表

图　名	属性数据结构	字段类型
耕层土壤缓效钾等值线图	内部标识码:系统内部 ID 号 实体类型:point,polyline,polygon 实体长度:系统内部自带 缓效钾:依据土壤化学分析缓效钾值耕地地力等级评价成果填写	长整型,9 文本型,10 长整型,10 长整型,4
耕层土壤有效锌等值线图	内部标识码:系统内部 ID 号 实体类型:point,polyline,polygon 实体长度:系统内部自带 有效锌:依据土壤化学分析有效锌值耕地地力等级评价成果填写	长整型,9 文本型,10 长整型,10 双精度,5,2
耕层土壤有效钼等值线图	内部标识码:系统内部 ID 号 实体类型:point,polyline,polygon 实体长度:系统内部自带 有效钼:依据土壤化学分析有效钼值耕地地力等级评价成果填写	长整型,9 文本型,10 长整型,10 双精度,4,2
耕层土壤有效铜等值线图	内部标识码:系统内部 ID 号 实体类型:point,polyline,polygon 实体长度:系统内部自带 有效铜:依据土壤化学分析有效铜值耕地地力等级评价成果填写	长整型,9 文本型,10 长整型,10 双精度,5,2
耕层土壤有效硅等值线图	内部标识码:系统内部 ID 号 实体类型:point,polyline,polygon 实体长度:系统内部自带 有效硅:依据土壤化学分析有效硅值耕地地力等级评价成果填写	长整型,9 文本型,10 长整型,10 双精度,6,2
耕层土壤有效锰等值线图	内部标识码:系统内部 ID 号 实体类型:point,polyline,polygon 实体长度:系统内部自带 有效锰:依据土壤化学分析有效锰值耕地地力等级评价成果填写	长整型,9 文本型,10 长整型,10 双精度,5,1
耕层土壤有效铁等值线图	内部标识码:系统内部 ID 号 实体类型:point,polyline,polygon 实体长度:系统内部自带 有效铁:依据土壤化学分析有效铁值耕地地力等级评价成果填写	长整型,9 文本型,10 长整型,10 双精度,5,1
耕层土壤 pH 等值线图	内部标识码:系统内部 ID 号 实体类型:point,polyline,polygon 实体长度:系统内部自带 pH:依据土壤化学分析 pH 耕地地力等级评价成果填写	长整型,9 文本型,10 长整型,10 双精度,4,1

续表

图名	属性数据结构	字段类型
耕层土壤交换性钙等值线图	内部标识码:系统内部 ID 号 实体类型:point,polyline,polygon 实体长度:系统内部自带 交换性钙:依据土壤化学分析交换性钙值耕地地力等级评价成果填写	长整型,9 文本型,10 长整型,10 双精度,6,1
耕层土壤交换性镁等值线图	内部标识码:系统内部 ID 号 实体类型:point,polyline,polygon 实体长度:系统内部自带 交换性镁:依据土壤化学分析交换性镁值耕地地力等级评价成果填写	长整型,9 文本型,10 长整型,10 双精度,5,1
耕层土壤有效硫等值线图	内部标识码:系统内部 ID 号 实体类型:point,polyline,polygon 实体长度:系统内部自带 有效硫:依据土壤化学分析有效硫值耕地地力等级评价成果填写	长整型,9 文本型,10 长整型,10 双精度,5,1
耕层土壤水解氮等值线图	内部标识码:系统内部 ID 号 实体类型:point,polyline,polygon 实体长度:系统内部自带 水解性氮:依据土壤化学分析水解性氮值耕地地力等级评价成果填写	长整型,9 文本型,10 长整型,10 双精度,5,3
耕地地力评价等级图	内部标识码:系统内部 ID 号 实体类型:point,polyline,polygon 实体面积:系统内部自带 等级(县内):120	长整型,9 文本型,10 双精度,19,2 文本型,2
耕层土壤有效硼等值线图	内部标识码:系统内部 ID 号 实体类型:point,polyline,polygon 实体长度:系统内部自带 有效硼:依据土壤化学分析有效硼值耕地地力等级评价成果填写	长整型,9 文本型,10 长整型,10 双精度,4,2
土壤全盐含量分布图	内部标识码:系统内部 ID 号 实体类型:point,polyline,polygon 实体长度:系统内部自带 全盐:依据土壤化学分析全盐值耕地地力等级评价成果填写	长整型,9 文本型,10 长整型,10 双精度,4,1
耕层土壤有效镁等值线图	内部标识码:系统内部 ID 号 实体类型:point,polyline,polygon 实体长度:系统内部自带 有效镁:依据土壤化学分析有效镁值耕地地力等级评价成果填写	长整型,9 文本型,10 长整型,10 长整型,2

续表

图　名	属性数据结构	字段类型
耕层土壤有效钙等值线图	内部标识码：系统内部 ID 号	长整型，9
	实体类型：point，polyline，polygon	文本型，10
	实体长度：系统内部自带	长整型，10
	有效钙：依据土壤化学分析有效钙值耕地地力等级评价成果填写	长整型，2

第五节　建库工作方法

一、数据库质量控制

数据库质量涉及三个方面的工作：一要满足耕地地力评价工作的需要；二要满足耕地资源管理信息系统数据库建设的需要；三要满足建库所有成果图件输出的需要。为满足以上三个方面的要求，在数据库建设工作开展前，首先在有关国标、部标和行业标准的基础上，制定统一的工作平台、工作方法和流程，成果图件图名、图例和色彩编制要求，成果质量检查工作方法，对耕地地力评价基础性图件首先在建库单位初步检查后，交项目县进行全面检查和修改补充错漏内容，从而保证了数据库的成果质量。

二、建库工作有关规定

为保证建库工作按时和保质完成，进行了分组并制定了工作标准。

(1)建库项目组：设立技术负责人一名，全面负责建库工作有关规程的学习，日常建库工作安排、工作进度、质量检查，建库数据库资料汇总，MAPGIS 格式建库成果经 ARCGIS 规范化处理，导入县域耕地资源管理信息系统等工作。

(2)质量检查组：安排具有工作经验的人员成立检查组，负责所有建库资料的质量检查及修改工作。

(3)制定建库工作标准：在建库工作前，首先把建库图形子图的大小、线的粗细及线型、面的色彩搭配、图件分层、工作方法和流程下发到每一个建库工作人员手中，统一建库图形扫描矢量化的技术要求。

(4)最终成果检查：所有成果图待评审验收后，依据专家意见，由建库组和耕地地力评价组依据专家和甲方意见进行成果图和数据库的修改补充，最后输出成果图件和导入县域耕地资源管理信息系统。

三、建库资料精度及建库工作流程

(一)建库资料精度

为保证建库资料的数学精度，首先形成大于博兴县范围的 1∶50000 标准图幅理论图框，拼接形成县域的 1∶50000 理论图框。以 1∶50000 标准分幅地形图为基础，在地形图和县域土地利用现状图上选择同名的地物点(主要为农村道路交叉点等)为几何校正点，为保证县域图件的精度，选择不少于30个几何校正点，每一个几何校正点选择地形图附近的4个公里网交叉点，将其校正到县域的理论图框上，形成满足1∶50000精度要求的县域地理底图。以该图为基础，将所有建库成果图件校正到县域地理底图上。

（二）建库工作流程

第一步：首先按照建库工作的基本要求对土地利用现状、土壤、矿化度、灌溉分区、地貌、采样点位等图件进行扫描矢量化和几何校正处理、建库组错漏自查和交甲方进行错漏检查、返回建库组修改及编辑、拓扑检查、属性挂接处理等。第二步：将以上成果交耕地地力评价组进行耕地地力评价工作。第三步：耕地地力评价组将其评价成果资料再返回建库组，由建库组按照县域耕地资源管理信息系统数据库建设要求，对所有建库成果资料进行全面的质量检查及编辑处理、拓扑处理、属性挂接，最后由MAPGIS—ARCGIS—县域耕地资源管理信息系统输出成果图件。

（三）主要空间数据库说明

行政区划图（地理底图）：以土地利用现状图为背景，分别提取乡镇、村庄、主要工矿企业建设用地和主要道路、河流、境界、行政区划等内容。参考地图或1∶50000地形图，对主要道路、双线河流等地物进行连接并加注地物注记。依据卫星影像等资料，对近年来增加的主要道路进行更新。

土壤图：依据土壤调查研究报告、土壤志、山东省土壤分类归属标准，编制土种归属对比表和国标、省标、县三级对比表图例。在土壤图上保留土壤图原始代码，属性挂接为国标代码，可满足部、省、县各级政府工作的需要。

地貌图：由于地貌图为微地貌图，为满足部、省、县各级政府使用及建库工作的需要，在地貌图中保留了原地貌代码，其属性尽量对应到数据字典中的名称及代码，在图例中增加对比表，以满足各项工作的需要。

（四）属性库编制方法

严格按照建库数据字典中的要求及建库单位提供的资料编制各种成果图属性代码。

第六节　建库成果

博兴县耕地资源管理信息系统数据库建设成果包括农业部规定格式的数据库和MAPGIS格式的成果共计23幅图（见表7-3）。

表7-3　博兴县耕地资源信息系统数据库建设成果表

序　号	成果图名称	备注
1	博兴县土地利用现状图	
2	博兴县地貌图	
3	博兴县土壤图	
4	博兴县矿化度含量分布图	
5	博兴县耕地地力调查点点位图	

续表

序号	成果图名称	备注
6	博兴县灌溉分区图	
7	博兴县土壤 pH 分布图	
8	博兴县耕地地力评价等级图	
9	博兴县土壤缓效钾含量分布图	
10	博兴县土壤水解氮含量分布图	
11	博兴县土壤全氮含量分布图	
12	博兴县土壤速效钾含量分布图	
13	博兴县土壤有机质含量分布图	
14	博兴县土壤有效磷含量分布图	
15	博兴县土壤有效锰含量分布图	
16	博兴县土壤有效硼含量分布图	
17	博兴县土壤有效铁含量分布图	
18	博兴县土壤有效铜含量分布图	
19	博兴县土壤有效锌含量分布图	
20	博兴县土壤有效钼含量分布图	
21	博兴县土壤有效硫含量分布图	
22	博兴县土壤交换性钙含量分布图	
23	博兴县土壤交换性镁含量分布图	

博兴县耕地资源管理信息系统数据库建设包括空间数据库和属性数据库两部分内容，空间数据库全部是按照县域耕地资源管理信息系统数据字典要求进行的，属性数据库由于部分资料难以收集到(如土地平差面积等)，仅按照县域耕地资源管理信息系统数据字典要求编制了部分内容。例如，耕地地力评价土壤采样点位图利用 GPS 坐标展绘到地理底图上时，点与实际点位误差较大，达不到精度要求，所以耕地地力评价土壤调查采样点位图是依据野外采样点位图经扫描矢量化后形成的，属性挂接为 GPS 定点的坐标。

附 录

博兴县耕地资源综合利用与改良

耕地是农业生产和农业可持续发展的重要基础。耕地维持着作物生产力、影响着环境的质量和动物、植物甚至人类的健康。自 1979～1985 年第二次土壤普查以来，随着农村经营体制、耕作制度、作物品种、种植结构、产量水平和肥料施用等方面的显著变化，耕地利用状况也发生了明显改变。近年来，虽然对部分耕地实施了地力监测，但至今对区域中低产耕地状况及其障碍因素等缺乏系统性、实用性的调查分析，使耕地利用与改良难以适应新形势下农业生产发展的要求。因此，开展区域耕地地力调查评价，摸清区域中低产耕地状况及其障碍因素，有的放矢地开展中低产耕地的科学改良利用，挖掘区域耕地的生产潜力，对于博兴县耕地资源的可持续利用具有十分重要的意义。

一、耕地改良利用分区原则与分区系统

（一）耕地改良利用分区原则

耕地改良利用区划的基本原则是：从耕地自然条件出发，主导性、综合性、实用性和可操作性相结合。按照因地制宜、因土适用、合理利用和配置耕地资源，充分发挥各类耕地的生产潜力，坚持用地与养地相结合、近期与长远相结合的原则进行。以土壤组合类型、肥力水平、改良方向和主要改良措施的一致性为主要依据，同时考虑地貌、气候、水文和生态等条件以及植被类型，参照历史与现状等因素综合考虑进行分区。

（二）耕地改良利用分区系统

根据耕地改良利用原则，将影响耕地利用的各类限制因素归纳为耕地自然环境要素、耕地土壤养分要素和耕地土壤物理要素，将全县耕地改良利用划分为三个改良利用类型区：耕地自然环境条件改良利用区、耕地土壤培肥改良利用区、耕地土体整治改良利用区，并分别用大写字母 E、N 和 P 表示。在各改良利用类型区内，再根据相应的限制性主导因子，续分为相应的具体改良利用亚类。

二、耕地改良利用分区方法

（一）耕地改良利用分区因子的确定

耕地改良利用分区因子是指参与评定改良利用分区类型的耕地诸属性。由于影响因素很多，根据耕地地力评价，遵循主导因素原则、差异性原则、稳定性原则、敏感性原则，进行了限制主导因素的选取。考虑与耕地地力评价中评价因素的一致性、各土壤养分的丰

缺状况及其相关要素的变异情况，选取耕地土壤有机质含量、耕地土壤有效磷含量、耕地土壤速效钾含量、耕地土壤有效锌含量和耕地土壤有效硼含量等因素作为耕地土壤养分状况的限制性主导因子；选取灌溉保证率、盐渍化水平作为耕地自然环境状况的限制性主导因子；选取耕层质地条件和土体构型条件等作为耕地土壤物理状况的限制性主导因子。

（二）耕地改良利用分区标准

依据农业部《全国中低产田类型划分与改良技术规范》，根据山东省各县区耕地地力评价资料，综合分析目前全省各耕地改良利用因素的现状水平，同时针对影响博兴县耕地利用水平的主要因素，邀请有土壤管理经验的相关专家进行分析，制定了耕地改良利用各主导因子的分区及其耕地改良利用类型的确定标准。具体分级标准如表 1 所示。

表 1　耕地改良利用主导因子分区标准

耕地改良利用区划	限制因子	代号	分区标准
耕地土壤培肥改良利用区（N）	有机质（o，g/kg）	No	＜12
	有效磷（p，mg/kg）	Np	＜15
	速效钾（k，mg/kg）	Nk	＜100
	有效锌（zn，mg/kg）	Nzn	＜0.5
	有效硼（b，mg/kg）	Nb	＜0.5
耕地自然环境条件改良利用区（E）	灌溉保证（i，%）	Ei	灌溉保障率低于 50%
	盐渍化（s）	Es	盐渍化程度轻度以上
耕地土体整治改良利用区（P）	耕层质地（t）	Pt	砂土、砂壤
	土体构型（c）	Pc	土体中有障碍层次

（三）耕地改良利用分区方法

在 GIS 支持下，利用耕地地力评价单元图，根据耕地改良利用各主导因子分区标准在其相应的属性库中进行检索分析，确定各单元相应的耕地改良利用类型，通过图面编辑生成耕地改良利用分区图，并统计各类型面积比例。

三、耕地改良利用分区专题图的生成

（一）耕地土壤培肥改良利用分区图的生成

根据耕地土壤养分限制因素分区标准把博兴县耕地有机质分为两类，即有机质改良利用区和有机质非改良利用区，有机质改良利用区以代号 No 标注。同样，有效磷改良利用区用代号 Np 标注，速效钾改良利用区用代号 Nk 标注，有效锌改良利用区用符号 Nzn 标注，有效硼改良利用区用代号 Nb 表示。编辑生成耕地土壤培肥改良利用分区图（见图 1）。

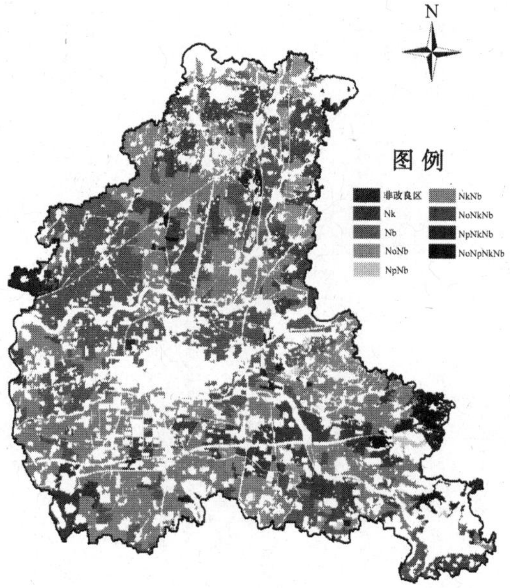

图 1　耕地土壤培肥改良利用分区图(1∶318500)

(二)耕地自然环境条件改良利用分区图的生成

根据耕地自然环境条件限制因素分区标准进行博兴县耕地改良利用分区。灌溉保证条件分为灌溉保证条件改良利用区和灌溉保证条件非改良利用区,改良利用区用代号 Ei 标注;盐渍化程度分为盐渍化改良利用区和非改良利用区,盐渍化改良利用区以代号 Es 标注(见图 2)。

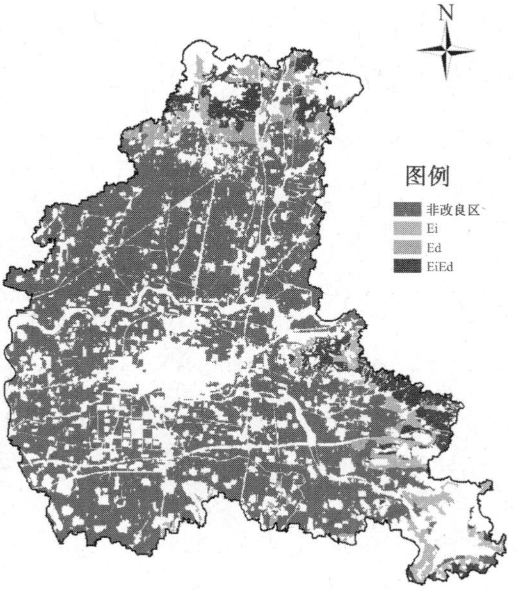

图 2　耕地自然环境条件改良利用分区图(1∶318500)

（三）耕地土体整治改良利用分区图的生成

根据耕地土地条件限制因素分区标准，耕地耕层质地条件改良利用区用符号 Pt 标注，耕地土体构型改良利用区用符号 Pc 标注。在 GIS 下检索生成耕地土体整治改良利用分区图（见图 3）。

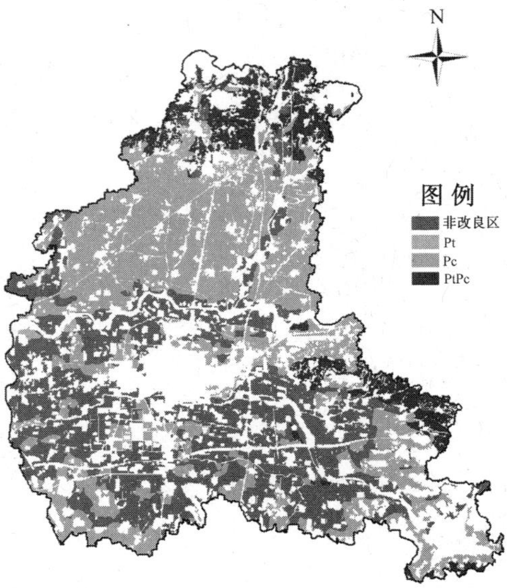

图 3　耕地土体整治改良利用分区图（1∶318500）

四、耕地改良利用分区结果分析

（一）耕地土壤培肥改良利用分区面积统计及问题分析

博兴县耕地土壤培肥改良利用区各改良利用类型面积及其比例如表 2 所示。

表 2　　博兴县耕地土壤培肥改良利用分区面积统计表

改良利用分区	No	Np	Nk	Nzn	NoNk	非改良区	总　计
面积（hm^2）	4726.68	444.95	725.89	437.69	1514.9	36883.19	44733.3
百分比（%）	10.57	0.99	1.62	0.98	3.39	82.45	100

由图 1 和表 2 可以看出，博兴县土壤养分状况总体良好，需要培肥改良的耕地占总耕地面积的 17.55%，主要分布在北部地区的乔庄乡、纯化镇和庞家镇等镇。由于该区域土壤盐碱面积大，农户在农业生产中常年施肥盲目性、从众性强，造成土壤有机质、磷、钾、锌、硼等含量不足。

其中单一有机质含量不足的耕地面积为 4726.68hm^2，占耕地总面积的 10.57%，主要分布在博兴县打渔张河以北原乔庄乡除去水稻田以外的绝大部分耕地，纯化镇的三教堂等村，陈户镇季王、相李、北相、相呈、辛东、张来等村，纯化镇袁东、袁西、曹家、纯东等村，吕艺镇王浩、花园、营李等村，庞家镇三合寺、高庙李、刘寨等村，由于土壤耕层有机质含量低于 12g/kg，所以要通过增施有机肥、作物秸秆还田等措施进行改良。

单一速效钾含量不足的耕地面积为 725.89hm²，占耕地总面积的 1.62%，主要分布在庞家镇大营、邢家等村，锦秋街道办事处安柴、院庄等村，湖滨镇七甲、前门、东门等村，土壤速效钾含量低于 100mg/kg，要通过作物秸秆还田、增施钾肥等进行改良。

有机质和速效钾含量均不足的耕地面积为 1514.9hm²，占耕地总面积的 3.39%，主要分布在纯化镇杨家洼、李家和常家村北，乔庄乡魏庄、王旺庄、三合、东三新、高庙刘等村，可以通过作物秸秆还田、增施有机无机肥、推广平衡施肥技术进行改良。

单一缺少有效磷（含量低于 15mg/kg）或有效锌（含量低于 0.5mg/kg）的耕地面积为 440hm²左右，分别占耕地总面积的 1%左右，主要分布在锦秋街道办事处西闸村南北，博昌街道办事处伏李、伏路村北，王楼村西等，可以通过增施适量磷肥、锌肥进行改良。

从各类型面积比例看出，博兴县耕地土壤培肥改良的主要方向为增施有机肥料、钾肥，同时应注重磷肥和锌肥的施用，逐步提高土壤有效磷和有效锌的含量。

（二）耕地自然环境条件改良利用分区面积统计及问题分析

博兴县耕地自然环境条件改良利用区各改良利用类型面积及其比例如表 3 所示。

表 3　　博兴县耕地自然环境条件改良利用分区面积统计表

改良利用分区	Es	非改良区	总　计
面积（hm²）	10255.2	34478.1	44733.3
百分比（%）	22.93	77.07	100

由图 2 和表 3 可以看出，博兴县耕地自然环境条件总体较好，77.07%的耕地自然环境条件不需改良，需要改良的面积仅占总面积的 22.93%，主要分布在博兴县北支新河以北的乔庄乡、纯化镇、陈户镇和庞家镇，吕艺镇的营李、王浩、贺家、马家、辛集等村，湖滨镇的寨下村，博昌街道办事处伏邵、东伏、伏郑等村也有零星分布。

自然环境条件中灌溉保证率较高，均在 50%以上，无需改良，需要改良的均是土壤盐渍化程度在轻度以上的耕地，面积为 10255.2hm²，占耕地总面积的 22.93%。由于潜水位及矿化度高和排水不畅的原因，使土地盐渍化。可见，博兴县耕地自然环境条件改良利用的主要方向为合理灌溉或者结合工程技术措施、物理化学措施等，降低土壤盐渍化程度。

多年来的生产实践证明，土壤盐渍化的防治与农业生态和环境保护密切相关。由于土壤盐渍化的防治往往与区域性的河流治理和大面积的土地利用及农业布局有关，因此，采用任何一种防治措施都必须同时考虑创建良好的农业生态体系和有利于环境保护。实践证明，改良盐渍土是一项复杂、难度大、需时间长的工作，应视具体情况制定措施，主要包括：

（1）建立完善的灌溉系统，使地下水深度保持在临界深度以下。

（2）建立现代化排水系统：①水平排水，主要以明沟、暗管的形式进行，既能降低地下水位，又可以排出土壤中的盐分；②垂直（竖井）排水，价格低，不占地，水量大，控制调节地下水位灵活，维修工作少，同时又可以和灌溉相结合，竖直设井以梅花形布井效果为最好。

(3)化学改良。一些发达国家如美国、澳大利亚在盐渍土上，特别是在碱土上施化学改良剂，如石膏、硫酸、矿渣(磷石膏)，因土地类型不同，施入量也不同，施用时间长短取决于当地的经验和资金的状况。施用改良剂后需用大量水冲洗，在水资源缺乏的情况下应用困难，而且成本高。但是，用这种方法能使土壤积水从379天降到145天，渗水从292mm升到605mm。化学改良尽管成本高，但是从经济效益看是有益的。

(4)种植水稻对碱土的改良较有效。匈牙利、罗马尼亚、前苏联、泰国、中国都在大面积的盐土上种水稻，取得良好的改土增产效果。匈牙利专家通过对中欧及东欧地区盆遗土的研究提出灌溉冲洗、施用化学改良剂和种稻改良三结合的综合改良措施，这一措施是当前改良盐渍化的重点措施，但这一措施要求水平排水畅通。

(5)日本东京大学研究向土壤中注入聚丙烯酸酯溶液，与土壤形成0.5cm的不透水层，从而减少土壤水分的蒸发，减少盐分随毛管水蒸发向表土累积，使作物产量明显增加。伊拉克土壤学家研究将沥青混入表层5cm土层中，然后冲洗，可提高土温1.3℃～2.3℃，从而提高盐分的溶解度，增加淋洗效果。

(6)利用咸水灌溉。咸水灌溉虽然能增加土壤中的盐分，但也能增加土壤湿度，降低土壤溶液的浓度。美国、突尼斯、意大利及中亚、阿拉伯、北非分别用低于1g/L或3～8g/L的咸水灌溉，印度还研究利用稀释了的海水灌溉。

(7)种植耐盐碱的植物，特别是能固氮的耐盐树种和草木(绿肥)植物，既可以减少地表水分的蒸发、防止土壤表面积盐，又可以降低地下水位和盐分，改良土壤的物理性状，增加有机质和土壤微生物，降低土壤pH，从而彻底改善周围的生态环境。

(三)耕地土体整治改良利用分区面积统计及问题分析

博兴县耕地土体整治改良利用区各改良利用类型面积及其比例如表4所示。

表4　博兴县耕地土体整治改良利用分区面积统计表

改良利用分区	Pc	PtPc	非改良区	总　计
面积(hm^2)	33857.19	3072.8	7803.31	44733.3
百分比(%)	75.69	6.87	17.44	100

由图3和表4可以看出，博兴县耕地土体结构需要大量改善，土体条件好而不需改良的面积为7803.31hm^2，仅占全县耕地总面积的17.44%，主要分布在店子镇中、东、南部，兴福镇北部，湖滨镇西南部，吕艺镇中、东部，乔庄乡西、南部，纯化镇北部等区域。而其他剩余区域由于耕层质地中砂壤、重壤的影响，或者土体构型中有砂壤、重壤等障碍层次影响而成为需要改良部分，需改良的耕地面积为36929.99hm^2，占全县耕地总面积的82.55%。

耕层质地为砂壤的主要分布在黄河决口的大流附近，包括乔庄、纯化镇的决口扇形地和缓平(高)坡地上，黄河滩里和其他镇也有零星分布。在改良上，有条件的地区应掺淤改砂或者引黄淤灌，增加土壤的黏性。增施有机肥料改善土壤理化性状，提高土壤的保水、保肥性能。耕层质地为重壤的主要分布在大洼底部地段上，主要在锦秋、博昌、城东3个街道办事处，陈户、吕艺、纯化、庞家、湖滨等镇的缓平洼坡地上。可以通过深翻改土、增施有机肥改善土壤质地，有条件的可以掺砂，提高土壤的通气性和透水能力。

单一土体构型需改良的耕地面积为 33857.19hm^2，占耕地总面积的 75.69%。其中夹砂构型主要分布在乔庄、纯化等北部镇，属于漏肥、漏水型，特点是毛管作用强烈，易返盐，盐碱地多分布在此类型上。在农业生产中，应完善农田灌排设施，防止土壤返碱，在施肥上要少施勤施。夹黏构型由于在土体中有大于 10cm 的质地为重壤或黏土，土壤透水性差，可以通过配套完善水利工程和深耕深翻、增施有机肥等措施进行改良。

土体构型和耕层质地均需要改良的耕地面积为 3072.8hm^2，占耕地总面积的 6.87%，主要分布在庞家镇西部的刘寨、永革、韦家等村，乔庄乡东南部的魏庄、东崔、西崔、刘王等村，纯化镇的东北部的杨家、熊家、河里村北、李家和常家村北等，兴福镇中北部的兴一、兴二、兴三、西毛等村。采取配套完善田间水利设施、作物秸秆还田、增施有机肥料、科学耕翻等措施，改良偏砂、偏黏的土壤表层质地及不良的土体结构，是博兴县耕地土体整治改良的主要方向。

五、耕地改良利用对策及措施

(一)增加经济投入，加大耕地保护力度

农业是既要承担自然风险又要承担市场风险的弱质产业，保护农业是国民经济发展中面临的重大问题。由于调控体制不健全，受比较利益驱使，各层次资金投入重点向非农业倾斜，资金投入不足已成为农业生产发展的主要制约因素。要达到农业增产，就要增加耕地投入，加强中低产田改造，不断提高耕地的质量，从而提高耕地利用的经济效益。博兴县宜进一步加强对耕地改良利用的投入，通过对耕地的改良逐步消除制约耕地生产力的限制因素，培肥地力，改善农业生产条件和农田生态环境。

(二)平衡施肥，用养结合，增施有机肥料，培肥地力

长期以来，在耕地开发利用上重利用、轻培肥，重化肥、轻有机肥，虽然全县化肥的施用量逐年增加，但有机肥投入量却呈现一定的下降趋势，且投入的化肥以氮肥、磷肥为主，引起土壤养分特别是有机质含量的下降和矿质养分的失衡，导致耕地肥力下降。全县具有土壤养分限制性因素，需要培肥的耕地总面积为 7850.11hm^2，占全县耕地总面积的 17.55%，因此，要持续提高中低产耕地的基础地力，为农作物生长创造高产基础，必须将用土与养土妥善结合起来，广辟有机肥源，重视有机肥的施用，提倡冬种绿肥和施用有机、无机复混肥。同时应利用中低产耕地调查评价成果，科学指导化肥的调配，采用科学优化平衡施肥，重视合理增施有机肥、钾肥，适当增加磷肥和锌肥的施用量，不断培肥地力，实现中低产耕地资源的持续利用。

(三)合理灌溉，多举措改良盐碱地

水是作物生长的必要条件，灌排条件与耕地的基础地力有着密切的关系，但博兴县北部地区存在不同程度的土壤盐渍化问题，因此需合理灌溉，避免问题的加剧。同时，采取工程、农业及生物、物理、化学等多种措施改良土壤盐渍化问题。

工程改良：通过修建排水工程，使地下水位降低，达到减轻盐渍化的目的，主要方式为淡水压碱、挖沟排碱等。

农业及生物措施：通过种植不同的农作物，或采用不同的农业生产技术，使盐碱地得到改良，例如种植水稻、增施有机肥、地膜覆盖、合理种植、施用植物抗盐剂等。

物理措施：通过平整土地、深耕改土、及时松土、抬高地形及客土压碱等措施改良土壤盐渍化。

化学措施：通过向盐碱地掺杂石膏、腐质酸、过磷酸钙等物质，使其中和土壤中的碱性，从而达到改良土壤的目的。

（四）采用农业措施改善土体结构

博兴县耕地土壤限制性因素主要为土壤中存在一定的不良土体构型，可以采用增施有机肥、深耕、深松等措施来改良各种不良土体构型，一方面增加土壤中养分含量，另一方面增加土壤中的有机胶体，对改良土壤和提高土壤肥力有显著的作用。此外，选择适宜性的种植作物，既能改善土壤性质，又能获得较好的经济效益。因而，因地制宜地发展当地名优产品，是适应自然、提高经济效益的有效措施。

（五）集约化利用耕地资源，发展生态型可持续农业，改善生态环境

耕地生态环境质量的高低是保证农作物持续稳产、高产、优产、高效的重要前提。根据博兴县资源优势以及生态环境的特点，因地制宜地利用耕地资源，通过合理轮作、科学间作套种等措施，增加复种指数，努力提高耕地资源的利用率；注重多物种、多层次、多时序、多级质能、多种产业的有机结合，农、林、牧、副、渔并举，建立生态型可持续农业系统，达到经济、生态和社会效益的高度统一。此外，应重新审视耕地承包到户政策所致的耕地经营权分散在新形势下出现的不利于耕地资源规模集约经营的缺点，努力探讨建立"公司＋农户"或各种专业化合作组织等耕地规模集约经营模式，提高全县耕地资源的集约经营和经济效益。

博兴县盐碱地利用现状调查及改良利用

一、概况

博兴县的盐渍化土壤主要分布在北部的原乔庄乡、纯化镇、原陈户镇、庞家镇和吕艺镇，面积为10255.2hm^2，占全县耕地总面积的22.93%。其中棉花种植面积为7794hm^2，占盐渍化土壤总面积的76%，平均单产皮棉75.6kg/667m^2；粮田面积为1897hm^2，占盐渍化土壤总面积的18.5%，平均单产（小麦＋玉米）825kg/667m^2；其他作物面积为564.2hm^2，占盐渍化土壤总面积的5.5%。这些地区是博兴县农业的低产区，产量低而不稳，土壤的盐渍化严重制约了当地农业生产和农村经济的发展。对这部分土地的综合治理和开发成为全县整体发展和可持续发展的客观要求。

二、土壤环境调查监测结果

（一）盐碱地当前种植模式

当地主要的种植模式有两种，第一种是棉花—棉花。棉花属于子叶出土类型，出苗难，对种子质量、环境条件和播种技术要求严格。在棉花生育前期，受土壤盐胁迫，影响到棉花种子的吸水膨胀，根系发育不良，造成萌发出苗慢、出苗率和成苗率低。棉花生育中后期长势下降，出叶速率减慢，果枝数减少，现蕾、开花、结铃推迟，蕾铃脱落增加，容易出现早衰，产量降低。

第二种主要的种植模式是冬小麦—夏玉米。在相对盐渍化程度低和土壤有机质、氮、磷、钾养分含量相对高的地块，10月上中旬种植小麦，翌年6月收获，抢茬播种夏玉米，夏玉米9月中下旬成熟并收获。

（二）土壤养分状况

1982年全县土壤普查时，全县北部沿黄盐碱地改良利用分区总面积为22523.6hm^2。地貌为黄河口扇形地缓平（高）坡地。地面高程为8～10m，最高在11m以上。地下潜水埋深为1～2m，最深在3m以上。矿化度一般为2～5g/L，高的为5～10g/L，最高在10g/L以上。土壤类型大部分属于滨海潮土、滨海盐化潮土、滨海潮盐土。耕层质地多为轻壤或砂壤，有零星分布的中壤和重壤。土体构型多为厚砂心、厚砂腰、均质砂、均质壤、厚黏心。地下潜水位及矿化度高，排水不畅，耕层土壤盐分平均含量为1.45%，土壤肥力低，有机质含量平均为9.8g/kg，全氮为0.69g/kg，水解氮为30mg/kg，有效磷为7.9mg/kg，速效钾为61mg/kg。

通过20多年的改良利用，2008年全县盐渍化土地面积减少到10255.2hm^2，耕层土壤盐分平均含量降到0.83%，有机质含量平均提高到13.5g/kg，全氮为0.96g/kg，水解氮为95mg/kg，有效磷为35.4mg/kg，速效钾为125mg/kg。

（三）土壤性状时空变化趋势

与1982年的相比，2008年全县盐碱地面积减少了12268.4hm^2，减少54.47%，盐化程度由重转轻。平均土壤含盐量降低了0.62%，土壤肥力得到较大提升，其中有机质提高3.7g/kg，全氮提高0.27g/kg，水解氮提高65mg/kg，有效磷提高27.5mg/kg，速效钾提高64mg/kg。伴随盐碱地农业生产条件的改善，农作物产量有了较大提高，乔庄、纯化、陈户、庞家、吕艺等镇小麦、玉米、棉花每亩产量由1983年的226.5kg、252.44kg、59.08kg提高到2008年的456.92kg、517.22kg、75.4kg。盐碱地的改良也拉动了全县农业生产的发展。1982年，全县小麦种植面积为25700hm^2，每亩平均单产为156kg，2008年全县29800hm^{2}小麦每亩平均单产提高到457kg；1982年全县玉米种植面积为19300hm^2，每亩平均单产为234kg，2008年全县29100hm^{2}玉米每亩平均单产提高到512kg；1982年，全县棉花种植面积为17100hm^2，每亩平均单产为42kg，2008年全县12800hm^{2}棉花每亩平均单产提高到75kg。

三、土壤理化性状变化原因分析

自第二次土壤普查到现在，全县采取水肥结合的盐碱地改良综合措施，土壤理化性状得到较大改善，农业生产水平得到较大提高，这是盐碱地土壤理化性状发生变化的主要原因。

（一）建立健全了以排为主、排灌结合的排灌系统

排水：排水对脱盐和防止返盐有关键作用，排水工程的设计标准既符合除涝标准，又满足了排盐的要求，即骨干排水河道有较大的过水断面，还达到了足够深度，满足了排盐的要求。

灌溉洗盐：灌溉是土壤脱盐的动力。土壤中的盐分主要通过溶解于水，再随水排出而脱盐。全县在加大对盐碱地土地整平治理的基础上，通过在农事生产的合适的时间用黄河水灌溉洗盐，取得了较好的效果。

（二）放淤改良

引黄放淤改良涝洼盐碱地是博兴县沿黄乡镇早期常用方式之一。它的特点是改造盐碱地速度快，效果好，投资较少，能使荒碱地较快的变成肥沃的良田，同时可以利用淤后退水灌溉其他农田，可以减轻渠道淤塞。

（三）平整土地

土地是否平整，对土壤水盐运动有直接影响。据观测，高出田面10～15cm的小地形部位，土壤蒸发量较周围田面大0.5～1.2倍，蒸发量大，积盐就多，易形成盐斑。所以，通过平整土地可以调整土壤水盐不均衡状况，防止盐斑的发生，同时，还使排灌措施得以充分发挥洗盐和防止次生盐渍化的作用。不论有无灌溉条件，平整后地边四周均要围起地埝，在灌水或降雨时，可以加速均衡淋盐，防止地面跑水，形成“溜碱”。

（四）增施有机肥

增施有机肥不仅直接为作物提供养分，增强抗盐能力，而且还可以改善土壤物理性状，促进土壤团粒结构形成，使土壤透水性变好，提高保水、保肥能力，减少蒸发，有利于淋盐和控制土壤返盐。此外，有机肥在腐熟过程中产生的有机酸可以中和碱性物质，也有缓冲盐害的作用。据试验，在缺乏灌溉条件很难拿苗的重盐碱地上，连续2～3年每亩施土杂肥2500kg和5000kg的，较未施肥前耕层含盐量分别降低14.2%和51.4%，而不施的对照地块的耕层含盐量不仅没有减少，反而增加9%，由此可见盐碱地增施有机肥的重要

作用。但必须注意，施用有机肥的数量不能过少，在肥源较缺时应分批集中施用，不要平均分摊，以免产生“碱多吃肥”的不良后果。

（五）地下水位下降

潜水埋深是影响盐土土壤形状的主要条件之一，对土壤的形成、演变起着重要的作用。1982 年土壤普查时，乔庄（包括原蔡寨）、纯化、陈户、庞家、吕艺等引黄灌区乡镇潜水埋深一般为 1～2m。1979 年前由于排灌不合理，水位高，导致盐分随水上升到地表，形成盐碱威胁。1979 年后，引黄灌区注意了合理用水和疏通排水工程，水位逐年降低。至 2008 年，全县小清河以北引黄灌区乡镇潜水埋深平均降低 0.5m 以上，有效地降低了盐分对地表的威胁，使得耕层土壤在含盐量下降的同时，也缩小了盐碱地土壤的总面积。

四、盐渍土壤改良利用措施

根据制约土壤肥力提高的因素，因地制宜地采取各种治水改土的基本建设措施。在改造盐碱地土壤环境的基础上，培肥土壤，使土壤肥力不断提高。

（一）完善排灌水利设施工程技术

黄河三角洲为典型的入海河口三角洲，坡降小，地表平缓，自然泄水能力低，且地下水位高，矿化度大，土壤盐渍化与地下水位高直接相关，因此，农田工程建设是该区综合治理的基础和前提，主要目的是为了实现区域脱盐和土体脱盐。通过工程措施，有效降低和控制地下水位，从而抑制土壤返盐，提高自然降水和人工灌溉的脱盐效果，增强土地抗涝性能。新中国成立以来，黄河三角洲的农田水利工程建设使该区骨干河道畅通，洪涝得到基本控制，井灌、河灌基础配套，干支渠基本配套健全，加上黄河流域近十年来连续干旱少雨，地下水位下降，盐渍化减轻，因此，引水和排水两用的其他斗、农、毛沟均可采用浅沟。斗沟无控制地下水的任务，其间距可随田间道路结合布置，灵活掌握，而农、毛沟间距分别构成方田的长度和宽度，可结合方田设计统一布置，具体确定。农沟深度可为 0.8～1m，底宽为 0.5m，边坡系数为 1，毛沟沟深可在 0.5m 左右，底宽为 0.3m，边坡系数为 0.7。

（二）采用合理耕作技术

通过采用正确的耕作技术，达到局部改良盐碱地的目的。一是平整土地。这是农田水利工程得以充分发挥作用的基础，同时也是灌水冲洗压盐的需要。土地平整一般以方田为单位进行，如果地面起伏过大，还需打破方田界限，实行大平大整。土地平整一般在秋冬进行，然后进行冬灌压盐和冻伐。因黄河三角洲淡水资源紧张，灌水定额可掌握在抗旱灌水用量的两倍，将耕层土壤盐分冲洗到植物能出苗生长即可。二是平地挖沟压盐碱。适用于地下水位高、面积大的轻中度盐碱地。一般在条田内挖沟 2.5～3m，与外围主引、排水沟渠相通，做到排灌结合，条田长度根据具体情况而定。根据东营市多年的试验观测，在不施用黄河水灌溉的基础上，经过 2～3 年的雨水淋洗，大部分地块可脱盐变为轻中度盐碱地块，100cm 深土层可下降到 0.3%左右。三是高筑台田。一般高出原地面 1.8～2m，宽度在 30m 左右，长度根据实际情况而定，台田两侧要有比较大的引、排水沟，并与外围主引、排水沟渠相通，做到旱能引、涝能排、碱能改。采用这一模式，第三年 100cm 内的含盐量可下降到 0.3%左右，可用于种植棉花、大豆等耐盐碱作物；第四年继续脱盐，100cm 内土层含盐量可下降到 0.2%左右，可种植花生、西瓜、玉米等作物。四是沟种躲盐。根据“盐往高处爬”的特点，采取沟种躲盐，即开沟起垄，在强烈返盐的季节垄背蒸发强烈，返盐多，沟内返盐少，沟种作物比较安全。

（三）选择种植耐盐作物

在有足够水源的盐碱地，可通过改种水稻时泡田放水和长期淹灌来减少土体盐分含量并抑制盐分上升，使土壤得到改良，获得较好的收益。还可以选择其他耐盐作物，这也是盐碱地增加收益的有效适应方式，可选生物耐盐力高于0.3%的植物种植。甜菜、向日葵、蓖麻是强耐盐作物，在内陆盐碱地可耐0.4%甚至0.5%以上的耕作层土壤盐分，高粱、棉花、苜蓿为较强耐盐作物，在内陆盐碱地可耐0.3%～0.4%的盐分。

（四）推广以肥改盐碱技术

在实行水利改良的同时，必须增加有机质和养分投入，增加有机质可以改善土壤结构，抑制返盐，利于淋盐。在施用大量有机质的基础上，还可以增施化学酸性废料过磷酸钙，使盐碱土pH降低，同时磷素能提高植物的抗性。施入适当的矿物性化肥，补充土壤中氮、磷、钾、铁等元素的含量，有明显的改土效果。

（五）实行以渔改碱

在滨海地势低洼、盐碱较重、耕层浅薄、土壤肥力较差的地区，可发展以渔改碱。以渔改碱技术模式是在低洼盐碱地上通过挖塘抬田的方式改良盐碱地，形成人工淡水鱼虾养殖基地，使耕地资源充分利用，实现土地利用潜力最大化。

（六）在作物施肥上要一改过去传统方式，变盲目施肥为优化配方施肥

测土配方施肥是根据不同类型的土壤肥力状况、土壤供肥特点、作物需肥规律和肥效试验结果，提出合理的施肥配方，按照合理的原料配比和采用相关工艺生产养分齐全的配方肥料。通过开展测土配方施肥，可以合理地确定施肥量和肥料中各营养元素比例，有效提高化肥利用率，有效控制化肥投入量及各种肥料的比例，减轻环境与资源的负担，达到降低成本、增产增收的目的。另外，测土配方施肥还可以培肥地力、保护生态、协调养分、防治病害、对有限肥源合理分配等。

（七）要加大对微量元素肥料及微生物肥料的利用

微量元素肥料能平衡作物所需的养分，而微生物肥料又能通过自身所含有的微生物分泌活性物质，能起到固氮、解磷、解钾、分解土壤中的其他矿物养分作用，提高化肥和有机肥的利用率，改善土壤的理化性状，使土壤能供给作物各种养分，促进作物生长，提高作物产量和产品品质，同时还能分解土壤中的有害化学物质和杀死有害菌群，减少化肥、农药的残留量及有害病菌。

（八）要协调大量元素与微量元素之间的关系

人们在配方施肥中，往往重视氮、磷、钾等大量元素的施用，而忽视了微量元素肥料的施用。增施微量元素或喷施微量元素生长剂及复合生物生长剂，都能使养分平衡供应，促进作物体内营养快速转化，减少有害物质的积累，是促使作物抗病、防病并增加产量、提高品质的好方法。

五、棉花盐碱地栽培技术

滨海盐碱地是我国宝贵的土地资源，也是发展棉花生产、提升棉花生产能力的潜力所

在。黄河三角洲地区是我国滨海盐碱地棉区的典型代表，提升该区棉花生产技术水平具有稳定山东棉花产量、缓解粮棉争地矛盾、为全国盐碱地棉花节本增效栽培提供技术支撑和样板的作用。针对当前滨海盐碱地棉花生产中存在的雨涝、盐碱和土壤养分不平衡等问题，在系统研究滨海盐碱地抗虫棉生长发育规律、养分吸收特点和土壤盐分与养分动态变化的基础上，建立了以科学运筹肥料和简化管理为核心内容的"盐碱地棉花丰产栽培技术"，形成了技术规程，建立了示范样板，并进行了较大面积示范推广，解决了该区长期以来存在的技术水平差、棉花单产水平低、植棉效益不高的问题。

棉花是滨州市的主要经济作物，也是农业生产的支柱产业。目前种植的棉花品种有鲁棉研15号、鲁棉研20号、鲁棉研23号、鲁棉研25号等抗虫杂交棉和鲁棉研16号、鲁棉研21号、鲁棉研22号等常规抗虫棉，年均植棉约1.3×10^5 hm^2。盐碱地主要成分为硫酸盐和氯化物，土壤含盐量在0.3%以上，最高可达1.5%。盐碱地棉田因历年缺苗晚熟、单产低而被称为"坠脚田"。为尽快改变这种低产状况，博兴县经过多年在盐碱地上进行植棉田间试验与示范，总结出一些适合盐碱地植棉的经验措施。

（一）压碱与排碱

在4月上旬灌大水压碱（新开垦重碱地还应在灌水前扒除地表碱皮），同时应搞好农田排灌工程，把淋下去的高矿化水排走，以减轻以后的盐渍化程度。

（二）培肥改碱

盐碱地的共同特点是碱薄并存。土壤贫瘠能诱发盐碱，所以治理盐碱要先治贫瘠。有机肥在分解过程中能产生大量的酸性物质，可起到中和土壤碱分的作用，减轻土壤中钠离子的危害。因此，开发盐碱地植棉要多施有机肥。如在有机肥中混入硫酸锌，播种前每公顷还要开沟施入225kg磷酸二铵和150kg尿素或450kg碳铵。

（三）足墒播种

大水压碱后耕层含盐量最低，以后随着蒸发量的增加，地表积盐会相应提高，所以要在灌后抢湿耕种，早覆膜抑制蒸发返碱。

（四）适期巧播

盐碱地地温低，播种过早不易保全苗，播种太晚又会因晚发晚熟影响产量和质量。4月下旬（在地温达14℃以上时）阴雨寒流一过，抢时间播种，以能保证苗全、苗壮。

（五）宽膜覆盖

盐碱地的返盐量与地面蒸发量成正比。根据这一原理，对盐碱地棉花实行宽膜覆盖可收到明显的效果。选用1m以上的宽地膜，并把小行距（覆盖行的行距）缩小到45cm。以减少裸地面积，减少蒸发积盐，并可相应地增加棉株根部的覆盖度，有利于保苗早发。

（六）增加密度

增加密度是重盐碱地棉花提高单产的主要措施。根据对比试验，重盐碱地棉花每公顷留苗在7.5万～9万株为宜，盐碱越重留苗越密。密度的增加不但提高了前期单位面积上的光能利用率，也增加了每公顷内的果枝和果节数及内围铃比例。

（七）选用对路良种

盐碱地棉花播种较晚，又因其土壤含盐高、肥力低等诸多不利因素的存在，晚发、晚熟最为常见。所以，应选用子质高、出苗好、发育快、苗期长势旺、生育期较短、丰产多抗的中棉所19、中棉所17等中早熟品种。

(八)播后再灌压碱水

在做好扒碱、大水压碱的基础上，播种覆盖后再灌一水，可使含盐量高达0.8%的重盐碱地棉花一播全苗。但要注意两点：一是必须播干种子。如播浸泡或催芽的种子，浇水后等于又重新把棉种泡上，所以会因烂种、烂芽而出芽少，也易出现弱苗。二是一定要浅播，将棉种拌上多菌灵，盖1cm左右的土，不能镇压。

(九)精心放苗、晚堵苗孔

湿播或播后再灌，膜下湿度大，晚放1～2天不会烫苗；放苗太早，苗龄小，根系浅，抗碱能力差，易伤苗、死苗。放苗孔越小越好，为防苗孔进风，揭膜后可在各株间用土块压膜。

(十)促早发

针对盐碱地棉花易晚发的特点，在推广保苗技术的基础上，可采用少放苗(一个苗孔放出2～3棵苗)、早定苗、早喷叶肥的促早发措施。6月初有水浇条件的地块及时浇一遍发棵水，能压碱促早发。7月上旬每公顷应施尿素225kg，7月20日前早打顶心。8月底至9月上旬结合防治四代棉铃虫应进行2～3次根外追肥。近几年，一直用磷酸二氢钾加尿素与农药混喷，效果很好。

博兴县不同地力条件主要粮食作物生产潜力及最佳施肥量分析

作物施肥指标体系的建立，可以使我们准确了解掌握本地耕地肥力状况，其中包括N、P、K、有机质、中微量元素等含量，土壤类型，适宜作物及获得作物最佳产量指标所需的各种养分，并且依据土壤养分贡献率、肥料利用率等技术指标确定合理的肥料用量、肥料配比，以达到作物高产、优质和提高或保持土壤肥力的目的，为有关部门的决策提供依据，为农民科学种植提供技术支持和优质服务。

博兴县是2006年国家级测土配方施肥项目县。项目实施以来，博兴县结合自然资源条件和自身农业生产情况，通过进行农户施肥调查基本摸清了全县不同区域农户施肥情况。分区域安排冬小麦、夏玉米主要粮食作物的"3414"小区试验25处，肥效对比示范试验25个，并已取得大量数据。通过对已取得的数据进行整理分析，确定了博兴县主要粮食作物不同产量水平下肥料施用量及其不同时期的施用比例，初步建立起了适合博兴县不同区域的施肥指标体系，并进行了生产应用。

第一节 博兴县主要粮食作物施肥现状调查分析

一、农业生产现状

2008年，全县农作物总播种面积为76308.9hm^2，其中粮食作物播种面积为59325hm^2（夏粮播种面积为29749hm^2，秋粮播种面积为29576hm^2），总产为43.05万吨，比2007年增长10.3%；单产为7260kg/hm^2，比2007年增加330kg/hm^2；棉花播种面积为12815.6hm^2，总产为1.44万吨，单产为1125kg/hm^2；菜田面积为3956.3hm^2，总产为31.14万吨。

2008年，粮食生产中小麦播种面积、总产、单产比2007年分别增长3.1%、6%、165kg/hm^2；玉米播种面积、总产、单产分别比2007年增长7.1%、14.2%、480kg/hm^2。

2008年，全县农业机械总动力为1.171×10^6kW，农村用电量为1.4413×10^8kW·h，化肥施用量为22587吨（折纯量），与上年持平，农药使用量为1751吨，地膜使用量为939吨，有效灌溉面积达42060hm^2。

二、主要粮食作物施肥状况

在农业生产中，肥料既能提供作物正常生长的必需营养元素，又能改变土壤性质、提高土壤肥力。为了摸清全县农业生产中单位耕地面积的肥料投入情况，2006～2008年分别对粮食生产中有机肥、化肥投入情况进行了农户施肥调查（见表1）。

表 1

年份	作物	调查农户数(个)	调查农户作物面积(hm^2)	作物产量($kg/667m^2$)	肥料成本(元/$667m^2$)	有机肥投入		折纯化肥投入($kg/667m^2$)		
						施用地块比例(%)	施用量($kg/667m^2$)	N	P_2O_5	K_2O
2006	冬小麦	507	126	447	162.7	6.3	1120	24.18	17.81	12.21
	夏玉米	2446	591	567	100.9	0.2	546	18.19	7.9	7.3
2007	夏玉米	1032	284	581.4	103.5	0	0	18.3	8.01	7.24
2008	夏玉米	1162	337	527.4	166.2	0.6	1145	19.7	7.9	

(一)有机肥料投入状况

1990 年,全县耕地面积为 $4.67\times10^4 hm^2$,有机肥投入总量为 1677995.01 吨,其中粪尿类为 1251004.1 吨,饼肥为 15160 吨,堆(沤)肥为 214000.25 吨,杂肥为 115976.91 吨,绿肥为 11698.75 吨,三废为 70155 吨。当年耕地平均有机肥投入量为 2397.14 $kg/667m^2$。但是近年来,随着经济形势和农业产业结构及生产方式的变化,有机肥品种、数量和利用状况都发生了深刻变化。此次调查的有机肥主要是指禽畜粪尿肥、土杂肥、堆沤肥种类。

2006 年,全县调查冬小麦种植农户 507 户,种植面积为 126hm^2,有机肥施用地块面积比例仅为 6.3%,施用有机肥的地块投入量为 1120$kg/667m^2$。调查种植夏玉米农户 2446 户,种植面积为 591hm^2,有机肥施用地块面积比例仅为 0.2%,施用有机肥的地块投入量为 546$kg/667m^2$。

2007 年,调查种植夏玉米农户 1032 户,种植面积为 284hm^2,有机肥施用地块面积比例为 0%。

2008 年,全县调查夏玉米种植农户 1162 户,种植面积为 337hm^2,有机肥施用地块面积比例仅为 0.6%,施用有机肥的地块投入量为 1145$kg/667m^2$。

(二)化肥投入状况

2006 年,全县调查冬小麦种植农户 507 户,种植面积为 126hm^2,平均单产为 447 $kg/667m^2$,折纯化肥投入量为 N 24.18$kg/667m^2$,P_2O_5 17.81$kg/667m^2$,K_2O 12.21 $kg/667m^2$。调查种植夏玉米农户 2446 户,种植面积为 591hm^2,平均单产为 567 $kg/667m^2$,折纯化肥投入量为 N 18.19$kg/667m^2$,P_2O_5 7.9$kg/667m^2$,K_2O 7.3$kg/667m^2$。

2007 年,调查种植夏玉米农户 1032 户,种植面积为 284hm^2,平均单产为 581.4 $kg/667m^2$,折纯化肥投入量为 N 18.3$kg/667m^2$,P_2O_5 8.01$kg/667m^2$,K_2O 7.24$kg/667m^2$。

2008 年,全县调查夏玉米种植农户 1162 户,种植面积为 337hm^2,平均单产为 527.4$kg/667m^2$,折纯化肥投入量为 N 19.7$kg/667m^2$,P_2O_5 7.95$kg/667m^2$,K_2O 5.27 $kg/667m^2$。

三、当前施肥中存在的问题

经调查分析，目前粮食生产在肥料施用中存在的主要问题如下：

一是重用地、轻养地，重化肥、轻有机肥。有机肥料、无机肥料和生物肥料配合作用，对作物稳产、高产，培肥地力，增强农业后劲，改善农田生态环境，缓解化肥比例失调等具有重要意义。但是由于目前农产品价格低，投资比较效益低，加上有机肥积造及施用比较麻烦，与1990年全县耕地平均有机肥投入量为2397.14kg/667m^{2}相比，现在的农业生产中有机肥的投入严重不足。特别是常规大田作物的施用量呈下降趋势，绝大部分的小麦、玉米等大田生产不用有机肥。

二是盲目施肥现象严重。表现为：(1)在同一地区，不顾管理水平和生产条件的差异，作物施肥具有一定的模式化倾向。农户之间在肥料投入量、施肥结构甚至肥料品种、施肥方法等方面都惊人的相似。(2)在时间上，不顾土壤养分的巨大变化，作物施肥长期一贯制。尤其明显的是，近二十年，土壤有效磷含量大幅增长，而小麦、大棚菜等高效经济作物仍过量施用磷肥。(3)在不同作物间肥料供需关系差异大。高产田尤其是经济作物施肥严重过量，而常规作物施肥不足。(4)不按作物需肥规律施肥，表现有玉米追肥晚、次数少。

三是肥料施用方法不当。突出表现在肥料施用时深度不够，甚至追肥时存在撒施现象；肥料施用的时间不当，如小麦生长前期肥料施用量偏大，造成冬前旺长、田间群体大、越冬安全系数低、后期脱肥、肥料利用率低等。

四、施肥建议

在粮食生产中，结合有机肥的投入，积极推广测土配方施肥技术是改变当前农户施肥不科学的主要途径。

第二节　小麦生产与施肥模式

2006～2008年，共完成小麦“3414”试验12处，对比试验12处，建立了主要作物的肥料效应方程与施肥指标体系，同时分析了指标体系的田间反馈结果。

一、试验时间、地点与条件

试验类型为“3414”(小区)试验、时间为2006年9月至2008年6月，为两个生长周期，试验设计“3414”不完全试验12处。

二、试验设计

试验要求按完全实施方案，另加习惯施肥处理，试验采用随机区组排列，不设重复，小区面积为20m^2，具体如表2和表3所示。

表 2 "3414"方案处理编号对应表

"3414"方案处理编号	处理	N	P	K
1	$N_0P_0K_0$	0	0	0
2	$N_0P_2K_2$	0	8	5
3	$N_1P_2K_2$	7.5	8	5
4	$N_2P_0K_2$	15	0	5
5	$N_2P_1K_2$	15	4	5
6	$N_2P_2K_2$	15	8	5
7	$N_2P_3K_2$	15	12	5
8	$N_2P_2K_0$	15	8	0
9	$N_2P_2K_1$	15	8	2.5
10	$N_2P_2K_3$	15	8	7.5
11	$N_3P_2K_2$	22.5	8	5
12	$N_1P_1K_2$	7.5	4	5
13	$N_1P_2K_1$	7.5	8	2.5
14	$N_2P_1K_1$	15	4	2.5
15	习惯施肥	习惯用量	习惯用量	习惯用量

表 3 试验小区施肥量明细表

"3414"方案处理编号	处理	小区施尿素量	小区施重过磷酸钙量	小区施硫酸钾量
1	$N_0P_0K_0$	0	0	0
2	$N_0P_2K_2$	0	0.78	0.45
3	$N_1P_2K_2$	0.74	0.78	0.45
4	$N_2P_0K_2$	1.47	0	0.45
5	$N_2P_1K_2$	1.47	0.39	0.45
6	$N_2P_2K_2$	1.47	0.78	0.45
7	$N_2P_3K_2$	1.47	1.17	0.45
8	$N_2P_2K_0$	1.47	0.78	0
9	$N_2P_2K_1$	1.47	0.78	0.23
10	$N_2P_2K_3$	1.47	0.78	0.69
11	$N_3P_2K_2$	2.21	0.78	0.45

续表

“3414”方案处理编号	处　理	小区施尿素量	小区施重过磷酸钙量	小区施硫酸钾量
12	$N_1P_1K_2$	0.74	0.39	0.45
13	$N_1P_2K_1$	0.74	0.78	0.23
14	$N_2P_1K_1$	1.47	0.39	0.23
15	习惯施肥	习惯用量	习惯用量	习惯用量

该试验安排12处，不设重复，随机区组排列。

小麦一般每生产100kg籽粒，需从土壤中吸收氮3kg，磷1.25kg，钾3kg。

根据12处“3414”不完全试验结果，处理11的产量最高，达到$594kg/667m^2$，其次是处理10，为$578.1kg/667m^2$。处理1为对照试验，产量最低，仅为$389kg/667m^2$，处理11、10分别比对照增产$205kg/667m^2$、$189.1kg/667m^2$，处理11增产效果显著，氮、磷、钾配比为22.5∶8∶5(见表4)。

三、数据分析

对平均亩产量与氮、磷、钾的亩施用量进行回归分析，得到三元二次肥料效应方程为：

$$Y=327.8539+6.555N+5.0793P-0.1314K-0.0971N^2+0.2251P^2+0.7465K^2-0.1201NP+0.2374NK-0.5395PK$$

同时，进行方差分析做F检验来判断回归模型的回归效果，得到$F=17.07>F_{0.05}=4.67$，说明小麦亩产量与氮、磷、钾的亩施用量之间具有显著的回归关系。

得出氮、磷二因素二元二次效应拟合方程为：

$$Y=339.28+8.23X_1+3.29X_2-0.10X_1^2+0.22X_2^2-0.19X_1X_2$$

对方程进行显著性检验，$F=6.08>F_{0.05}=2.25$，说明回归关系显著。

得出氮、钾二因素二元二次效应拟合方程为：

$$Y=387.4+5.06X_1+6.05X_2-0.08X_1^2+0.94X_2^2+0.22X_1X_2$$

对方程进行显著性检验，$F=7.9>F_{0.05}=2.18$，说明回归关系显著。

得出磷、钾二因素二元二次效应拟合方程为：

$$Y=363.6+10.07X_1+14.29X_2-0.01X_1^2+0.13X_2^2-1.27X_1X_2$$

对方程进行显著性检验，$F=23.66>F_{0.05}=2.56$，说明回归关系显著。

得出氮的一元二次效应拟合方程为：

$$Y=17.28+3.70X+0.16X^2$$

对方程进行显著性检验，$F=8.6>F_{0.05}=3.89$，说明回归关系显著。

得出磷的一元二次效应拟合方程为：

$$Y=438.08+4.16X-0.047X^2$$

对方程进行显著性检验，$F=13.6>F_{0.05}=4.35$，说明回归关系显著。

得出钾的一元二次效应拟合方程为：

$$Y=443.97+2.41X+0.336X^2$$

表 4　　试验结果

试验地点	农户	有机质	速效钾	水解氮	有效磷	产量													
						$N_0P_0K_0$	$N_0P_2K_2$	$N_1P_2K_2$	$N_2P_0K_2$	$N_2P_1K_2$	$N_2P_2K_2$	$N_2P_3K_2$	$N_2P_2K_0$	$N_2P_2K_1$	$N_2P_2K_3$	$N_3P_2K_2$	$N_1P_1K_2$	$N_1P_2K_1$	$N_2P_1K_1$
博兴镇董杨村	王凤福	16.4	232	4	82.9	322	370	385	444	477	451	516	479	484	492	526	370	359	422
原陈户镇闫田村	王家田	14.2	101	22	76	310	346	490	448	560	556	477	453	506	560	589	488	456	528
庞家镇太平村	赵吉红	16.8	255	24	51.8	322	390	430	431	488	470	462	449	433	448	468	445	462	475
店子镇张王村	王海滨	17.1	168	16	82.9	286	313	356	386	423	421	459	463	419	425	457	351	369	446
兴福镇李韩村	李学恭	12.0	102	12	65.6	279	315	343	370	368	364	409	383	361	421	432	364	375	346
湖滨镇东二村	刘广秀	19.7	169	23	105.2	314	364	393	361	417	424	384	418	424	436	467	367	387	419
曹王镇大程村	程洪水	16.7	202	34	85	330	388	358	324	413	443	502	366	476	448	502	349	340	457
原陈户镇纪魏村	魏本龙	22.6	252	48	107	316	366	350	406	401	405	408	351	369	412	409	345	345	401
庞家镇太平村	赵吉红	17.8	245	21	90	357	392	370	453	456	493	488	418	427	487	504	388	414	417
店子镇马庄村	马东征	15.4	128	20	88	409	503	509	509	512	626	636	591	556	568	641	506	448	477
博兴镇伏田村	张同兴	17.4	255	57	92	353	421	433	483	480	517	499	523	514	509	526	478	488	508
湖滨镇寨卢村	卢俊修	20.7	299	22	104	341	460	475	470	502	557	552	433	458	568	579	429	437	476

对方程进行显著性检验，$F=3962>F_{0.05}=216$，说明回归关系显著。

根据以上方程组，得出高产水平条件下的最大施肥量为 N：P_2O_5：K_2O=11.6：24.3：3.6，得出高产水平条件下的最佳施肥量为 N：P_2O_5：K_2O=6.9：21.8：4.74。

丰缺指标的计算：根据试验产量及土壤有效养分测定，进行回归计算并得出模型，其中氮的模型为 $y=x/(1.16x+6.27)$，磷的模型为 $y=x/(1.166x-0.611)$，钾的模型为 $y=x/(1.125x-7.84)$，分别计算相对产量 50%、75%、95%时对应的土壤测定值，建立丰缺指标体系(见表 5)。

表 5　　小麦的土壤丰缺指标

养分种类	极低(<50%)	低(50%～75%)	中(75%～95%)	高(>95%)
水解氮	<7.46	7.46～36.2	36.2～58.4	>58.4
有效磷	<3.65	3.65～5.3	5.3～16.8	>16.8
速效钾	<8.9	8.9～37.7	37.7～107.9	>107.9

其他指标的计算：土壤氮、磷、钾供应量平均为 9.8、4.1、9.8，土壤氮、磷、钾的利用系数平均为 0.79、0.33、0.37，化肥利用率平均为 18.3、19.1、24，地力产量贡献率平均为 69.5(见表 6 和表 7)。

表 6　　试验参数测算表

地点	土壤养分供应量			土壤养分利用系数			化肥利用率(%)		
	氮	磷	钾	氮	磷	钾	氮	磷	钾
博兴镇董杨村	9.648	4.02	9.648	0.77	0.32	0.27	16.26	2.54	−19.94
原陈户镇闫田村	9.306	3.8775	9.306	0.81	0.34	0.61	42.06	38.57	74.52
庞家镇太平村	9.654	4.0225	9.654	1.24	0.51	0.25	16.10	14.24	15.04
店子镇张王村	8.589	3.57875	8.589	0.69	0.28	0.34	21.62	12.38	−30.45
兴福镇李韩村	8.367	3.48625	8.367	0.85	0.35	0.54	9.68	−2.29	−13.68
湖滨镇东二村	9.411	3.92125	9.411	0.59	0.24	0.37	11.98	22.29	4.1
曹王镇大程村	9.897	4.12375	9.897	0.77	0.32	0.32	10.88	42.61	55.22
原陈户镇纪魏村	9.471	3.94625	9.471	0.59	0.24	0.25	7.74	−0.53	38.66
庞家镇太平村	10.713	4.46375	10.713	0.79	0.33	0.29	20.18	14.20	54
店子镇马庄村	12.255	5.10625	12.255	0.92	0.38	0.63	24.62	41.93	25.48
博兴镇伏田村	10.59	4.4125	10.59	0.76	0.31	0.27	19.16	12.09	−4.68
湖滨镇寨卢村	10.239	4.26625	10.239	0.65	0.27	0.22	19.34	30.95	89.28
平均	9.8	4.1	9.8	0.79	0.33	0.37	18.3	19.1	24

表 7　供试土壤养分测定值

试验地点	土壤测定结果				相对产量		
	氮（mg/kg）	磷（mg/kg）	钾（mg/kg）	有机质（g/kg）	氮的相对产量	磷的相对产量	钾的相对产量
博兴镇董杨村	83	3.8	232	16.4	82	74.5	92.7
原陈户镇闫田村	76	22.4	101	14.2	62.2	102.6	99
庞家镇太平村	52	24.1	255	16.8	82.9	93.2	95.8
店子镇张王村	83	15.7	168	17.1	74.3	77.6	83.4
兴福镇李韩村	66	11.9	102	12	86.7	83.8	96.7
湖滨镇东二村	105	23.2	169	19.7	85.9	102.5	86.5
曹王镇大程村	85	33.5	202	16.7	87.7	71.4	88.4
原陈户镇纪魏村	107	47.9	252	22.6	90.4	85.6	115.7
庞家镇太平村	90	21.4	245	17.8	79.5	75.8	108.4
店子镇马庄村	88	19.5	128	15.4	80.3	80.1	86.2
博兴镇伏田村	92	57	255	17.4	81.5	86.8	92.3
湖滨镇寨卢村	104	21.5	299	20.7	82.6	86.1	108.7
平均	86	25.16	200.7	17.2	81	89	96

四、施肥指标

（一）冬小麦氮肥推荐用量

从本次田间试验数据分析来看，土壤测试值（土壤水解氮或土壤有机质）很难单独作为氮肥推荐的诊断指标。从冬小麦氮肥用量来看，施氮量控制在 103.5～174kg/hm^2 范围内即可满足当前冬小麦对氮素的需求。

（二）博兴县冬小麦土壤有效磷丰缺指标及磷肥用量

通过本次田间试验数据分析，结合博兴县土壤养分状况与产量水平，冬小麦土壤有效磷丰缺指标可以分为四级：极高、高、中、低，对应的磷肥用量如表 8 所示。

表 8　冬小麦土壤有效磷丰缺指标及磷肥推荐用量表

土壤有效磷等级	相对产量	土壤有效磷含量（mg/kg）	磷肥推荐用量（kg/hm^2）
极高	＞95％	＞16.8	20～30（施底肥）
高	75％～95％	5.3～16.8	40～50
中	50％～75％	3.65～5.3	70～80
低	＜50％	＜3.65	90～100

(三)冬小麦土壤速效钾丰缺指标及钾肥用量

通过本次田间试验数据分析,结合博兴县土壤养分状况与产量水平,冬小麦土壤速效钾丰缺指标也可以分为四级:极高、高、中、低,对应的钾肥用量如表 9 所示。

表 9　　冬小麦土壤速效钾丰缺指标及钾肥推荐用量表

土壤钾等级	相对产量	土壤速效钾含量(mg/kg)	钾肥推荐用量(kg/hm²)
极高	>95%	>103.9	<30
高	75～95%	37.7～103.9	30～40
中	50～75%	8.9～37.7	80～100
低	<50%	<8.9	100～120

第三节　玉米生产与施肥

玉米是高产作物,对氮、磷、钾的需求量较大,一般每生产 100kg 籽粒,需从土壤中吸收氮 2.84kg,磷 1.21kg,钾 2.52kg。根据对项目区土壤养分测定和“3414”试验,应掌握各个施肥单元玉米优化施肥数量、施肥最佳配比、施肥时间和施肥方法,摸清土壤养分校正系数、土壤供肥能力、玉米养分吸收量和肥料利用率等基本参数,构建玉米的施肥模型,为施肥分区和肥料配方提供依据。

一、试验时间、地点、条件与设计

试验类型为“3414”试验,时间从 2006 年 6 月至 2007 年 9 月,为两个生长周期,试验设计为“3414”完全试验 13 处。

试验要求按完全实施方案,另加习惯施肥处理,试验采用随机区组排列,不设重复。小区面积 20m²(见表 10 和表 11)。

表 10　　“3414”方案处理编号对应表

“3414”方案处理编号	处　理	N	P	K
1	$N_0P_0K_0$	0	0	0
2	$N_0P_2K_2$	0	4	6
3	$N_1P_2K_2$	7	4	6
4	$N_2P_0K_2$	14	0	6
5	$N_2P_1K_2$	14	2	6
6	$N_2P_2K_2$	14	4	6
7	$N_2P_3K_2$	14	6	6

续表

"3414"方案处理编号	处 理	N	P	K
8	$N_2P_2K_0$	14	4	0
9	$N_2P_2K_1$	14	4	3
10	$N_2P_2K_3$	14	4	9
11	$N_3P_2K_2$	21	4	6
12	$N_1P_1K_2$	7	2	6
13	$N_1P_2K_1$	7	4	3
14	$N_2P_1K_1$	14	2	3
15	习惯施肥	习惯用量	习惯用量	习惯用量

表 11　　肥料小区试验小区施肥量明细表

"3414"方案处理编号	处 理	小区施尿素量	小区施重过磷酸钙量	小区施硫酸钾量
1	$N_0P_0K_0$	0	0	0
2	$N_0P_2K_2$	0	0.26	0.36
3	$N_1P_2K_2$	0.46	0.26	0.36
4	$N_2P_0K_2$	0.91	0	0.36
5	$N_2P_1K_2$	0.91	0.13	0.36
6	$N_2P_2K_2$	0.91	0.26	0.36
7	$N_2P_3K_2$	0.91	0.39	0.36
8	$N_2P_2K_0$	0.91	0.26	0
9	$N_2P_2K_1$	0.91	0.26	0.18
10	$N_2P_2K_3$	0.91	0.26	0.54
11	$N_3P_2K_2$	1.37	0.26	0.36
12	$N_1P_1K_2$	0.46	0.13	0.36
13	$N_1P_2K_1$	0.46	0.26	0.18
14	$N_2P_1K_1$	0.91	0.13	0.18
15	习惯施肥	习惯用量	习惯用量	习惯用量

二、试验结果

试验结果如表 12 所示。

表 12 试验结果

试验地点	农户	土类	有机质	水解氮	有效磷	速效钾	产量													
							$N_0P_0K_0$	$N_0P_2K_2$	$N_1P_2K_2$	$N_2P_0K_2$	$N_2P_1K_2$	$N_2P_2K_2$	$N_2P_3K_2$	$N_2P_2K_0$	$N_2P_2K_1$	$N_2P_2K_3$	$N_3P_2K_2$	$N_1P_1K_2$	$N_1P_2K_1$	$N_2P_1K_1$
博兴镇董杨村	王凤福	潮土	17.3	75	41	250	386	399	452	364	481	483	470	459	483	457	525	463	435	493
庞家镇庞家村	庞光友	潮土	13.9	69	30	120	290	355	370	362	429	439	440	424	484	488	527	427	413	512
原陈户镇闫田村	郭建民	潮土	16.9	88	39	165	286	325	335	346	344	438	370	403	331	379	386	333	335	412
湖滨镇王桥村	王天柱	褐土	16.6	88	34	135	313	398	400	409	412	481	483	415	513	405	521	426	428	469
兴福镇李韩村	李玉强	褐土	15.3	81	40	128	370	417	523	490	573	590	601	518	599	599	618	547	537	609
店子镇张王村	王振祥	褐土	16.3	75	62	110	360	390	586	644	704	771	571	620	593	688	690	648	643	688
店子镇般若村	赵凯然	褐土	13.3	101	45	113	438	500	530	480	563	540	675	520	569	612	624	543	542	556
博兴镇董高村	高友明	潮土	18.8	107	43	257	375	471	483	515	510	556	562	530	538	583	612	525	543	568
庞家镇祁家村	祁连新	潮土	20.2	112	58.9	275	439	535	549	555	525	593	604	582	585	598	624	547	524	480
博兴镇董高村	付殿江	潮土	19.4	139	44	285	481	564	568	540	586	620	687	608	607	654	664	565	643	555
博兴镇董高村	逯希刚	潮土	24.4	131	91.3	525	429	613	622	591	621	630	612	612	638	648	618	631	580	612
曹王镇东孙村	孙明希	褐土	17.1	93	48	202	420	456	519	560	580	728	680	640	675	676	738	690	720	695
博兴镇新贾村	贾爱国	潮土	15.2	90	39	362	384	446	560	460	654	530	633	520	542	613	494	611	534	549
庞家镇太平村	宫克礼	潮土	16.4	110	47.6	328	396	516	582	535	583	617	541	610	677	662	618	593	620	580
湖滨镇院庄村	刘宝香	褐土	18.7	133	39	348	337	418	479	392	445	470	494	458	524	546	566	478	470	472
原陈户镇岭子村	张新庆	潮土	15.9	153	48	112	521	661	650	560	660	705	758	657	651	639	682	646	699	685

三、数据分析

根据数据统计分析，得出三元二次方程为：

$$Y=412.07+7.81X_1+21.83X_2+12.79X_3-0.22X_1^2-3.39X_2^2-0.86X_3^2+0.63X_1X_2-0.13X_1X_3+0.04X_2X_3$$

对方程进行显著性检验，$F=12.46>F_{0.05}=2.17$，说明回归关系显著。

得出氮、磷二因素二元二次效应拟合方程为：

$$Y=508+2.66X_1+6.81X_2-0.17X_1^2-2.79X_2^2+1.51X_1X_2$$

对方程进行显著性检验，$F=5.07>F_{0.05}=2.18$，说明回归关系显著。

得出氮、钾二因素二元二次效应拟合方程为：

$$Y=496.47+5.89X_1+2.55X_2-0.17X_1^2-0.59X_2^2+0.46X_1X_2$$

对方程进行显著性检验，$F=4.25>F_{0.05}=2.18$，说明回归关系显著。

得出磷、钾二因素二元二次效应拟合方程为：

$$Y=513.59+20.87X_1+4.39X_2-3.23X_1^2-0.79X_2^2+1.68X_1X_2$$

对方程进行显著性检验，$F=3.79>F_{0.05}=2.18$，说明回归关系显著。

得出氮的一元二次效应拟合方程为：

$$Y=489.81+9.28X-0.19X^2$$

对方程进行显著性检验，$F=5.12>F_{0.05}=3.84$，说明回归关系显著。

得出磷的一元二次效应拟合方程为：

$$Y=510.04+34.57X-3.77X^2$$

对方程进行显著性检验，$F=6.18>F_{0.05}=3.84$，说明回归关系显著。

得出钾的一元二次效应拟合方程为：

$$Y=544.18+13.34X-1.01X^2$$

对方程进行显著性检验，$F=1.75>F_{0.05}=0.19$，说明回归关系显著。

根据以上方程组，得出高产水平条件下的最大施肥量为 $N:P_2O_5:K_2O=24.4:4.6:6.6$，得出高产水平条件下的最佳施肥量为 $N:P_2O_5:K_2O=18.7:4.17:5$。

丰缺指标的计算：根据试验产量及土壤有效养分测定，进行回归计算并得出模型，其中氮的模型为 $y=x/(0.0079x+0.433)$，磷的模型为 $y=x/(0.0113x+0.015)$，钾的模型为 $y=x/(0.01x+0.16)$，分别计算相对产量 50%、75%、95%时对应的土壤测定值，建立丰缺指标体系（见表 13）。

表 13　　玉米的土壤丰缺指标

养分种类	低（<50%）	中（50～75%）	高（75～95%）	极高（>95%）
水解氮	<35.8	35.8～79.7	79.7～164.8	>164.8
有效磷	<1.7	1.7～7.38	7.38～19.39	>19.39
速效钾	<16	16～48	48～304	>304

其他指标的计算：土壤氮、磷、钾供应量平均为 11.1、4.7、9.8，土壤氮、磷、钾的利用

系数平均为0.87、0.86、0.5，化肥利用率平均为0.22、0.6、0.19。详细情况如表14和表15所示。

表14　　试验参数测算表

地　点	农　户	土壤养分供应量			土壤养分利用系数			化肥利用率		
		氮	磷	钾	氮	磷	钾	氮	磷	钾
博兴镇董杨村	王凤福	11	4.7	9.7	0.999	0.716	0.309	17.1	82.5	11.94
庞家镇庞家村	庞光友	8.2	3.5	7.3	0.971	0.973	0.594	17	53.55	7.36
原陈户镇闫田村	郭建民	8.1	3.5	7.2	0.697	0.715	0.41	23	64.08	17.89
湖滨镇王桥村	王天柱	8.9	3.8	7.9	0.856	0.97	0.516	16.8	50.01	33.52
兴福镇李韩村	李玉强	10.5	4.5	9.3	0.964	0.988	0.679	35.2	69.27	36.49
店子镇张王村	王振祥	10.2	4.4	9.1	0.977	0.838	0.947	77.3	87.98	76.05
店子镇般若村	赵凯然	12.4	5.3	11.0	0.936	0.86	0.842	8.2	41.56	10.08
博兴镇董高村	高友明	10.7	4.5	9.5	0.833	0.966	0.346	17.2	28.33	13.05
庞家镇祁家村	祁连新	12.5	5.3	11.1	0.905	0.76	0.356	11.7	26.19	5.29
博兴镇董高村	付殿江	13.6	5.8	12.1	0.769	0.953	0.358	11.3	55.42	6.2
博兴镇董高村	逯希刚	12.2	5.2	10.8	0.886	0.522	0.203	3.4	27.22	9.07
曹王镇东孙村	孙明希	11.9	5.1	10.6	0.929	0.941	0.606	55.1	116.38	44.35
博兴镇新贾村	贾爱国	10.9	4.6	9.7	0.938	0.951	0.241	16.9	48.14	4.99
庞家镇太平村	宫克礼	11.2	4.8	10	0.888	0.907	0.312	20.4	56.53	3.43
湖滨镇院庄村	刘宝香	9.6	4.1	8.5	0.595	0.81	0.221	10.6	54.45	6.4
原陈户镇岭子村	张新庆	14.8	6.3	13.1	0.818	0.941	0.985	8.9	100.31	24.19
平均		11.1	4.7	9.8	0.873	0.863	0.495	21.9	60.1	19.4

表15　　供试土壤养分测定值

地　点	农　户	土壤测定结果				相对产量		
		氮(mg/kg)	磷(mg/kg)	钾(mg/kg)	有机质(g/kg)	氮的相对产量	磷的相对产量	钾的相对产量
博兴镇董杨村	王凤福	75	41	250	17.29	76.5	69.9	88.2
庞家镇庞家村	庞光友	69	30	120	13.87	70.2	71.4	83.8
原陈户镇闫田村	郭建民	88	39	165	16.91	80.9	86.1	100.3
湖滨镇王桥村	王天柱	88	34	135	16.62	82.8	85	86.2
兴福镇李韩村	李玉强	81	40	128	15.26	69.8	75.5	74.3
店子镇张王村	王振祥	75	62	110	16.32	70.9	83.5	85.5
店子镇般若村	赵凯然	101	45	113	13.32	73.2	81.6	83

续表

地　点	农　户	土壤测定结果				相对产量		
		氮(mg/kg)	磷(mg/kg)	钾(mg/kg)	有机质(g/kg)	氮的相对产量	磷的相对产量	钾的相对产量
博兴镇董高村	高友明	107	43	257	18.77	84.7	98.2	95.3
庞家镇祁家村	祁连新	112	58.9	275	20.15	90.3	93.6	98.2
博兴镇董高村	付殿江	139	44	285	19.39	84.1	84.5	90.6
博兴镇董高村	逯希刚	131	91.3	525	24.35	97.3	93.8	100.8
曹王镇东孙村	孙明希	93	48	202	17.09	71.8	81.2	89.1
博兴镇新贾村	贾爱国	90	39	362	15.18	95	94.2	98.1
庞家镇太平村	宫克礼	110	47.6	328	16.39	83.7	86.8	98.9
湖滨镇院庄村	刘宝香	133	39	348	18.73	88.9	83.3	97.3
原陈户镇岭子村	张新庆	153	48	112	15.9	93.8	94.8	93.2

四、根据试验得出玉米施肥指标

(一)玉米氮肥推荐用量

从本次田间试验数据分析来看,土壤测试值(土壤水解氮或土壤有机质)很难单独作为氮肥推荐的诊断指标。从玉米氮肥用量来看,施氮量控制在280～366kg/hm^{2}范围内即可满足当前玉米对氮素的需求。

(二)博兴县玉米土壤有效磷丰缺指标及磷肥用量

通过本次田间试验数据分析,玉米土壤有效磷丰缺指标可以分为四级:极高、高、中、低,对应的磷肥用量如表16所示。

表16　　玉米土壤有效磷丰缺指标及磷肥推荐用量表

土壤有效磷等级	相对产量	土壤有效磷含量(mg/kg)	磷肥推荐用量(kg/hm^2)
极高	＞95％	＞19.4	50
高	75％～95％	3.4～19.4	50～80
中	75％～50％	3.4～1.7	80～100
低	＜50％	＜1.7	100～120

(三)玉米土壤速效钾丰缺指标及钾肥用量

通过本次田间试验数据分析,玉米土壤速效钾丰缺指标也可以分为四级:极高、高、中、低,对应的钾肥用量如表17所示。

表17　　玉米土壤速效钾丰缺指标及钾肥推荐用量表

土壤钾等级	相对产量	土壤速效钾含量(mg/kg)	钾肥推荐用量(kg/hm^2)
极高	＞95％	＞304	0

续表

土壤钾等级	相对产量	土壤速效钾含量(mg/kg)	钾肥推荐用量(kg/hm²)
高	75%～95%	48～304	80～100
中	75%～50%	48～16	120～140
低	<50%	<16	140～160

第四节 小麦、玉米施肥在生产中的应用

一、施肥指标体系应用对肥料利用率的影响

通过农户施肥情况调查发现，在项目实施前，博兴县小麦、玉米的施肥情况为：氮、磷、钾施用很不平衡，主要表现在氮、磷肥料施用偏多，特别是氮肥施用量过大，不但造成肥料的浪费，而且造成作物因倒伏、贪青晚熟而减产。2005 年，博兴县小麦生产平均每亩施 N 32.84kg，P_2O_5 24.16kg，K_2O 8.69kg，农户施肥方式习惯分两次。播种时氮肥的 50%、磷肥和钾肥的全部作基肥，肥料种类以复合肥、尿素、过磷酸钙、磷酸二铵、氯化钾(硫酸钾)为主。第二次施肥：来年小麦返青期后拔节期前追纯氮 50%(以尿素为主)。玉米习惯施肥方式也两次。第一种模式播种时以复合肥或磷酸二铵作种肥，施用量为 10kg 左右，第二次施肥在玉米大喇叭口期追纯氮 13～18kg(以尿素为主，施用量为 40kg 左右)。第二种模式时，第一次施肥在玉米小喇叭口期追复合肥 15～20kg，第二次施肥在玉米大喇叭口期追纯氮 13～18kg(以尿素为主，施用量为 30～40kg)。肥料利用率如表 18 所示。

表 18 肥料利用率统计表

年份	作物	肥料	测土配方施肥		常规施肥		全县总体	
			面积(×10⁴hm²)	利用率(%)	面积(×10⁴hm²)	利用率(%)	面积(×10⁴hm²)	利用率(%)
2006	玉米	N	0.3	26.2	2.4	22.7	2.7	23.1
		P	0.3	28.6	2.4	20.9	2.7	21.8
		K	0.3	32.4	2.4	22.8	2.7	23.9
2007	小麦	N	2	27.6	1.2	22.3	3.2	25.6
		P	2	24.6	1.2	20.7	3.2	23.1
		K	2	29.8	1.2	18.5	3.2	25.5
	玉米	N	1.3	34.1	1.4	30.2	2.7	32.1
		P	1.3	37.7	1.4	25.4	2.7	31.4
		K	1.3	34.5	1.4	28.7	2.7	31.5

续表

年份	作物	肥料	测土配方施肥		常规施肥		全县总体	
			面积（$\times 10^4 hm^2$）	利用率（%）	面积（$\times 10^4 hm^2$）	利用率（%）	面积（$\times 10^4 hm^2$）	利用率（%）
2008	小麦	N	2.6	32.1	0.9	21.6	3.6	29.4
		P	2.6	33.6	0.9	16.6	3.6	29.3
		K	2.6	43.1	0.9	23.3	3.6	38.1
	玉米	N	2	34.9	1.2	19.8	3.2	29.2
		P	2	38.7	1.2	26.3	3.2	34.1
		K	2	46.7	1.2	42.6	3.2	45.2

在小麦生产中，应用测土配方施肥技术的地块，氮、磷、钾肥平均利用率分别由2007年的27.6%、24.6%、29.8%提高到2008年的32.1%、33.6%、43.1%；玉米生产中，应用测土配方施肥技术的地块，氮、磷、钾肥平均利用率分别由2006年的26.2%、28.6%、32.4%提高到2008年的34.9%、38.7%、46.7%。

自测土配方施肥技术推广以来，全县小麦、玉米的肥料利用率得到有效提升，小麦的氮、磷、钾肥平均利用率分别由2007年的25.6%、23.1%、25.5%提高到2008年的29.4%、29.3%、38.1%；玉米的氮、磷、钾肥平均利用率分别由2006年的23.1%、21.8%、23.9%提高到2008年的29.2%、34.1%、45.2%。

二、粮食生产推荐施肥配方

（一）全县玉米种植的肥料配方

（1）氮26－磷6－钾8，养分总含量为40%，适合全县土壤肥力水平较高的玉米田作追肥施用，建议每亩用量为40kg（可采用一次追肥法，于玉米小喇叭口后10～15天一次性施入；或二次法分别在玉米定苗期10kg/667m^2、小喇叭口后10～15天30kg/667m^2施入）；

（2）氮15－磷10－钾15，养分总含量为40%，适合作种肥，建议每亩种肥用量不超过10kg，苗期追肥20～25kg，适合博兴县兴福、曹王、湖滨、店子南部等镇玉米田使用。

（二）全县小麦种植的肥料配方

（1）氮14－磷18－钾10，养分总含量为42%，适合博兴县小清河以南的土壤养分较为均衡的中、砂壤土地块。建议小麦产量为400～450kg的地块每亩底肥用量为45kg，450～500kg产量的地块每亩底肥用量为50kg，500～550kg以上产量的地块每亩底肥用量为60kg。

（2）氮16－磷20－钾6，养分总含量为42%，适合博兴县小清河沿岸及以北的中、重壤土地块。亩用量同（1）。

（3）氮16－磷18－钾6，养分总含量为40%，适合博兴县小清河以南的土壤养分较为均衡的中、砂壤土地块。亩用量同(1)。

(4)氮 15—磷 20—钾 5,养分总含量为 40%,适合博兴县小清河沿岸及以北的中、重壤土地块。亩用量同(1)。

(5)氮 15—磷 22—钾 5,养分总含量为 40%,适合博兴县小清河沿岸及以北的中、重壤土地块。亩用量同(1)。

按以上用量施用磷、钾肥料可以满足小麦整个生育期生长需要,氮肥投入占到总量的 40%左右,农户可结合小麦长势,选择在春季起身期后结合浇水追施氮肥,每亩追施尿素 20kg。

三、积极做好技术推广服务

现阶段,由于受传统施肥习惯的影响及科学施肥的意识薄弱,农民施肥水平与测土配方施肥要求之间还存在较大差距,施肥结构和施肥方法还具有许多不合理性,为此,各级农业技术推广部门应利用多种渠道、采取多种形式加大对测土配方施肥技术的宣传和引导,使测土配方施肥工作在全县得以顺利开展。

主要参考文献

[1]博兴县第二次土壤普查办公室.博兴县土壤志(内部资料),1983
[2]博兴县统计局.博兴县统计年鉴(内部资料),2006～2010
[3]山东省博兴县史志编纂委员会.博兴县志,济南:齐鲁书社,1993
[4]山东省土壤肥料工作站.山东土壤,北京:中国农业大学出版社,1994
[5]山东省土壤肥料工作站.山东土种志,北京:农业出版社,1993
[6]惠民地区土壤肥料工作站.惠民地区土种志(内部资料),1988
[7]仲跻秀,施岗陵.土壤学,北京:农业出版社,1992
[8]岳玉德,李涛.青州耕地,山东大学出版社,2004

附 图

博兴县土地利用现状图

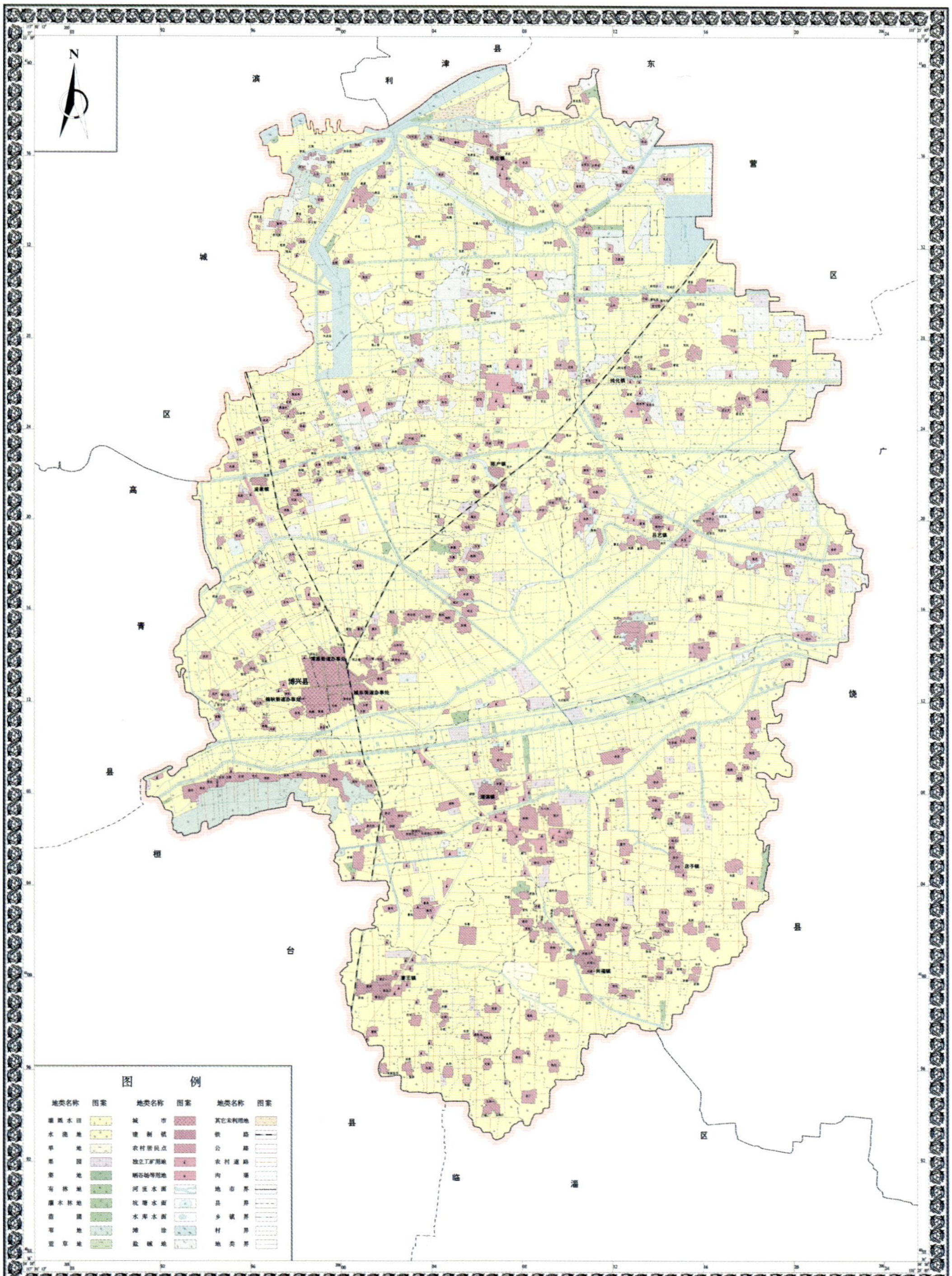

1954年北京坐标系 1956年黄海高程系

比例尺：1∶300000

山东农业大学资源与环境学院
山东天地亚太国土遥感有限公司 二〇〇九年十月

博兴县土壤图

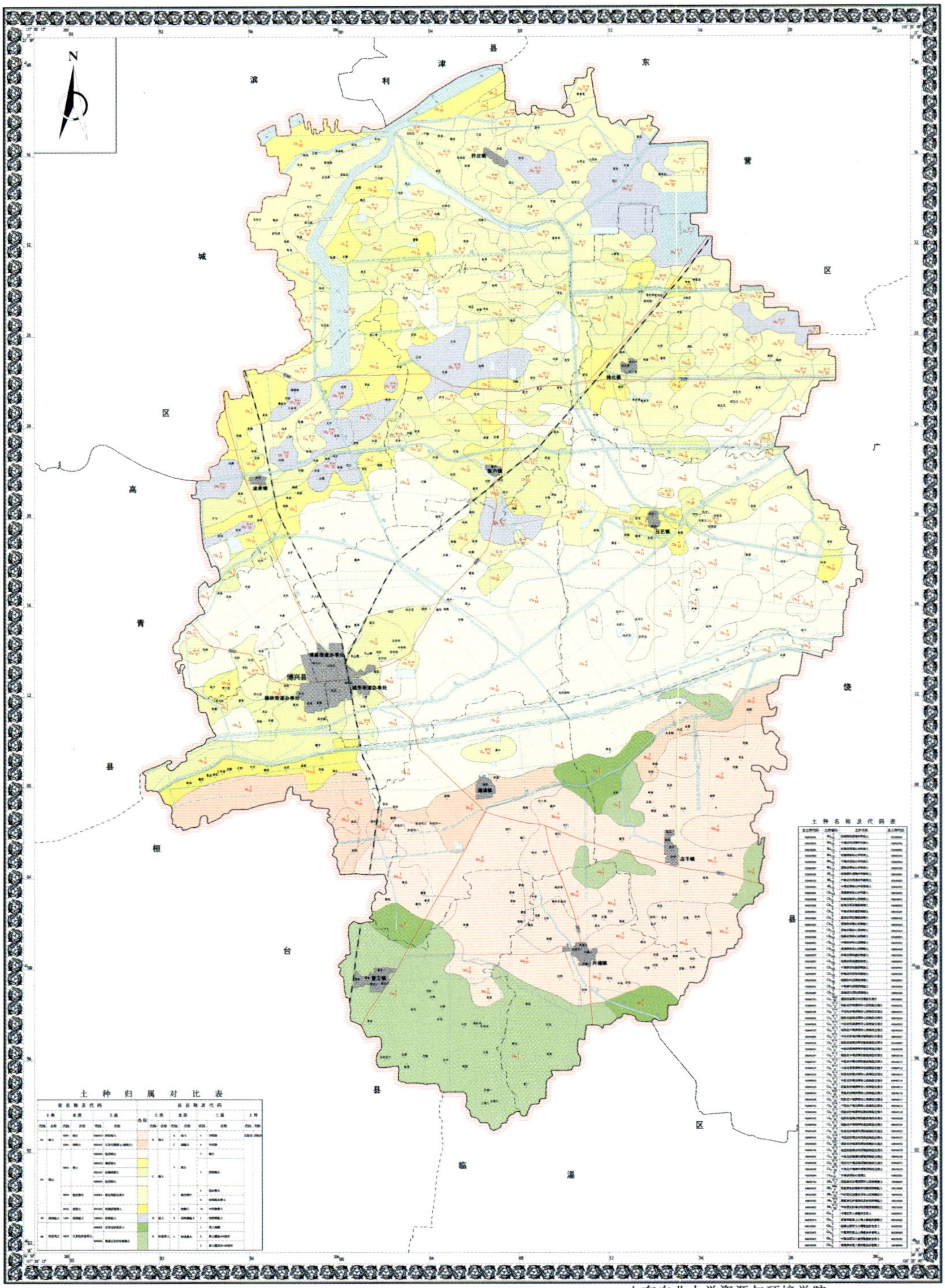

1954年北京坐标系 1956年黄海高程系

比例尺：1∶300000

山东农业大学资源与环境学院
山东天地亚太国土遥感有限公司 二〇〇九年十月

博兴县地貌图

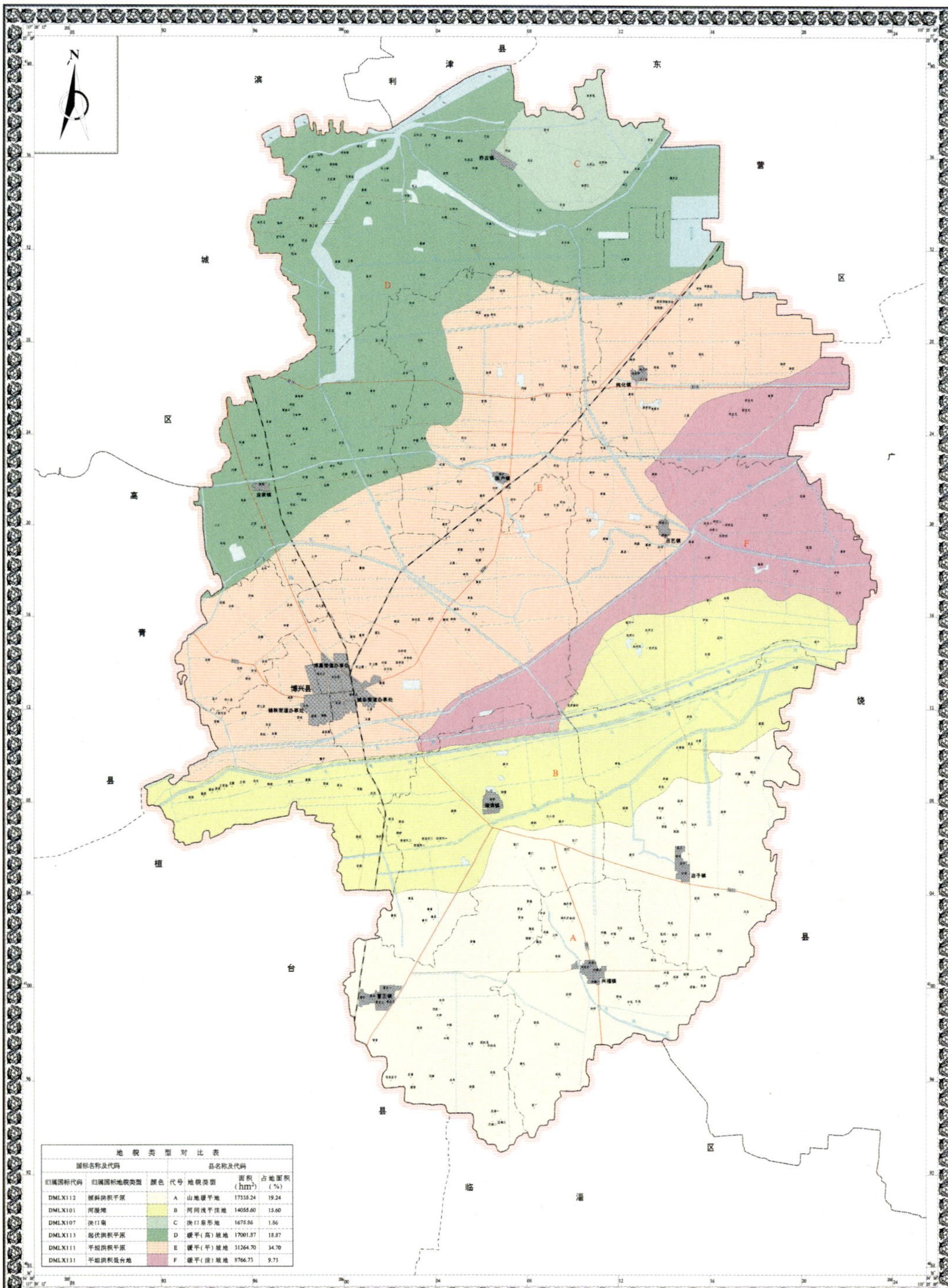

地貌类型对比表						
国标名称及代码			县名称及代码			
归属国标代码	归属国标地貌类型	颜色	代号	地貌类型	面积（hm^2）	占地面积（%）
DMLX112	倾斜洪积平原		A	山地缓平地	17335.24	19.24
DMLX101	河漫滩		B	河间浅平洼地	14055.60	15.60
DMLX107	决口扇		C	决口扇形地	1675.86	1.86
DMLX113	起伏洪积平原		D	缓平（高）坡地	17001.87	18.87
DMLX111	平坦洪积平原		E	缓平（平）坡地	31264.70	34.70
DMLX131	平坦洪积低台地		F	缓平（洼）坡地	8766.73	9.73

1954年北京坐标系 1956年黄海高程系

比例尺：1∶300000

山东农业大学资源与环境学院
山东天地亚太国土遥感有限公司 二〇〇九年十月

博兴县地理底图

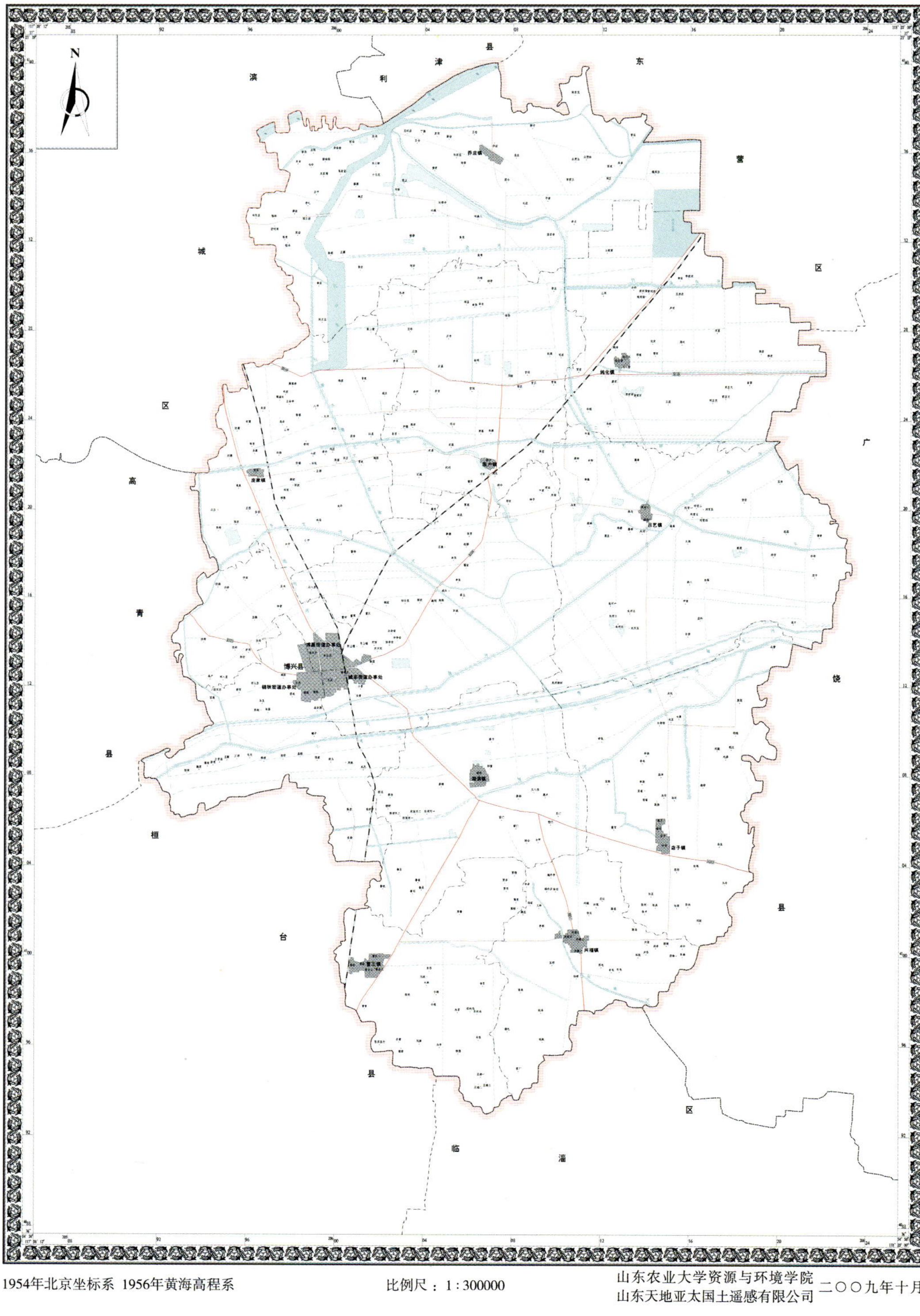

1954年北京坐标系 1956年黄海高程系

比例尺：1∶300000

山东农业大学资源与环境学院
山东天地亚太国土遥感有限公司 二〇〇九年十月

博兴县耕地地力调查点点位图

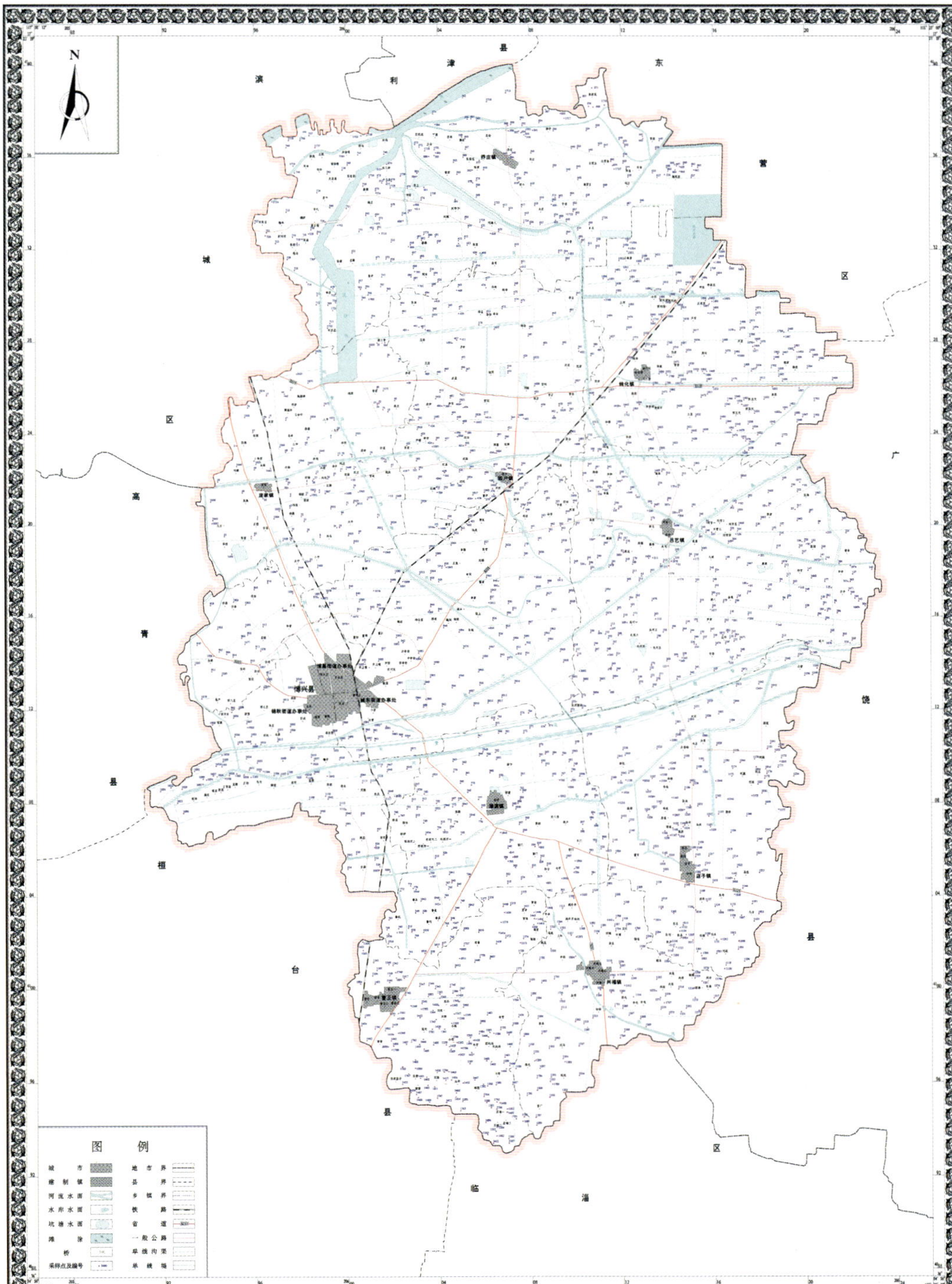

1954年北京坐标系 1956年黄海高程系

比例尺：1∶300000

山东农业大学资源与环境学院
山东天地亚太国土遥感有限公司 二〇〇九年十月

博兴县耕地力评价等级图

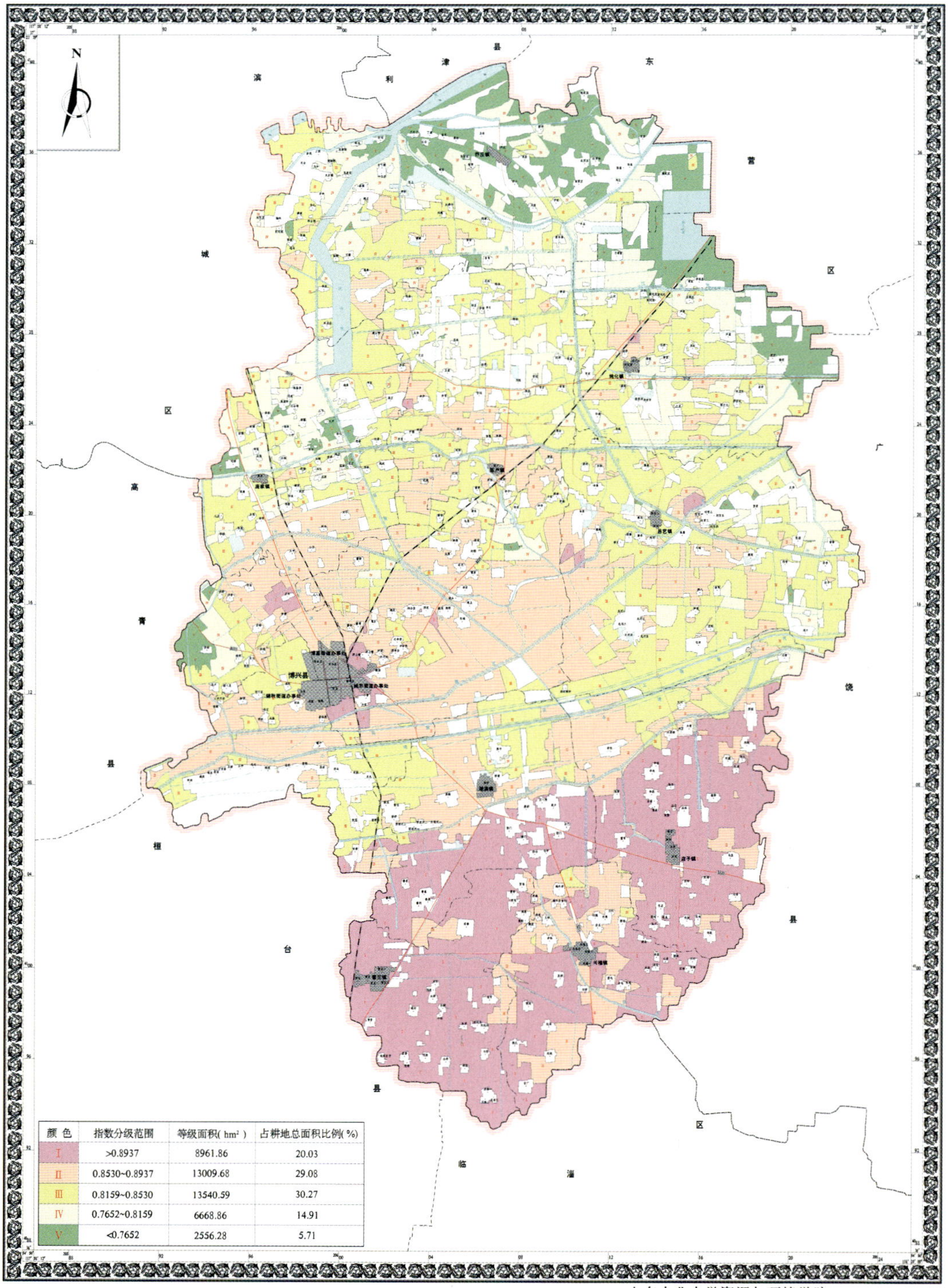

颜色	指数分级范围	等级面积(hm^2)	占耕地总面积比例(%)
Ⅰ	>0.8937	8961.86	20.03
Ⅱ	0.8530~0.8937	13009.68	29.08
Ⅲ	0.8159~0.8530	13540.59	30.27
Ⅳ	0.7652~0.8159	6668.86	14.91
Ⅴ	<0.7652	2556.28	5.71

1954年北京坐标系 1956年黄海高程系

比例尺：1:300000

山东农业大学资源与环境学院
山东天地亚太国土遥感有限公司 二〇〇九年十月

博兴县土壤pH分布图

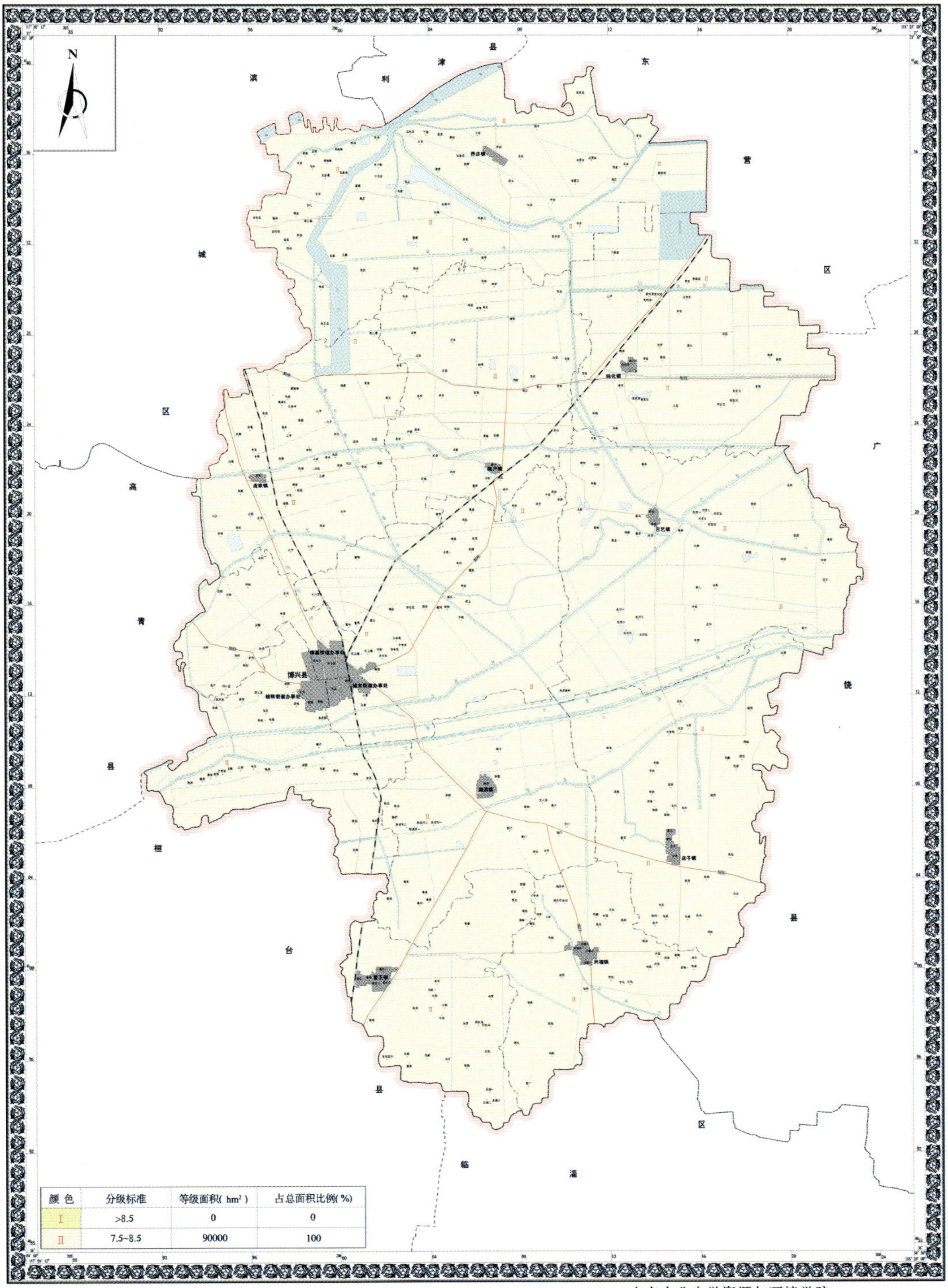

颜 色	分级标准	等级面积（hm²）	占总面积比例（%）
Ⅰ	>8.5	0	0
Ⅱ	7.5~8.5	90000	100

1954年北京坐标系 1956年黄海高程系　　比例尺：1∶300000　　山东农业大学资源与环境学院 山东天地亚太国土遥感有限公司　二〇〇九年十月

博兴县土壤有机质含量分布图

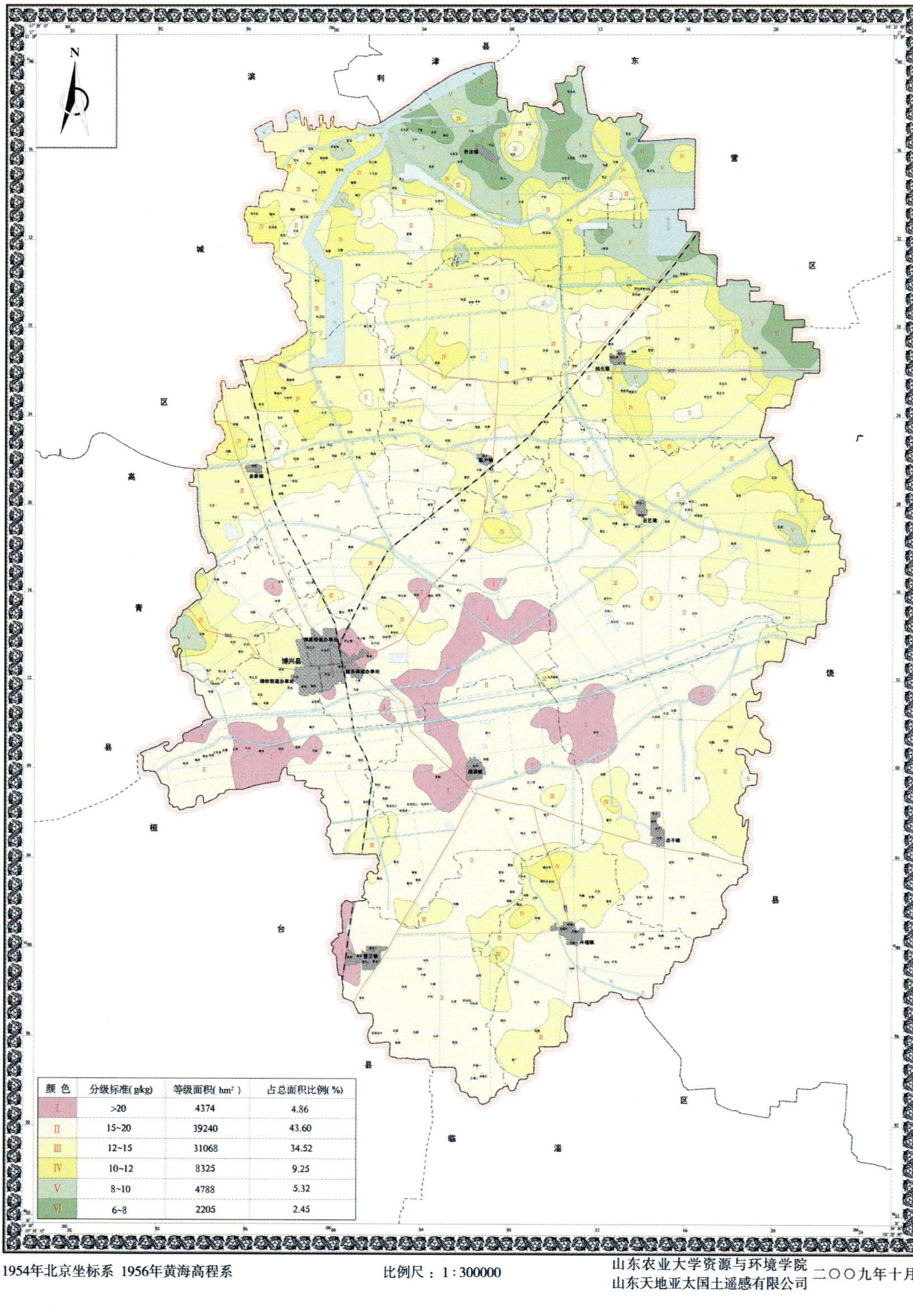

颜 色	分级标准(g/kg)	等级面积(hm²)	占总面积比例(%)
Ⅰ	>20	4374	4.86
Ⅱ	15~20	39240	43.60
Ⅲ	12~15	31068	34.52
Ⅳ	10~12	8325	9.25
Ⅴ	8~10	4788	5.32
Ⅵ	6~8	2205	2.45

1954年北京坐标系 1956年黄海高程系

比例尺：1∶300000

山东农业大学资源与环境学院
山东天地亚太国土遥感有限公司 二〇〇九年十月

博兴县土壤全氮含量分布图

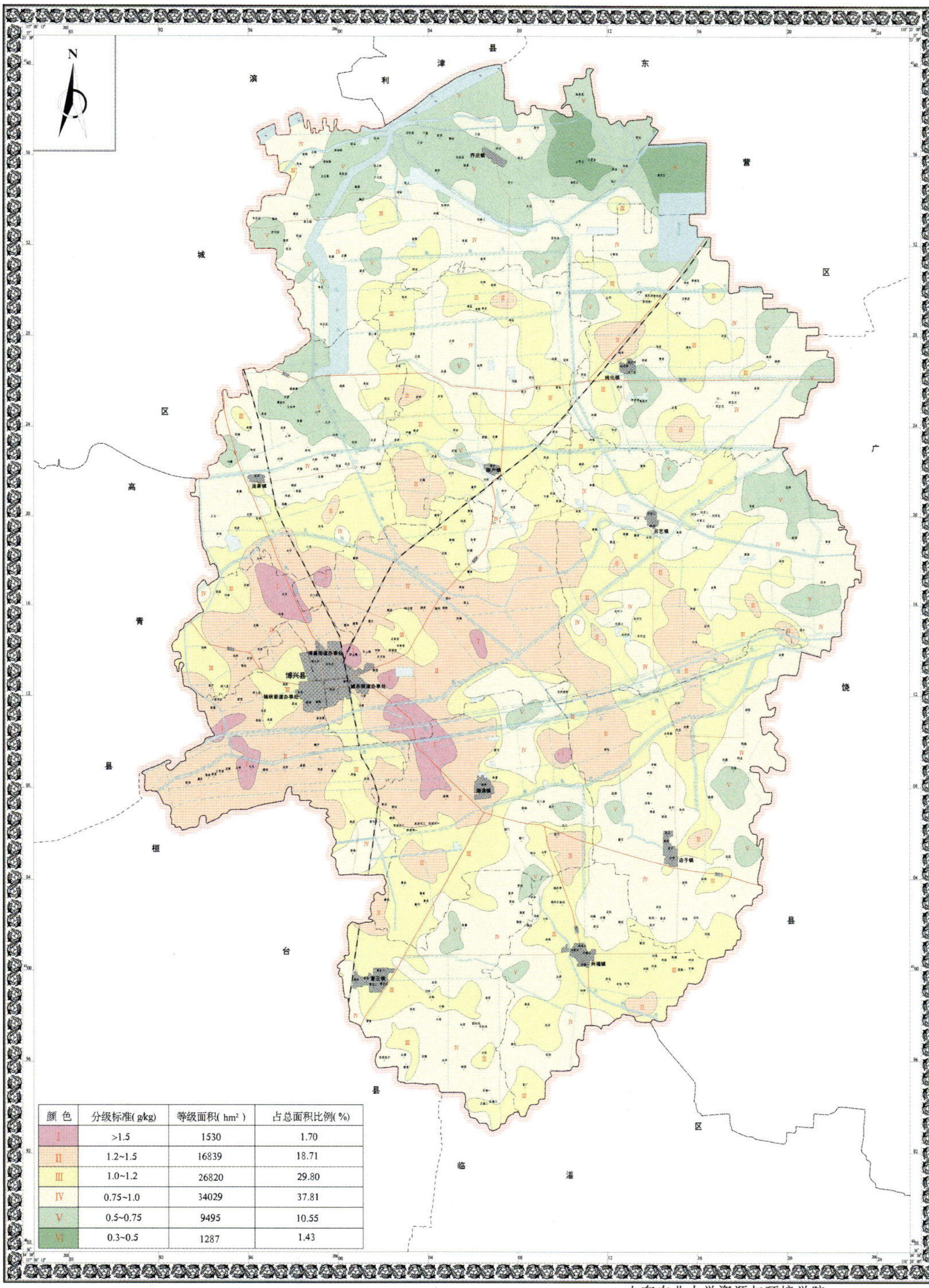

颜 色	分级标准(g/kg)	等级面积(hm²)	占总面积比例(%)
I	>1.5	1530	1.70
II	1.2~1.5	16839	18.71
III	1.0~1.2	26820	29.80
IV	0.75~1.0	34029	37.81
V	0.5~0.75	9495	10.55
VI	0.3~0.5	1287	1.43

1954年北京坐标系 1956年黄海高程系　　比例尺：1:300000　　山东农业大学资源与环境学院 山东天地亚太国土遥感有限公司 二〇〇九年十月

博兴县土壤碱解氮含量分布图

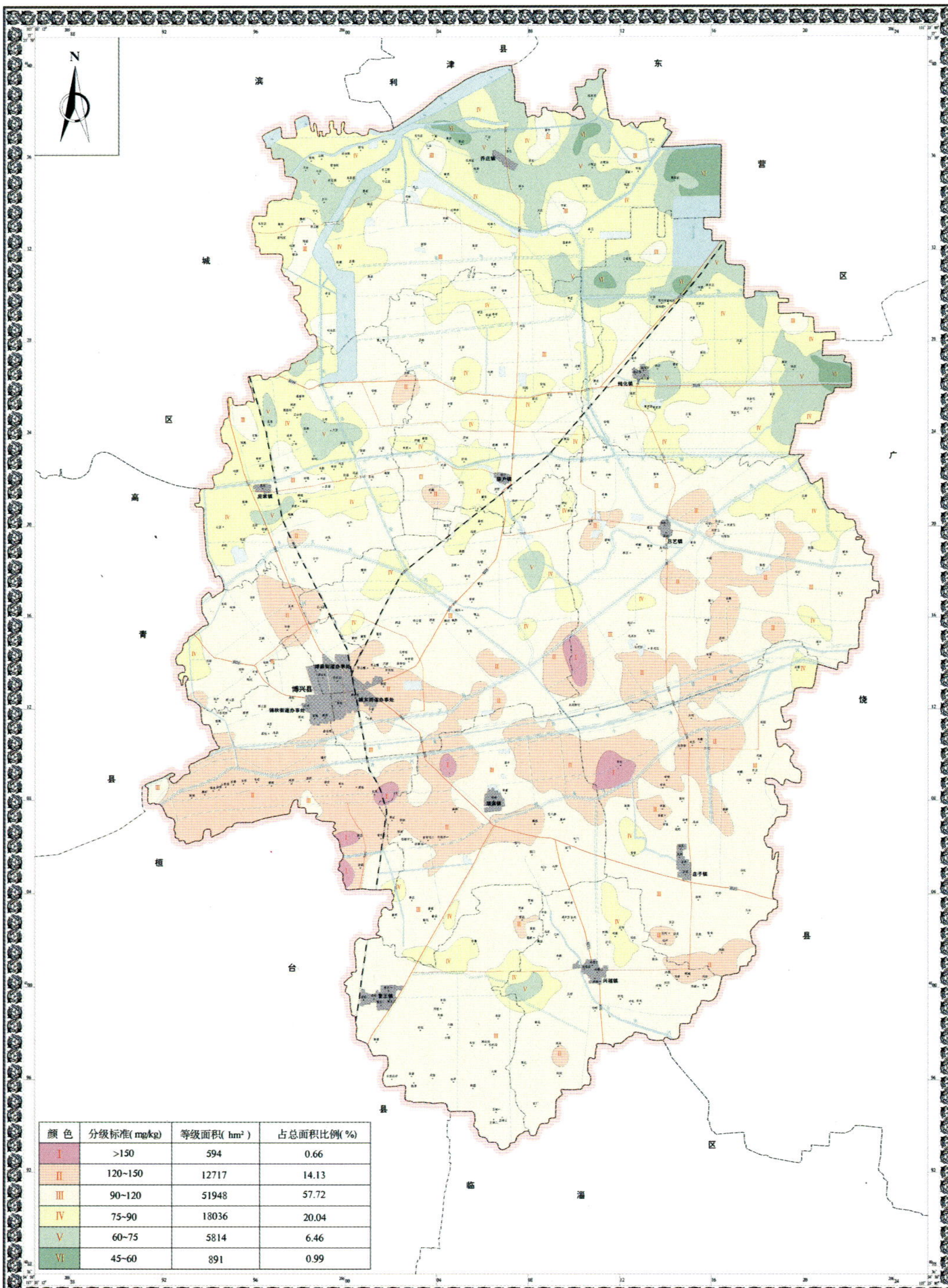

颜 色	分级标准(mg/kg)	等级面积(hm²)	占总面积比例(%)
Ⅰ	>150	594	0.66
Ⅱ	120~150	12717	14.13
Ⅲ	90~120	51948	57.72
Ⅳ	75~90	18036	20.04
Ⅴ	60~75	5814	6.46
Ⅵ	45~60	891	0.99

1954年北京坐标系 1956年黄海高程系　　比例尺：1∶300000　　山东农业大学资源与环境学院　山东天地亚太国土遥感有限公司　二〇〇九年十月

博兴县土壤有效磷含量分布图

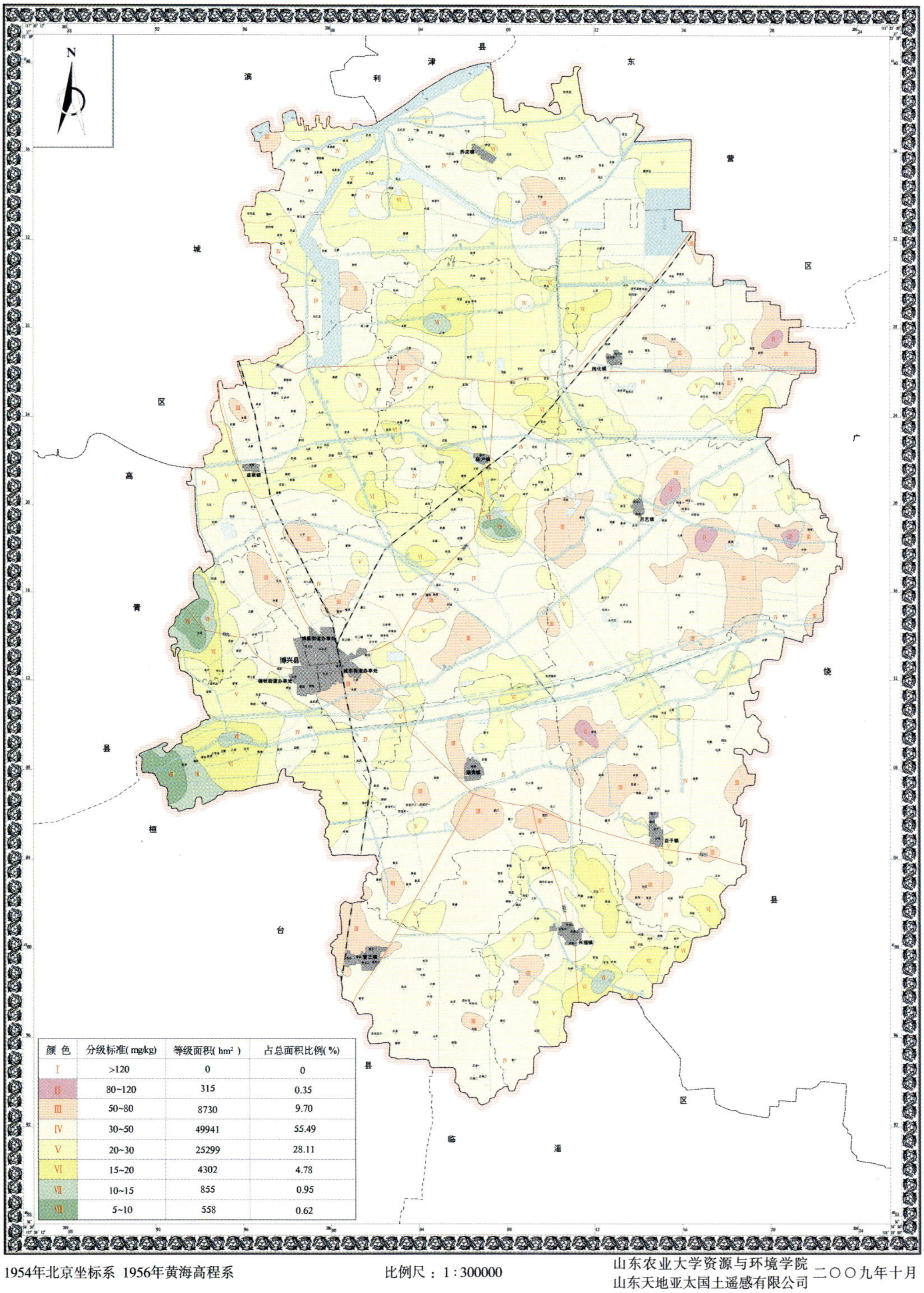

颜色	分级标准(mg/kg)	等级面积(hm²)	占总面积比例(%)
Ⅰ	>120	0	0
Ⅱ	80~120	315	0.35
Ⅲ	50~80	8730	9.70
Ⅳ	30~50	49941	55.49
Ⅴ	20~30	25299	28.11
Ⅵ	15~20	4302	4.78
Ⅶ	10~15	855	0.95
Ⅷ	5~10	558	0.62

1954年北京坐标系 1956年黄海高程系

比例尺：1:300000

山东农业大学资源与环境学院
山东天地亚太国土遥感有限公司 二〇〇九年十月

博兴县土壤速效钾含量分布图

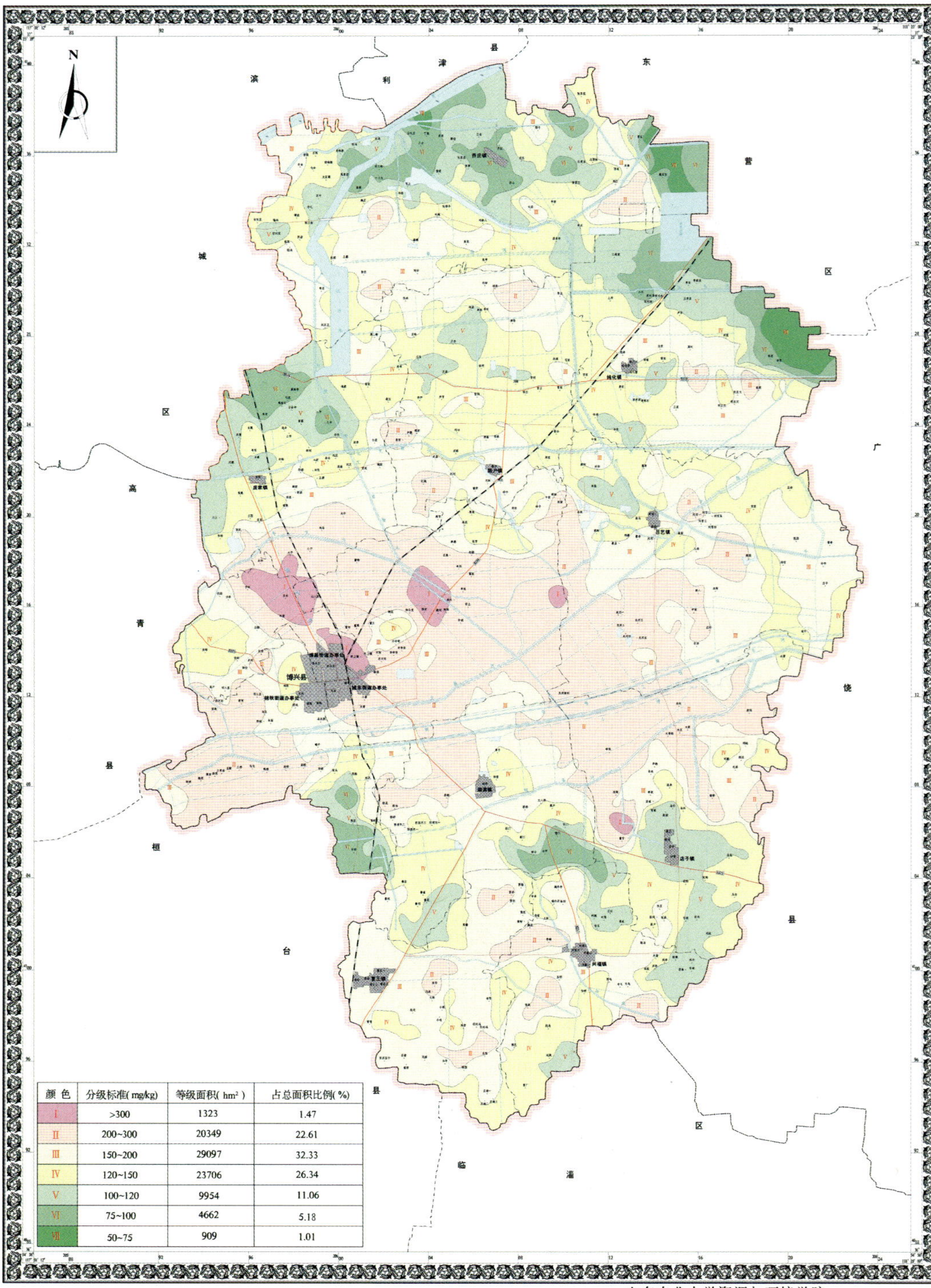

颜色	分级标准(mg/kg)	等级面积(hm²)	占总面积比例(%)
Ⅰ	>300	1323	1.47
Ⅱ	200~300	20349	22.61
Ⅲ	150~200	29097	32.33
Ⅳ	120~150	23706	26.34
Ⅴ	100~120	9954	11.06
Ⅵ	75~100	4662	5.18
Ⅶ	50~75	909	1.01

1954年北京坐标系 1956年黄海高程系　　比例尺：1:300000　　山东农业大学资源与环境学院 山东天地亚太国土遥感有限公司 二〇〇九年十月

博兴县土壤缓效钾含量分布图

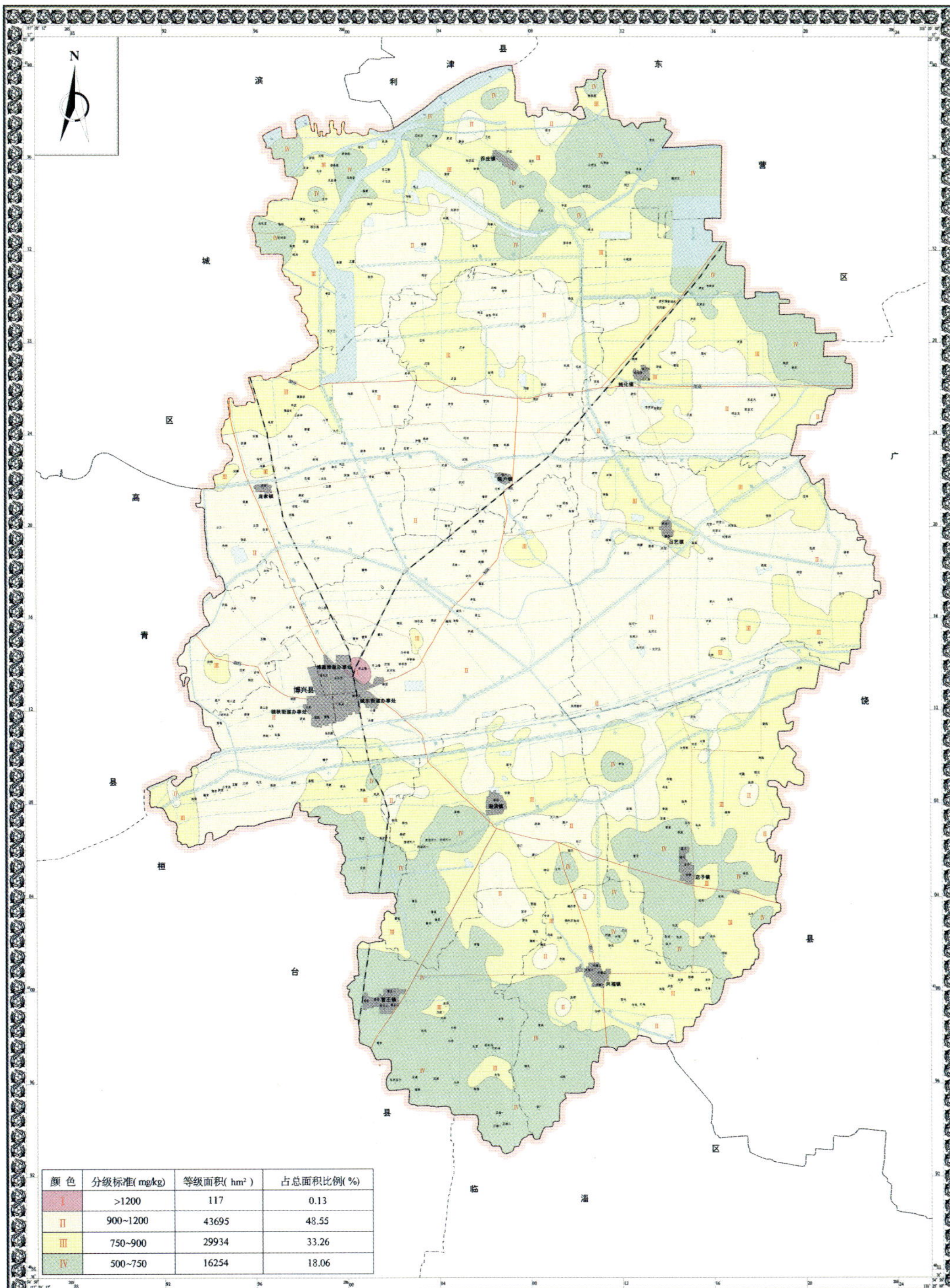

颜色	分级标准(mg/kg)	等级面积(hm²)	占总面积比例(%)
Ⅰ	>1200	117	0.13
Ⅱ	900~1200	43695	48.55
Ⅲ	750~900	29934	33.26
Ⅳ	500~750	16254	18.06

1954年北京坐标系 1956年黄海高程系

比例尺：1∶300000

山东农业大学资源与环境学院
山东天地亚太国土遥感有限公司 二○○九年十月

博兴县灌溉分布区图

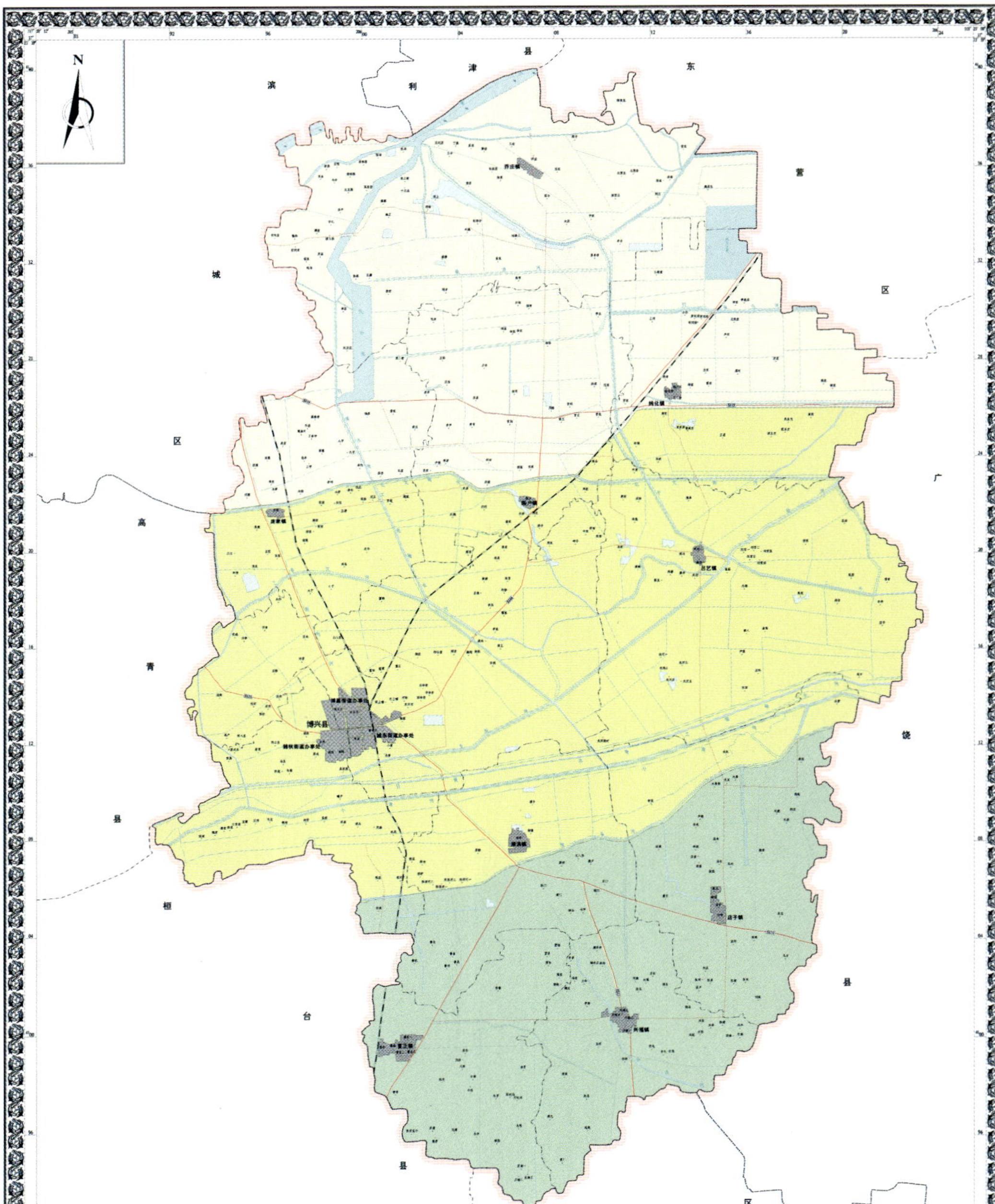

1954年北京坐标系 1956年黄海高程系

比例尺：1∶300000

山东农业大学资源与环境学院
山东天地亚太国土遥感有限公司 二○○九年十月

博兴县土壤有效硫含量分布图

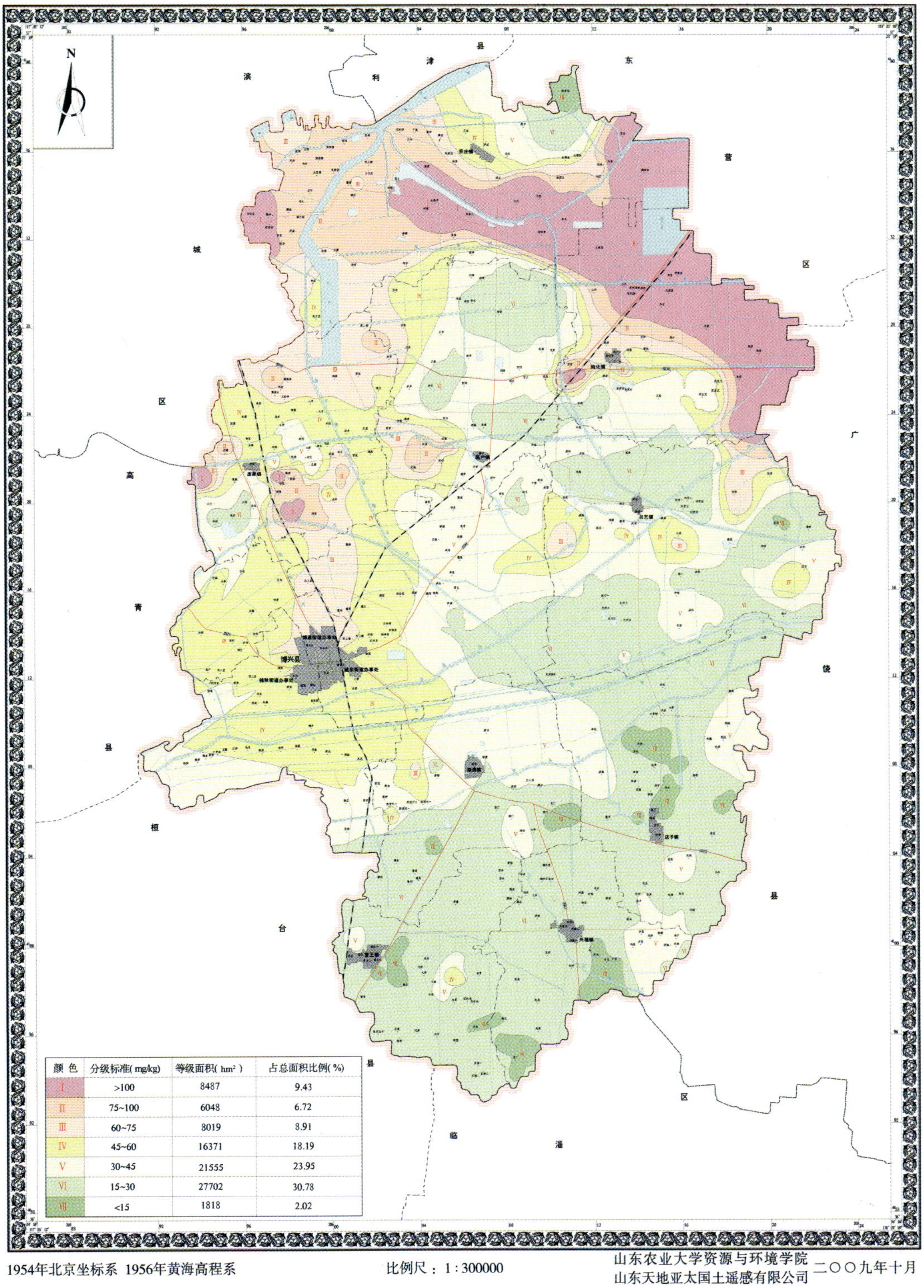

颜 色	分级标准(mg/kg)	等级面积(hm^2)	占总面积比例(%)
Ⅰ	>100	8487	9.43
Ⅱ	75~100	6048	6.72
Ⅲ	60~75	8019	8.91
Ⅳ	45~60	16371	18.19
Ⅴ	30~45	21555	23.95
Ⅵ	15~30	27702	30.78
Ⅶ	<15	1818	2.02

1954年北京坐标系 1956年黄海高程系

比例尺：1∶300000

山东农业大学资源与环境学院
山东天地亚太国土遥感有限公司 二〇〇九年十月

博兴县土壤交换性钙含量分布图

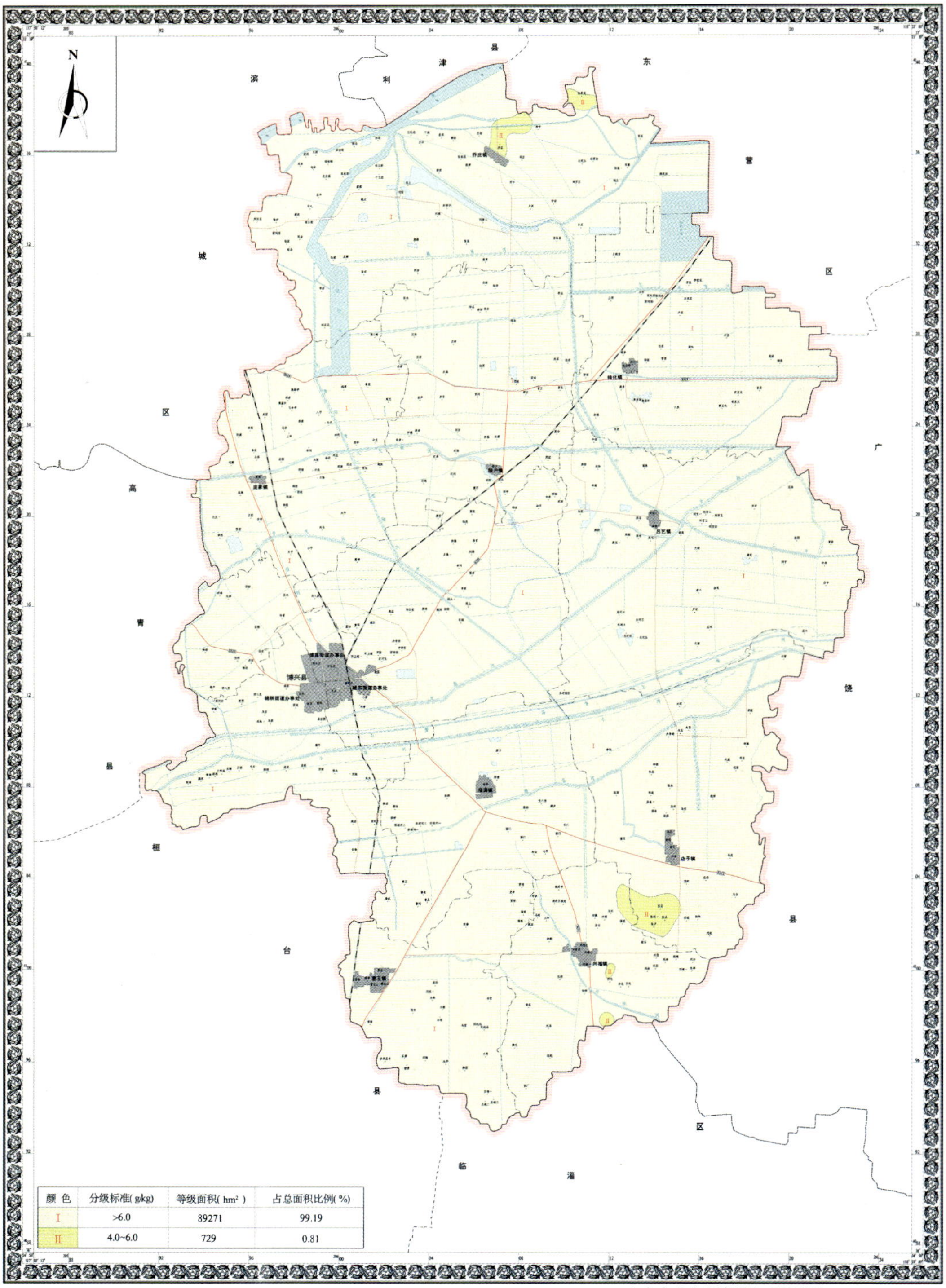

颜 色	分级标准(g/kg)	等级面积(hm²)	占总面积比例(%)
Ⅰ	>6.0	89271	99.19
Ⅱ	4.0~6.0	729	0.81

1954年北京坐标系 1956年黄海高程系

比例尺：1∶300000

山东农业大学资源与环境学院
山东天地亚太国土遥感有限公司 二〇〇九年十月

博兴县土壤交换性镁含量分布图

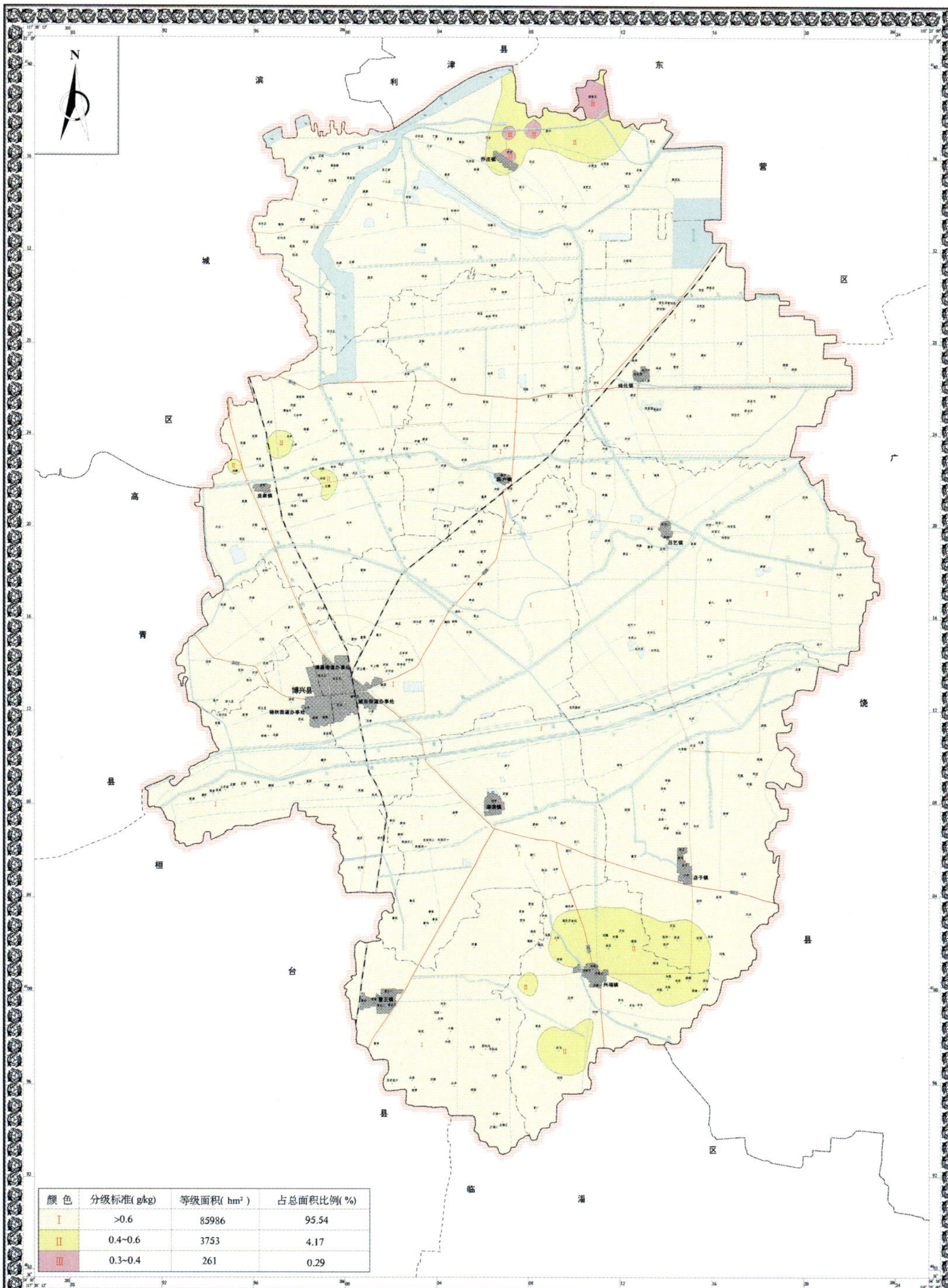

颜色	分级标准(g/kg)	等级面积(hm²)	占总面积比例(%)
Ⅰ	>0.6	85986	95.54
Ⅱ	0.4~0.6	3753	4.17
Ⅲ	0.3~0.4	261	0.29

1954年北京坐标系 1956年黄海高程系

比例尺：1∶300000

山东农业大学资源与环境学院
山东天地亚太国土遥感有限公司 二〇〇九年十月

博兴县土壤有效锰含量分布图

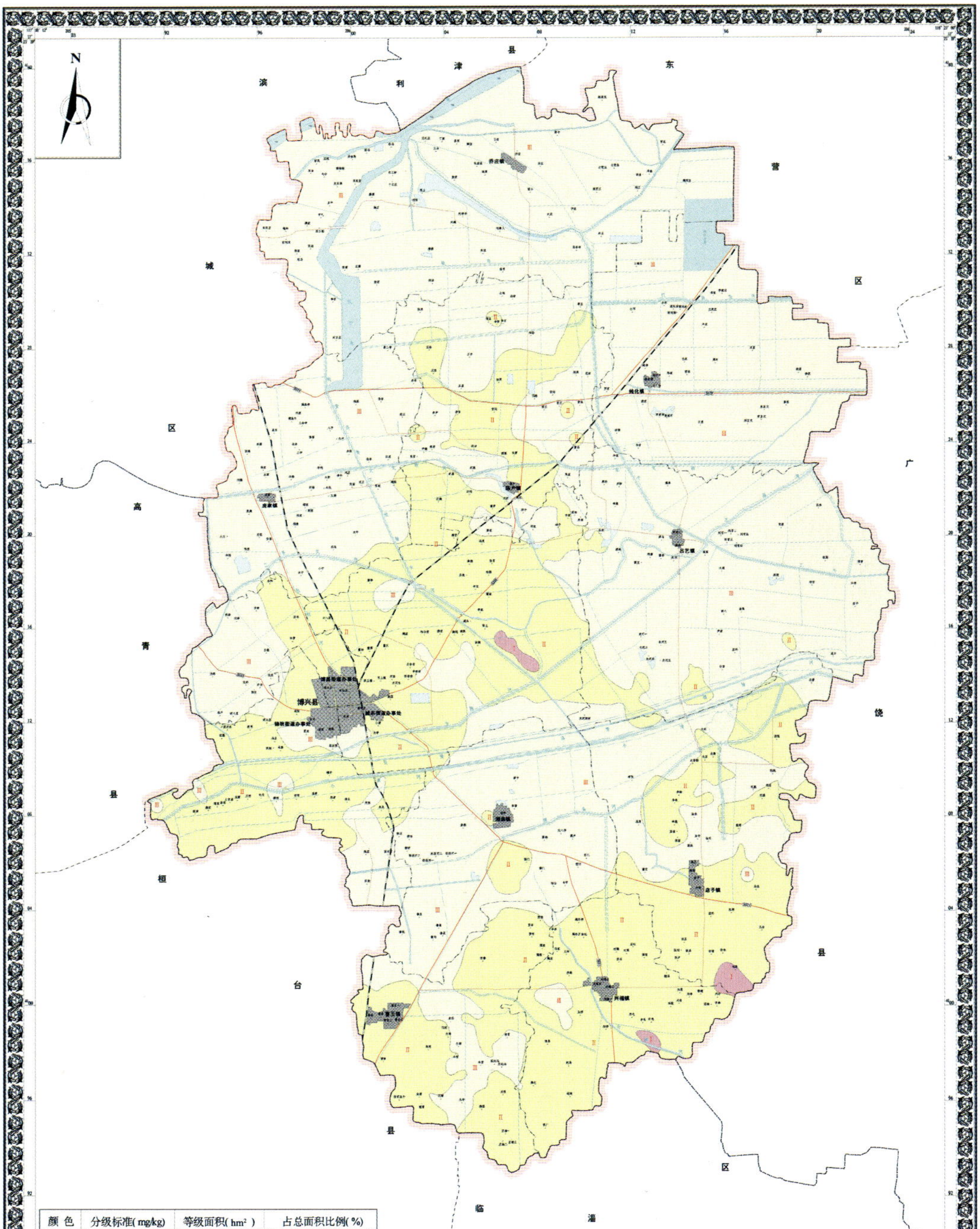

颜 色	分级标准(mg/kg)	等级面积(hm²)	占总面积比例(%)
Ⅰ	>30	315	0.35
Ⅱ	15 30	29484	32.76
Ⅲ	5~15	60201	66.89

1954年北京坐标系 1956年黄海高程系　　比例尺：1∶300000

山东农业大学资源与环境学院
山东天地亚太国土遥感有限公司　二〇〇九年十月

博兴县土壤有效钼含量分布图

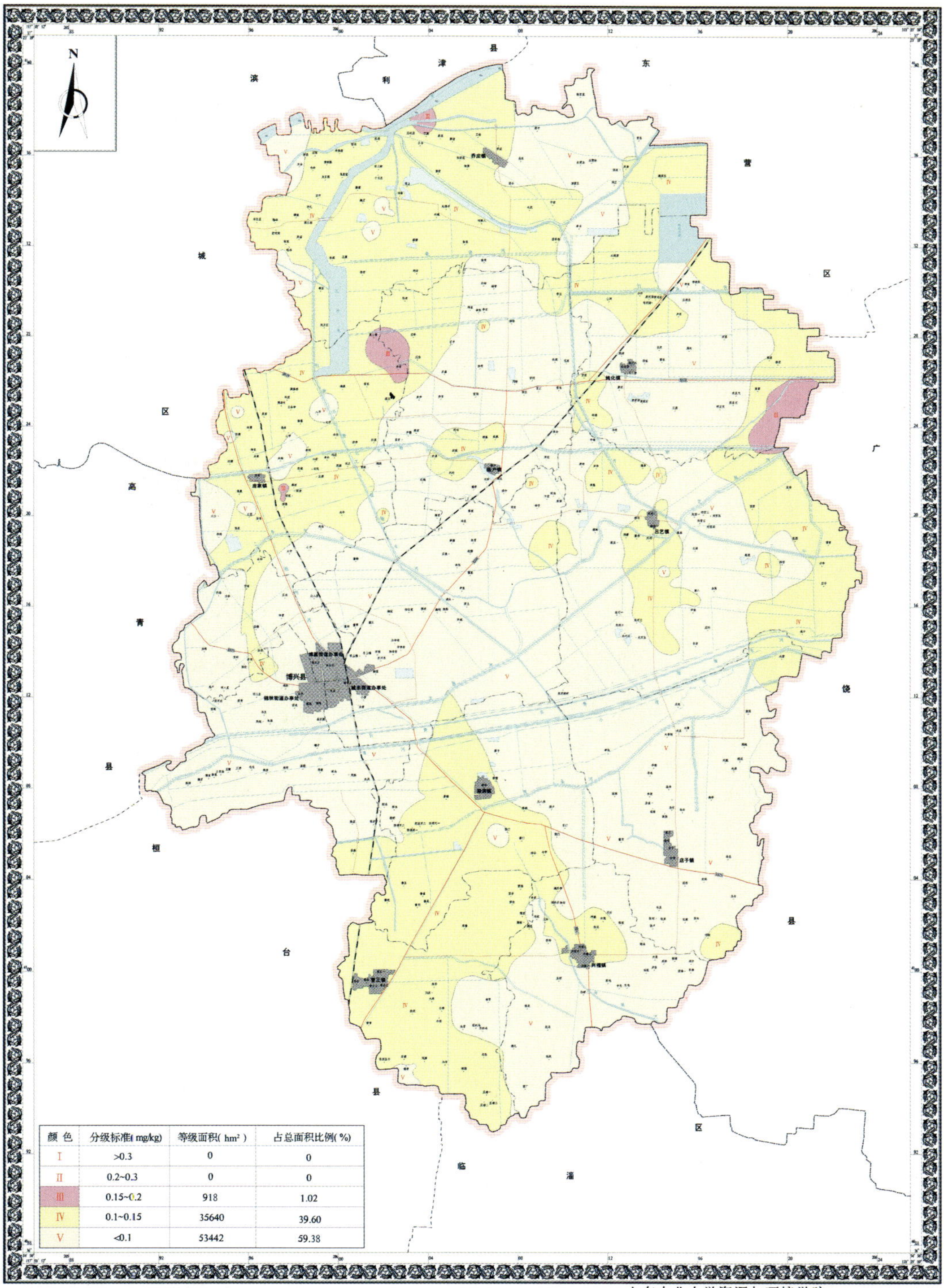

颜 色	分级标准(mg/kg)	等级面积(hm²)	占总面积比例(%)
Ⅰ	>0.3	0	0
Ⅱ	0.2~0.3	0	0
Ⅲ	0.15~0.2	918	1.02
Ⅳ	0.1~0.15	35640	39.60
Ⅴ	<0.1	53442	59.38

1954年北京坐标系 1956年黄海高程系　　比例尺：1∶300000　　山东农业大学资源与环境学院 山东天地亚太国土遥感有限公司 二〇〇九年十月

博兴县土壤有效硼含量分布图

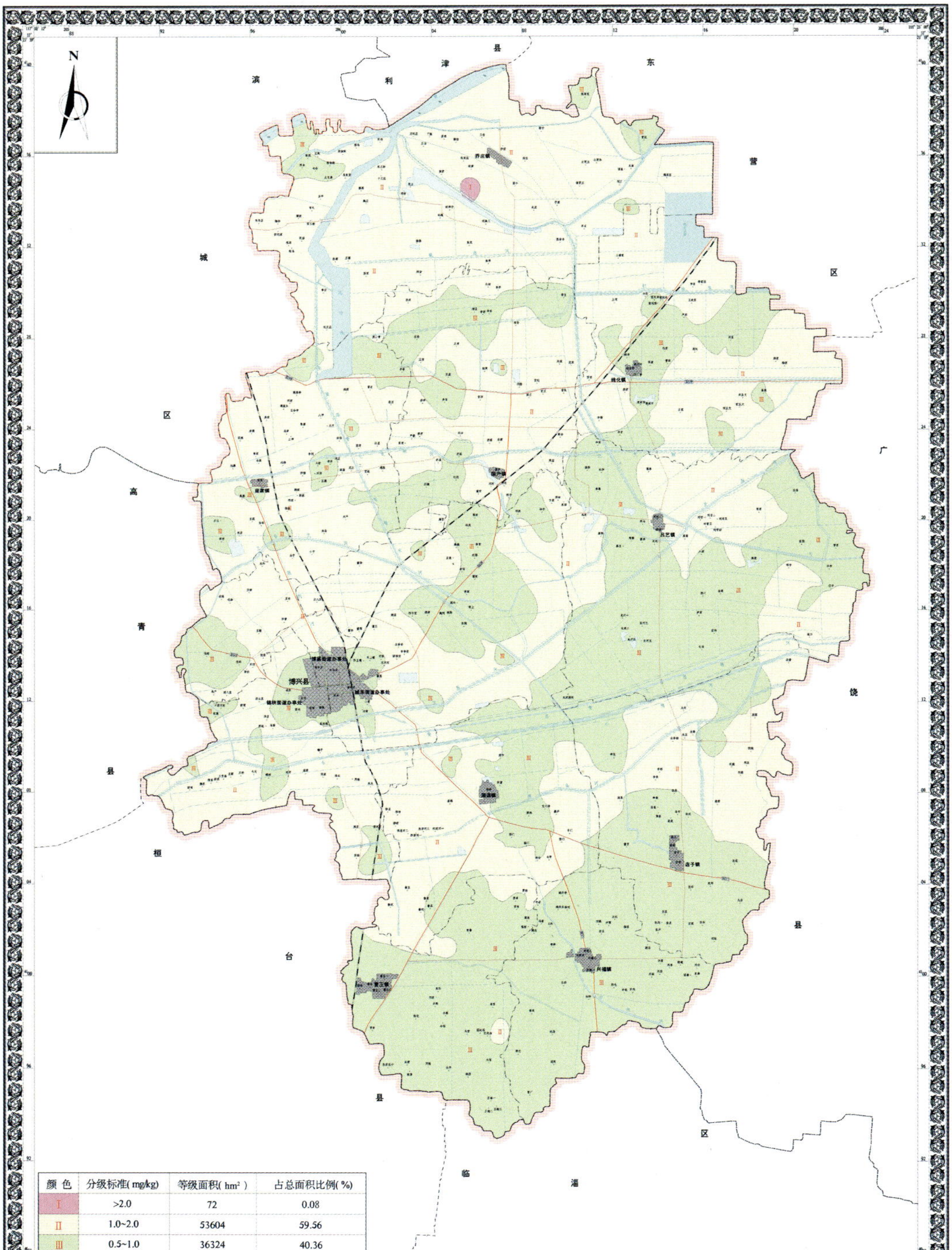

颜 色	分级标准(mg/kg)	等级面积(hm²)	占总面积比例(%)
Ⅰ	>2.0	72	0.08
Ⅱ	1.0~2.0	53604	59.56
Ⅲ	0.5~1.0	36324	40.36

1954年北京坐标系 1956年黄海高程系　比例尺：1:300000　山东农业大学资源与环境学院 山东天地亚太国土遥感有限公司 二〇〇九年十月

博兴县土壤有效铁含量分布图

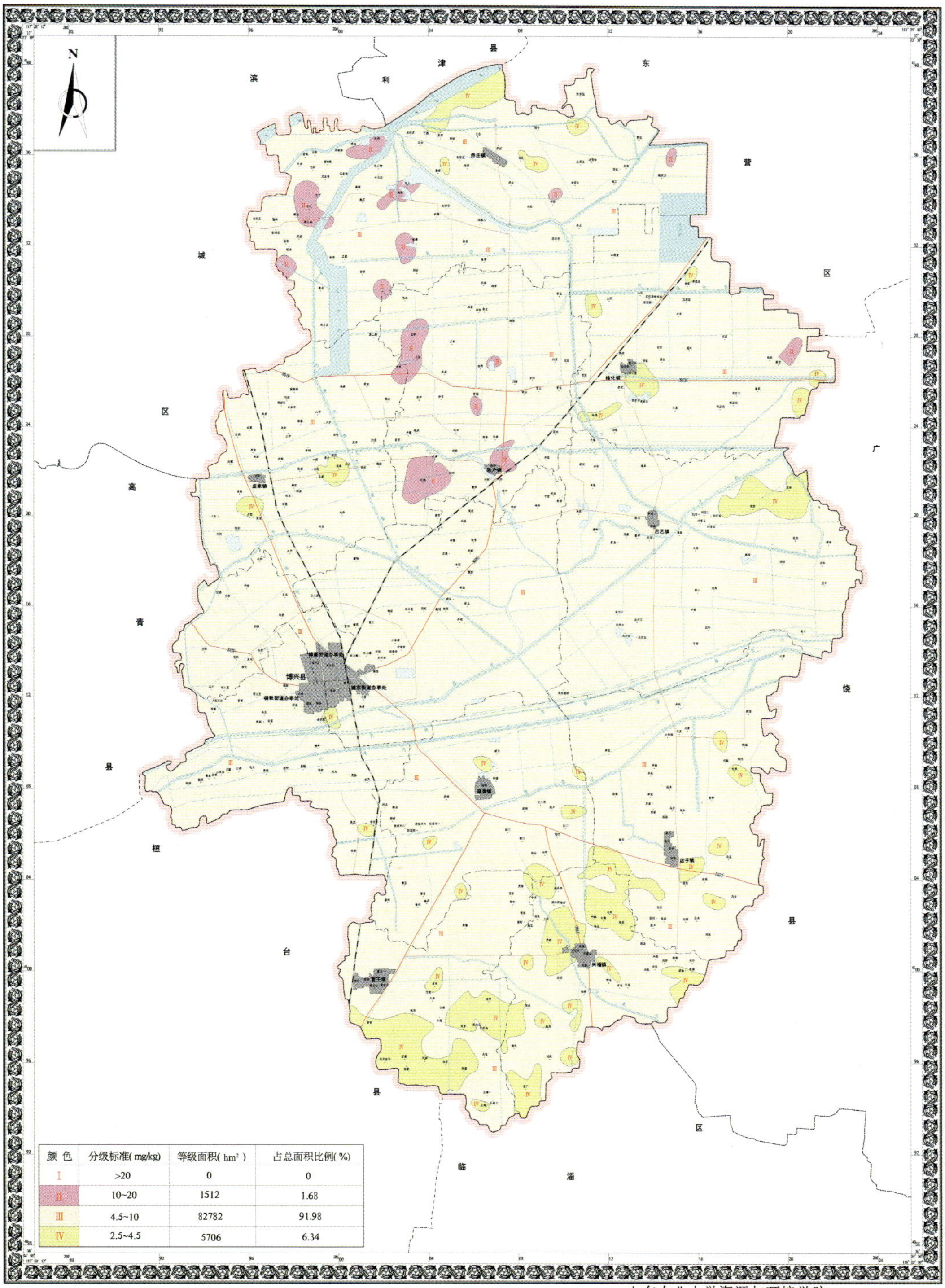

颜 色	分级标准(mg/kg)	等级面积(hm²)	占总面积比例(%)
Ⅰ	>20	0	0
Ⅱ	10~20	1512	1.68
Ⅲ	4.5~10	82782	91.98
Ⅳ	2.5~4.5	5706	6.34

1954年北京坐标系 1956年黄海高程系　　比例尺：1:300000　　山东农业大学资源与环境学院 山东天地亚太国土遥感有限公司　二〇〇九年十月

博兴县土壤有效铜含量分布图

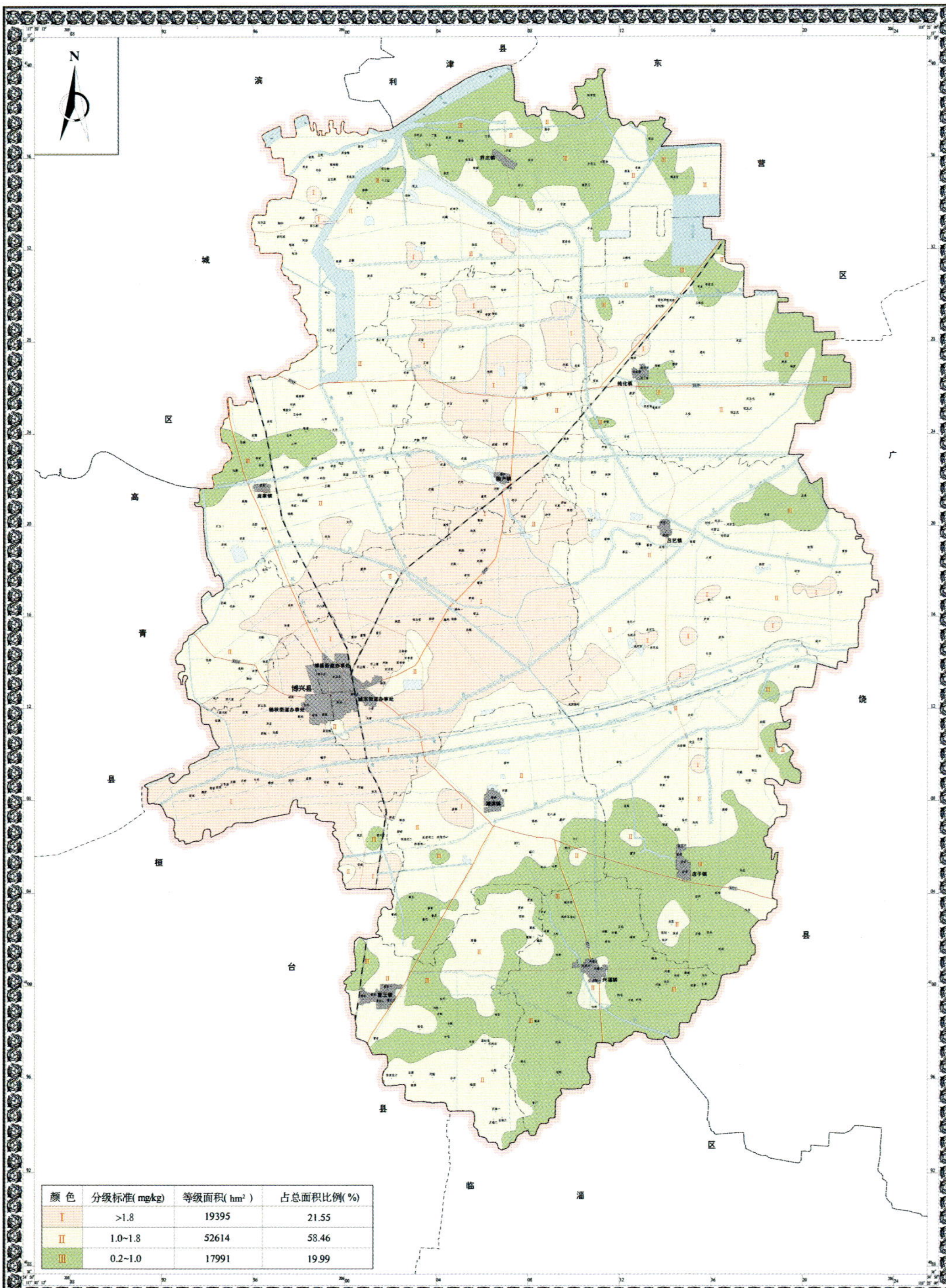

颜色	分级标准(mg/kg)	等级面积(hm²)	占总面积比例(%)
Ⅰ	>1.8	19395	21.55
Ⅱ	1.0~1.8	52614	58.46
Ⅲ	0.2~1.0	17991	19.99

1954年北京坐标系 1956年黄海高程系　　比例尺：1∶300000　　山东农业大学资源与环境学院　山东天地亚太国土遥感有限公司　二〇〇九年十月

博兴县土壤有效锌含量分布图

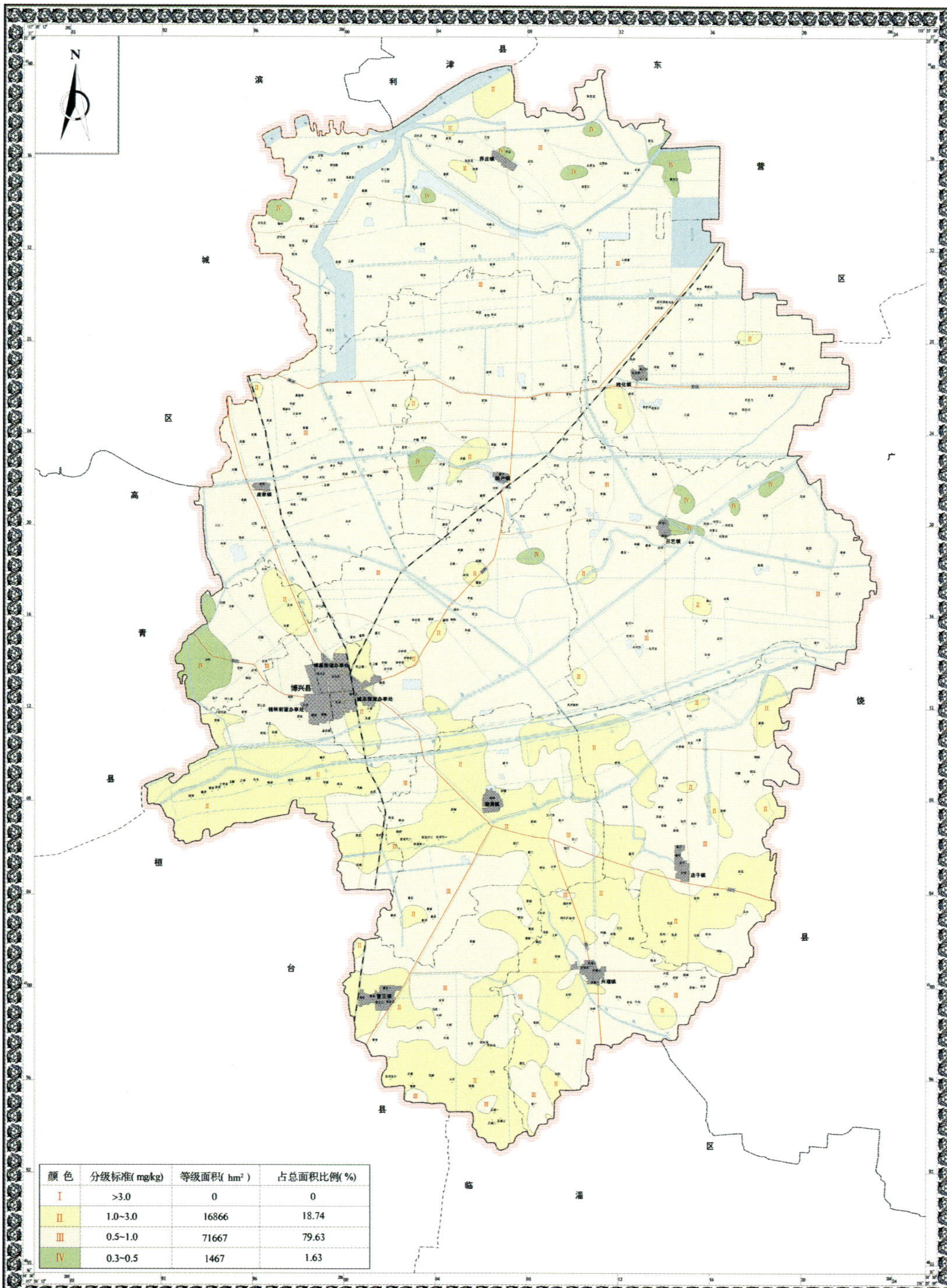

颜 色	分级标准(mg/kg)	等级面积(hm²)	占总面积比例(%)
Ⅰ	>3.0	0	0
Ⅱ	1.0~3.0	16866	18.74
Ⅲ	0.5~1.0	71667	79.63
Ⅳ	0.3~0.5	1467	1.63

1954年北京坐标系 1956年黄海高程系

比例尺：1∶300000

山东农业大学资源与环境学院
山东天地亚太国土遥感有限公司 二〇〇九年十月

博兴县潜水矿化度分布图

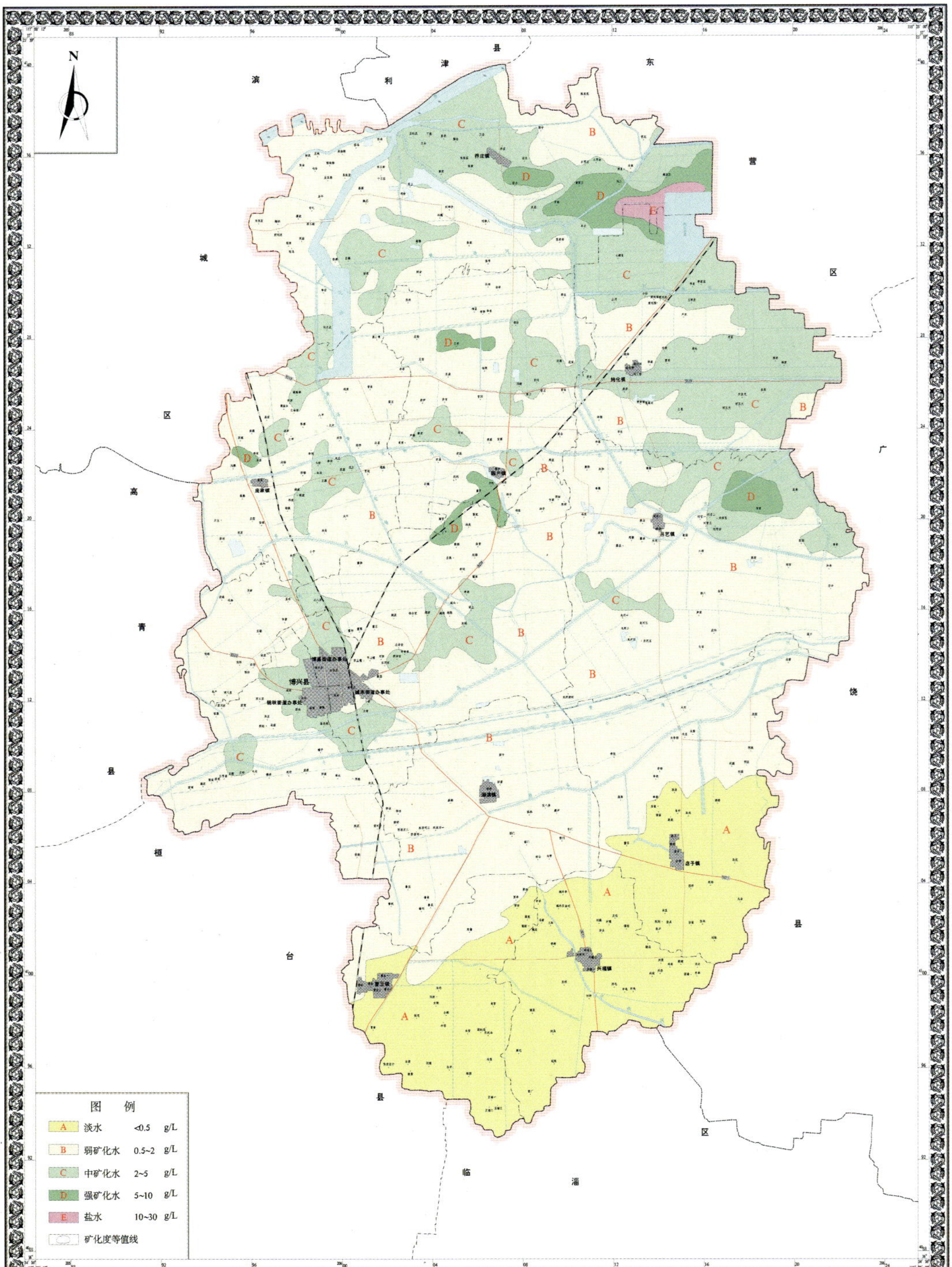

1954年北京坐标系 1956年黄海高程系

比例尺：1∶300000

山东农业大学资源与环境学院
山东天地亚太国土遥感有限公司 二○○九年十月